普通高等教育新形态教材

统计学

主 编
刘 燕　张 蕊　赵桂娟
副主编
席小雅　黄瑞平

TONGJIXUE

清华大学出版社
北京

内 容 简 介

统计学是一门收集、整理、分析和解释统计数据的方法论的学科。本书在编写过程中增加了课程思政内容，结合中国实际情况，融入中国案例和数据，突出了新时代统计方法与技术在实际领域的应用。本书内容主要包括数据的采集、数据的整理与展示、数据分布的测度、参数估计、假设检验、方差分析、相关分析与回归分析、时间序列分析和预测、统计指数。

本书既可供普通本科高校经济统计学、应用统计学、金融学、会计学等专业本科生使用，又可作为统计实务工作者继续教育的参考书。

本书封面贴有清华大学出版社防伪标签，无标签者不得销售。
版权所有，侵权必究。举报：010-62782989，beiqinquan@tup.tsinghua.edu.cn。

图书在版编目(CIP)数据

统计学 / 刘燕，张蕊，赵桂娟主编. —北京：清华大学出版社，2023.12(2024.8重印)
普通高等教育新形态教材
ISBN 978-7-302-64741-6

Ⅰ.①统… Ⅱ.①刘… ②张… ③赵… Ⅲ.①统计学－高等学校－教材 Ⅳ.①C8

中国国家版本馆 CIP 数据核字(2023)第 191841 号

责任编辑：梁云慈　刘志彬
封面设计：汉风唐韵
责任校对：王荣静
责任印制：宋　林

出版发行：清华大学出版社
网　　址：https://www.tup.com.cn,https://www.wqxuetang.com
地　　址：北京清华大学学研大厦A座　　　　邮　编：100084
社 总 机：010-83470000　　　　　　　　　　邮　购：010-62786544
投稿与读者服务：010-62776969，c-service@tup.tsinghua.edu.cn
质量反馈：010-62772015，zhiliang@tup.tsinghua.edu.cn
印 装 者：三河市天利华印刷装订有限公司
经　　销：全国新华书店
开　　本：185mm×260mm　　　印　张：17.75　　　字　数：432千字
版　　次：2023年12月第1版　　　印　次：2024年8月第2次印刷
定　　价：55.00元

产品编号：102981-01

前　言

统计学是一门收集、整理、分析和解释统计数据的方法论的学科,其目的是探索统计数据内在的规律性,从而把握事物发展的方向和趋势。统计在社会学、生物学、医学、人口学等领域应用广泛。面对庞大、纷繁、不确定性和偶然性强的事物,统计学对于认识事物的本质发挥着独到作用。

应用型本科院校的人才培养目标是面对现代社会生产、建设、管理、服务等一线岗位,培养能直接从事实际工作、解决具体问题、维持工作有效运行的高等应用型人才。因此,应用型本科院校只有着力培养"进入角色快、业务水平高、动手能力强、综合素质好"的人才,才能在激烈的就业市场竞争中站稳脚跟。目前,国内应用型本科院校采用的教材往往只是对理论性较强的本科院校教材的简单删减,针对性、应用性不够突出,因材施教的目的难以达到。因此,亟须有一定的理论深度又注重实践能力培养的系列教材,以满足应用型本科院校教学目标、培养方向和办学特色的需要。本书在应用型教材方面做了一些尝试,具有以下特点。

第一,把握统计学理论体系,掌握统计学方法,便于在实践中应用。本书围绕应用型本科院校人才培养的目标,以社会对经济管理型人才应具备的统计学知识和统计技能的需求为导向,进行针对性的规划和设计,力求打造适合"基础理论够用、实践能力强、综合素质高"的社会急需的高级应用型经济管理人才的特色教材。

第二,贯彻"大统计"学科建设的思想,注重统计学理论体系的完整性。第1章至第10章为统计学的基础理论部分,涵盖了描述统计和推断统计的基本理论与方法,为学生学习其他经济管理专业课程提供了必要的数量分析理论与方法。

第三,注重统计方法在经济管理领域中的应用。本书在例题、练习题、案例分析等的选编上力求接近社会生活和企业实际,从而提升学生学习统计学的兴趣。

第四,注重学生统计实践技能的培养。为使学生能够应用 Excel 软件进行统计数据的整理、显示和分析,本书每章最后一节都介绍了 Excel 的相关应用，可作为学生实践课上机操作的指导书使用。

第五，力求做到语言简练、准确、生动、通俗易懂，图表丰富，以增强可读性。

本书编写分工如下：刘燕负责编写第1章、第2章、第3章、课后习题、附录，赵桂娟负责编写第4章，张蕊负责编写第7章、第8章、第10章第10.4、10.5、10.6节，黄瑞平负责编写第5章、第6章，席小雅负责编写第9章、第10章的10.1、10.2、10.3节。

由于编者水平有限，加之时间仓促，书中有疏漏或不足之处，敬请批评指正。

编 者

目 录

第 1 章 导 论 ·· 1
 1.1 统计学及其应用领域 ·· 2
 1.2 统计数据的类型 ··· 5
 1.3 统计研究的基本方法 ·· 7
 1.4 统计中的几个基本概念 ·· 8
 本章小结 ··· 12
 复习与思考 ··· 12
 在线课堂 ··· 12

第 2 章 数据的采集 ·· 13
 2.1 数据的来源 ··· 14
 2.2 统计调查方式 ·· 19
 2.3 统计调查方法 ·· 25
 2.4 统计调查方案的设计 ·· 33
 2.5 调查工具的设计 ·· 36
 本章小结 ··· 44
 复习与思考 ··· 45
 在线课堂 ··· 45

第 3 章 数据的整理与展示 ·· 46
 3.1 统计整理 ··· 47
 3.2 统计分组 ··· 49
 3.3 分布数列 ··· 56
 3.4 统计表和统计图 ·· 60
 3.5 统计图 ··· 63
 3.6 Excel 在数据展示的应用 ··· 67
 本章小结 ··· 76
 复习与思考 ··· 77

　　　　　在线课堂 ··· 77

第 4 章　数据分布的测度 ··· 78
　　4.1　总量指标 ··· 79
　　4.2　相对指标 ··· 83
　　4.3　集中趋势的测度 ··· 88
　　4.4　离散程度的测度 ··· 103
　　4.5　数据分布偏度与峰度的测定 ·· 109
　　4.6　Excel 在统计指标计算中的应用 ·· 113
　　本章小结 ·· 116
　　复习与思考 ·· 116
　　在线课堂 ·· 118

第 5 章　参数估计 ··· 119
　　5.1　参数估计的基本原理 ·· 120
　　5.2　抽样分布 ··· 123
　　5.3　抽样误差 ··· 127
　　5.4　参数估计的方法 ··· 133
　　5.5　样本的组织方式 ··· 137
　　5.6　样本容量的确定 ··· 141
　　5.7　在 Excel 中实现抽样 ·· 142
　　本章小结 ·· 146
　　复习与思考 ·· 147
　　在线课堂 ·· 148

第 6 章　假设检验 ··· 149
　　6.1　假设检验的一般问题 ·· 151
　　6.2　单总体参数的假设检验 ·· 156
　　6.3　假设检验需要说明的问题 ·· 162
　　6.4　Excel 在假设检验中的应用 ·· 165
　　本章小结 ·· 168
　　复习与思考 ·· 168
　　在线课堂 ·· 170

第 7 章　方差分析 ··· 171
　　7.1　方差分析概述 ·· 173

	7.2 单因素方差分析	175
	7.3 双因素方差分析	178
	7.4 Excel 在方差分析中的运用	183
	本章小结	187
	复习与思考	188
	在线课堂	188

第 8 章 相关分析与回归分析 … 189

	8.1 相关关系	190
	8.2 相关分析	193
	8.3 一元线性回归分析	198
	8.4 多元线性回归分析	201
	8.5 Excel 在相关与回归中的应用	202
	本章小结	206
	复习与思考	206
	在线课堂	207

第 9 章 时间序列分析和预测 … 208

	9.1 时间序列概述	209
	9.2 时间序列的水平分析	212
	9.3 时间序列的速度指标分析	218
	9.4 时间序列的趋势分析	221
	9.5 时间序列的季节变动分析	226
	9.6 Excel 在时间序列分析中的运用	229
	本章小结	232
	复习与思考	233
	在线课堂	234

第 10 章 统计指数 … 235

	10.1 统计指数的概念、作用及种类	237
	10.2 综合指数	240
	10.3 平均数指数的编制	246
	10.4 指数体系和因素分析	250
	10.5 常用的统计指数	258
	10.6 Excel 在统计指数中的应用	265
	本章小结	268

复习与思考 …………………………………………………………… 269
　　在线课堂 ……………………………………………………………… 270

参考文献 …………………………………………………………………… **271**
附录与附表 ………………………………………………………………… **272**
　　附表一：标准正态分布表 …………………………………………… 272
　　附表二：t 分布表 …………………………………………………… 273
　　附表三：卡方(χ^2)分布 …………………………………………… 274

第1章 导 论

> **学习目标**
>
> 1. 理解统计的科学含义；
> 2. 掌握统计数据的类型；
> 3. 认识统计研究的基本方法；
> 4. 掌握统计学的基本概念。

案例导入

关于某净水器公司租赁模式研究

在水资源贫乏、水源污染严重、二次供水污染等状况频出的当下，保障饮用水安全刻不容缓。同时，随着人们生活水平的提高，对生活饮用水质量的要求也越来越高，中国水家电正从"饮"时代向"净"时代跨越，净水器市场迎来快速发展的契机。火热的市场表现，让许多企业看中了净水领域的巨大潜力，纷纷进入该市场。由于净水器市场大牌云集，各大厂商卧虎藏龙，整个净水器市场趋近饱和状态。在了解净水器市场存在严重的售后服务不足和营销手段单一这些痛点后，某净水器公司推出一项净水器租赁模式，试图通过对西安市市场研究探寻主力客户，从而掀起一场净水器租赁模式革命，从竞争白热化的净水市场中脱颖而出。

该项目的研究目标包括以下三个方面。

（1）通过市场调研了解目前净水器市场的现状以及存在的痛点，了解净水器使用人群的主要特征，划分用户类型。

（2）了解每类客户的特征，进行客户画像，确定科蒂洛租赁模式的主力客户。

（3）根据租赁主力客户画像，找出影响其租赁使用意愿的因素，提出精确的推广建议，助力科蒂洛租赁模式的落地实施。

资料来源：作者自编.

思考：

（1）该项目研究的总体是谁？

（2）客户画像分类标准是什么？

通过本章学习希望大家能找出答案。

> **章节导言**
>
> 德国的统计学家斯勒兹（Schlozer）曾说过："统计是动态的历史，历史是静态的统计。"可见，统计学的产生与发展是和社会生产的发展、经济的进步紧密相连的。统计学是关于数据的科学，它提供的是一套有关数据收集、处理、分析、解释，并从数据中得出结论的方法。本章将介绍统计学的一些基本问题，包括统计学的含义、统计数据及其分类、统计中常用的基本概念等。

课程思政

家国情怀塑造

"家国"一词最早出现在《逸周书·皇门解》："是人斯乃谗贼媢嫉，以不利于厥家国"。在中国语境中"家"字有家长、宗庙等古义，而"国"可以视为由很多小家庭组成的大家庭，由"小家"汇聚而来的国家，内里蕴藏着由小及大、自家而国的逻辑递推关系。"情怀"主要是指个人情感的情绪表达，包括心情、心境、胸怀等。"家国情怀"表达的是个人对家与国的情绪、情感，是对自己国家的一种高度认同感、归属感、责任感和使命感的体现，是一种深层次的文化心理密码。

统计的起源很早，据历史记载，我国在夏禹时代（约公元前22世纪）就开始人口统计活动。《尚书·禹贡》记述了九州的基本状况，被西方经济学家推崇为"统计学最早的萌芽"。在中国封建社会，户籍统计和田亩统计等都有很大的发展，其制度、方法和组织都居于当时世界先进水平。

中华民族的统计调查史源远流长，那些被记载的历史数据和统计工具，虽然已退出历史的舞台，但统计调查对数字的严谨和对事实的执着，却逐渐烙印在我们的民族基因中，不绝如缕，薪火相传。中国古代统计发展史既是人类统计发展史的重要组成部分，也是推进人类文明不断向前的重要力量。

资料来源：作者自编.

1.1 统计学及其应用领域

1.1.1 统计与统计学

"统计"一词具有多种含义，在不同的场合，可以有不同的解释。作为人类认识客观事物的重要方法，统计因其研究对象和内容具有明显的特殊性，从而形成了一种独立的、有独特方法的工作，更成了一门系统的关于统计方法论的学科。因此，统计有三方面的含义，即统计活动、统计数据和统计学。

▶ 1. 统计活动

统计活动是指利用科学的方法，收集、整理、分析和提供有关社会、经济现象数字资料活动的总称，既包括国家统计局系统的活动，也包括其他机构和个人的统计活动。在古代奴隶社会，由于国家在赋税、徭役、征兵等方面的需要，相应地开始了人口、土地等基本国情的登记和计算活动,这就是统计活动的雏形。

▶ 2. 统计资料

统计资料也称统计数据,是统计活动过程中所取得的反映国民经济和社会现象的数字资料以及与之相联系的其他资料的总称,表现为各种反映社会经济现象数量特征的原始记录,如统计报表、统计图、统计资料汇编、统计年鉴、统计分析报告等。

▶ 3. 统计学

统计学是阐述统计工作基本理论和基本方法的学科,它研究的是数据资料的收集、整理、汇总、描述和分析,以及在此基础上进行的推断和决策。统计学是一门对统计工作实践的理论概括和经验总结,以现象总体的数量方面为研究对象,阐明统计设计、统计调查、统计整理和统计分析,认识社会的方法论学科。

据历史记载,我国在夏禹时代(约公元前22世纪)就开始人口统计活动。《尚书·禹贡》记述了九州的基本状况,被西方经济学家推崇为"统计学最早的萌芽"。在中国封建社会,户籍统计和田亩统计等都有很大的发展,其制度、方法和组织都居于当时世界先进水平。

在地中海沿岸及其他地区,统计活动也有悠久的历史。但从18世纪开始,统计才得到快速发展。除了人口、税收、土地等传统内容外,商业、航运、外贸、工业、经济和管理等领域的统计活动也非常普遍。

统计活动历史悠久,统计学也有很长的历史。

统计学最早起源于17世纪的英国。其代表人物是约翰·格朗特(John Graunt,1620—1674)和威廉·配第(William Petty,1623—1687),代表作是威廉·配第的《政治算术》(1690),这里的算术是指统计方法。政治算术学派主张以数字、重量和尺度来说话,用图表形式来概括数字资料,用大量观察和数量分析等方法对社会经济现象进行研究,为统计学的发展开辟了广阔的前景。

19世纪中叶,产生了数理统计学。比利时科学家凯特勒(Quetelet,1796—1874)把概率论正式引进统计学,使统计方法得到了质的飞跃,为统计的数量分析奠定了数理基础,由此,数理统计方法研究得到了广泛开展。其后,英国学者葛尔登(Galton,1822—1921)提出了生物统计学,皮尔逊(Pearson,1845—1926)将生物统计进行了一般化,发展了描述统计,埃奇沃思(Edgeworth,1845—1926)、鲍莱(Bowley,1869—1957)则侧重于描述统计在经济领域中的应用和方法研究,费歇尔(Fischer,1880—1962)创立了推断统计学。20世纪50年代,又出现了贝叶斯统计学,将统计推断运用于决策问题。

统计工作、统计资料和统计学之间有着密切联系。统计工作与统计资料是过程与成果的关系,统计资料是统计工作的直接成果。就统计工作和统计学的关系来说,统计工作属于实践的范畴,统计学属于理论的范畴。统计学是统计工作实践的理论概括和科学总结,它来源于统计实践,又高于统计实践,反过来又指导统计实践,统计工作的现代化同统计科学研究的支持是分不开的。

统计工作、统计资料和统计学相互依存、相互联系,共同构成了一个完整的整体,这就是我们所说的统计。

1.1.2 统计学研究对象的特点

社会经济统计学的研究对象,是指社会经济现象的总体的数量方面,即社会经济现象总体的数量特征和数量关系。

社会经济统计是对社会经济现象的一种调查分析活动，它具有以下特点。

▶ 1. 数量性

数量性是指统计的研究对象涉及客观现象的数量方面，包括数量的多少、数量之间的关系。通过分析和研究统计数据资料，可以更好地掌握统计规律，实现统计研究的目的。

▶ 2. 总体性

总体性是指统计的研究对象涵盖客观总体现象的数量方面。例如，人口统计要反映和研究一个国家或一个地区全部人口的综合数量特征，而不是了解和研究某个人的特征，但它是从每个人调查开始的。人口统计是这样，其他统计活动也是这样。

▶ 3. 具体性

具体性是指统计的研究对象包括自然、社会经济领域中具体现象的数量方面。它不是纯数量的研究，而是具有明确的现实含义。正因为统计的数量是客观存在的、具体实在的，所以它才能独立于客观世界，不以人们的主观意志为转移。

▶ 4. 变异性

统计研究对象的变异性是指构成统计研究对象的总体各单位，除了在某一方面必须是同质的以外，在其他方面又要有差异，并且这些差异并不是由某种特定的原因事先给定的。也就是说，总体各单位除了必须有某一共同标志表现作为它们形成统计总体的客观依据以外，还必须在所要研究的标志上存在变异的表现。否则，就没有必要进行统计分析研究了。

1.1.3 统计学应用领域

统计方法是适用于所有学科领域的通用数据分析方法，只要有数据的地方就会用到统计方法。随着人们对定量研究的日益重视，统计方法应用到自然科学和社会科学的众多领域，统计学已发展成为由若干分支学科组成的学科体系。可以说，几乎所有的研究领域都要用到统计方法，比如政府部门、学术研究领域、日常生活、公司或企业的生产经营管理都要用到统计方法。

当然，统计并不是仅仅为了管理，它是从自然科学、社会科学的多个领域中发展起来的，为多个学科提供了一种通用的数据分析方法。从某种意义上说，统计仅仅是一种数据分析的方法。与数学一样，统计是一种工具，是一种数据分析的工具。利用统计方法可以简化繁杂的数据，比如，用图表展示数据，建立数据模型。有人认为统计的全部目的就是让人看懂数据，其实这仅仅是统计的一个方面，统计更重要的功能是对数据进行分析，它提供了一套分析数据的方法和工具。不同的人对数据分析的理解不大一样，曲解数据分析是常见的现象。在有些人的心目中，数据分析就是寻找支持，他们的心目中可能有了某种"结论"性的东西，或者说他们希望看到一种符合他们需要的某种结论，而后去找些统计数据来支持他们的结论。这恰恰歪曲了数据分析的本质，数据分析的真正目的是从数据中找出规律，从数据中寻找启发，而不是寻找支持。真正的数据分析事先是没有结论的，通过对数据的分析才能得出结论。统计不是万能的，它不能解决你面临的所有问题。统计可以帮助你分析数据，并从分析中得出某种结论，但对统计结论的进一步解释，则需要你的专业知识。比如，吸烟会使患肺癌的概率增大，这是一个统计结论，但要解释吸烟为什么能引起肺癌，这就不是单靠统计所能做到的了，而是需要有更多的医学知识才行。

1.2 统计数据的类型

统计数据可以从不同的角度进行分类。按照计量尺度的不同，统计数据可以分为4种类型：定类数据、定序数据、定距数据、定比数据。

1.2.1 定类数据

定类数据是指使用定类尺度获得的数据。定类尺度也称类别尺度或列名尺度，是最粗略、计量层次最低的计量尺度。这种计量尺度只能按照现象的某种属性对其进行平行的分类或分组。例如，人口按照性别分为男、女两类；企业按照经济性质分为国有、集体、私营、合资、独资企业等。定类尺度只是测量了现象之间的类差别，对各类之间的其他差别却没有反映。因此，使用该尺度对现象进行的分类，各类别之间是平等的并列关系，无法区分优劣或大小，各类别之间的顺序并不重要。虽然定类尺度计量的结果只是表现为某种类别，但为了便于统计处理，特别是为了便于计算机识别，可以对不同类别用不同的数字或编码来表示，例如，在人口统计中按地区分组、民族分组，并用数字作为代号，如北京为"01"，河北为"02"等；"1"表示男性人口，"0"表示女性人口等。这些数字只是给不同类别的一个代码，并不意味着这些数字可以区分大小或进行任何数学运算。对定类尺度的计量结果，通常是通过计算每一类别中各元素或个体出现的频数或频率来进行分析的。

在使用定类尺度对现象进行分类时，必须符合穷尽和互斥的要求。类别穷尽是指在所做的全部分类中，必须保证每一个元素或个体都能归属某一个类别，而不能在其他类别中重复出现。比如，按照自然的二分法，一个人要么是男性，要么是女性，总是有所归属，而且只能属于其中的一个类别。定类尺度是对现象最基本的测度，是其他计量尺度的基础。在形式上，定类尺度具有对称性和传递性两种属性，对称性说明各类之间彼此相对称，传递性则表示在运算上各类量值只具有相等与不相等的性质。这种测定尺度和分组在实际统计活动中使用得很广泛，主要用于计算各组数值占总体数值的比重和众数等，但不能对各类编号进行加减乘除计算。

1.2.2 定序数据

定序数据是指使用定序尺度获得的数据。定序尺度又称为顺序尺度，是对现象之间的等级差别或顺序差别的一种测度。该尺度不仅可以将现象分成不同的类，还可以确定这些类别的优劣或顺序。或者说，它不仅可以测度类别差，还可以测度次序差。定序尺度的计量结果虽然也表现为类别，但这些类别之间是可以比较顺序的。例如，产品等级就是对产品质量好坏的一种次序测量，它可以将产品分为一类品、二类品、三类品及次品等；考试成绩可以分为优、良、中、及格、不及格等；一个人受教育程度可以分为小学、初中、高中、大学及以上等；一个人对某种现象的态度可以分为非常同意、同意、保持中立、不同意、非常不同意，等等。很显然，定序尺度对现象的计量要比定类尺度精确一些，但它也只是测量了类别之间的顺序，而未测量出类别之间的精确差值。因此，该尺度其计量结果不仅能对现象分门别类，还能比较大小，但不能进行加、减、乘、除等数学运算。

1.2.3 定距数据

定距数据是指使用定距尺度获得的数据。定距尺度也称为间隔尺度，它不仅可以将现象区分为不同类型并进行排序，并且可以准确地指出类别之间的差距。

定距数据是指具有顺序和距离属性的数据，既可以表示年份这种离散型数据，也可以表示温度这种连续性数据，比如年份的表示、温度用摄氏度或华氏度来度量等。定距数据的计量结果表现为数值，这种数值的每一间隔都是相等的，只要给出一个度量单位，就可以准确地指出两个计量数之间的差值，如考试成绩在80~90分，相差10分。既然能确定类别之间的差距，当然也就可以比较顺序（比如室外温度高于室内温度、不同实验舱内温度有高低之别）和异同。由于定距数据的计量结果表现为数值，并可以计量数值，因而，它不仅具有定类尺度和定序尺度的特性，其结果还可以进行加、减运算。但要特别注意的是，定距数据不能做乘除运算，且定距数据没有绝对零点，即当变量值为0时不是表示没有，如当温度为0时并不是表示没有温度。

1.2.4 定比数据

定比数据是指使用定比尺度获得的数据。它与定距数据属于同一层次，一般可不做区分，其计量的结果也表示为数值。它除了具有上述三种计量尺度的全部特性外，还具有一个特性，那就是可以计算两个测度之间的比值。这就要求定比尺度中必须有一个绝对固定的"零点"，这也是它与定距数据的唯一差别。换言之，定距数据中没有绝对零点，即定距数据的计量值可以为0，这里的"0"表示一个数值，即"0"水平，而不表示"没有"或"不存在"。例如，一个学生的统计学考试成绩为0分，是表示他的统计学成绩水平为0，并不表示他没有考试成绩或没有任何统计学知识；一个地区的温度为0℃，表示一种温度的水平，并不是没有温度。可见定距数据中的"0"是一个有意义的数值。定比数据则不同，它有一个绝对"零点"。也就是说，在定比数据中，"0"表示"没有"或"不存在"。比如一个人的收入为"0"，表示这个人没有收入；一种产品的产量为"0"，表示没有这种产品等。因此，采用定比数据计量的结果通常不会出现"0"值。在现实生活中，大多数使用的是定比尺度。

对定距数据和定比数据的区别，有些教材中形象地将定距数据比喻成从桌面上开始测量的高度，定比数据则是从地面上开始测量的高度。定比尺度中由于"0"表示不存在，其数值不仅可以比较大小、计算数值，还可以计算数值之间的比值。例如，甲的月平均工资收入为2 000元，乙为1 000元，可以得出甲的收入为乙的2倍。而定距数据由于不存在绝对零点，我们只能比较数值差，而不能计算比值。比如我们可以说21℃与7℃之差为14℃，而不能说21℃比7℃热3倍。可见定距尺度只能进行加、减运算，而定比尺度则可以进行加、减、乘、除运算。

上述4种计量尺度对现象的测量层次是由低级到高级、由粗略到精确逐步递进的。高层次计量尺度的统计数据具有低层次计量尺度的统计数据的全部特性，但不能反过来。显然，我们可以很容易地将高层次计量尺度的测量结果转化为低层次测量尺度的测量结果，比如将考试成绩的百分制计分转化为五等级分制。如表1-1所示，给出了上述四种计量尺度统计数据的数学特性。

表 1-1　四种计量尺度统计数据的数学特性

数学特征	计量尺度			
	定类数据	定序数据	定距数据	定比数据
分类（=、≠）	√	√	√	√
排序（<、>）		√	√	√
间距（+、-）			√	√
比例（×、÷）				√

在统计分析中，一般要求测量的层次越高越好，因为高层次的计量尺度包含更多的数学特性，能运用的统计分析方法越多，分析时也就越方便，因此，应尽可能使用高层次的计量尺度的统计数据。

按照统计分析时采用的方法不同，又可以将上述 4 种统计数据综合为定类数据（名义数据）、定序数据和计量数据，即将定距数据和定比数据合称为计量数据。这种分类一般表现在统计分析软件中。

1.3　统计研究的基本方法

1.3.1　大量观察法

大量观察法是根据研究的目的和要求，从总体中抽取足够多的单位进行统计研究，从而达到认识总体数量规律性的一种方法。统计学研究的对象个体间存在较大的差异性，而统计所要研究的是撇开它们的差异性而寻求它们的共性。因此，我们不能任意抽取个别或少数单位进行观察，而应运用大量观察法对同类社会经济现象进行调查和综合分析，使次要的、偶然的因素作用相互抵消，从而排除其影响，以研究主要的、共同起作用的因素所呈现的规律性。例如，某电视台的一个节目组想知道观众对其节目的反应和评价，那么就不能以某个个人的观点做出结论。因此，他们只有进行大量的问卷调查，掌握观众的普遍意见，才能得出有一定可靠性的结论。

1.3.2　统计分组法

统计分组法是在统计整理阶段常用的方法。它是根据事物内在的性质和统计研究任务的要求，将总体各单位按照某种标志划分为若干组或部分的一种研究方法。统计分组法是为了更加有效地研究事物，找出事物总体内部差异，通过总体中不同组的特点来综合反映总体的特征。例如，人口按年龄分组、企业按经济类型分类、国民经济按部门分类等。

1.3.3　综合指标法

综合指标法是指反映所研究现象的数量特征和数量关系的指标数值，并通过分解和对比分析，以研究总体的差异和数量关系。综合指标法通过对大量原始数据进行整理汇总，计算各种综合指标，以显示研究对象在具体时间、地点以及各种因素共同作用下所表现的规模、水平、集中趋势和差异程度等，概括地描述总体的综合特征和变动趋势。常用的综合指标有总量指标、相对指标、平均指标、变异指标、动态指标和统计指数等。

1.3.4 统计模型法

统计模型法则是综合指标法的扩展。它是根据一定的理论和假定条件，用数学方程去模拟现实客观现象相互关系的一种研究方法。利用这种方法可以对在客观现象和过程中存在的数量关系进行比较完整和近似的描述，凸显所研究的综合指标之间的关系，从而简化客观存在的复杂的其他关系，以便利用模型对所关心的现象变化进行数量上的评估和预测。

1.3.5 归纳推理法

归纳推理法是由个别到一般、由事实到概括的推理方法。综合分析法通过综合指标概括反映总体一般的数量特征，有异于总体各单位的标志值，但又必须从各单位的标志值中归纳而来。归纳推理法可以使我们从具体的事实得出一般的知识，扩大知识领域，增长新的知识，所以是统计研究中常用的方法。

1.4 统计中的几个基本概念

1.4.1 总体和总体单位

▶ 1. 总体和总体单位的概念

统计总体是指由客观存在的，具有某种共同性质的许多个别现象所组成的整体，简称总体。构成总体的个别现象称作总体单位，也称为个体。例如，要调查了解某镇农民家庭收入情况，那么该镇所有农户就构成了统计总体，每个农户则是总体单位。再如，要调查了解某工业企业职工的情况，那么该企业所有职工构成了总体，每个职工则是总体单位。

总体单位可大可小，如果研究全世界的所有国家地区，那么所有国家地区就是总体，而每一个国家就是总体单位，如果研究全国大学本科学生，全国所有的大学本科学生就是总体，而每一个大学本科学生就是总体单位。

总体单位数也是常用到的概念，是指一个总体中总体单位的数目，常用 N 表示。

▶ 2. 总体的特征

总体有三个特征，即同质性、大量性和变异性。

所谓同质性，是指构成总体的各个单位必须在某一(些)方面是相同的。例如，调查了解某镇工业生产情况，那么构成总体的每个单位必须有以下共同性，即每个总体单位必须是工业企业并且是该镇所属。同质性是构成总体的首要条件。

大量性是指统计总体必须由足够多的单位组成，仅是个别单位或少数单位不能形成总体。因为统计研究的目的是从数量方面揭示社会经济现象的本质特征和规律性，只有从大量现象的普遍联系中才能表现出来，个别单位和少数单位的特征难以反映现象的本质和规律性。

变异性是指构成总体的各个单位在某些方面是相同的，但在其他方面则各不相同，具有质的差别和量的差别，这种差别称为变异。例如，企业职工的社会成分是相同的，而每个职工的年龄、工龄、性别、文化程度、工资等都是各不相同的。统计研究的目的就在于通过分析每个单位的差别来认识总体的一般性和规律性。

▶ 3. 总体的分类

统计总体按其包括的单位数的限度，可分为有限总体和无限总体。一个统计总体中包括的单位数如果是有限的或者可数的，称为有限总体。例如，某厂职工人数、某市工业企业个数、某市人口总数等都是有限总体。一个统计总体中包括的单位数如果是无限的或者在一定的条件下是无法明确的，则称为无限总体。例如，某种野生动物的数量、空气中的灰尘等都是无限总体，由于无限总体的数量不能确定，因此无法进行全面调查研究。

1.4.2 样本和样本容量

▶ 1. 样本

样本是指根据研究的目的和要求，从总体中抽取部分总体单位（即个体）组成的集合。在一般情况下，由于总体数量非常大，直接研究总体特征比较复杂。此时，从总体中抽取部分代表性的单位组成样本，利用样本信息对总体进行推断更方便。

▶ 2. 样本容量

样本容量是指样本中个体的数目。由于样本是从总体中抽取出来的，因此样本容量的单位数要小于总体的单位数。样本容量又称"样本数"，是指一个样本的必要抽样单位数目。在组织抽样调查时，抽样误差的大小直接影响样本指标代表性的大小，而必要的样本单位数目是保证抽样误差不超过某一给定范围的重要因素之一。因此，在抽样设计时，必须决定样本单位数目，因为适当的样本单位数目是保证样本指标具有充分代表性的基本前提。

1.4.3 标志和标志值

标志是说明总体单位特征的名称。标志的具体表现称为标志表现。例如，职工的年龄有18岁、19岁、20岁等，其中"年龄"是标志，"18、19、20"则是标志的具体表现，称为标志值。再如，职工的性别有男和女，其中"性别"是标志，"男、女"则是标志表现。标志具体分类如下。

▶ 1. 标志按其具体表现的性质不同可以分为品质标志和数量标志

品质标志是表明现象质的特征，通常不能用数量表示，如职工的性别、民族、文化程度等。数量标志是表明现象量的特征，一般用数量表示，如职工的年龄、工龄、工资等。

▶ 2. 标志按其变异情况可以分为不变标志和可变标志

不变标志即标志的具体表现都是相同的或一致的。不变标志是统计总体同质性的体现，一个统计总体至少存在一个不变标志。可变标志即标志的具体表现不尽相同。可变标志是统计总体变异性的体现，如各个企业的职工人数、增加值、资产总值、利税额等都可能存在差异，这些标志便是可变标志。

1.4.4 统计指标及其类型

统计指标是指表明统计总体数量特征的概念及其数量表现。例如，我国2022年国内生产总值 1 210 207.2 亿元，它是根据一定的统计方法对总体各单位的标志表现进行登记、核算、汇总而成的统计指标，说明我国国民经济这个数量特征。这个数量指标的名称是"国内生产总值"，指标的数值是"1 210 207.2 亿元"。

▶ 1. 统计指标体系设计

统计指标体系是指由众多有联系的指标组成的有机的整体。其中各个指标之间不是孤立的，而是有联系的，并且组合在一起，能共同说明总体的某一特征的整体。

统计指标体系设计的内容包括指标体系框架和指标名称、含义、内容、计算范围、空间范围等。统计指标设立原则包括以下两点。

（1）明确统计研究目的。指标设立必须以满足统计研究目的为前提，这是一个方向性的问题。在设立统计指标之前必须清楚调查研究的目的是什么，要向着什么方向前进。

（2）体现统计研究对象的本质。设立指标时要熟知统计研究对象的特点，使设立的统计指标体现统计研究对象的本质，为以后的统计分析奠定基础。

▶ 2. 指标与标志的区别和联系

指标与标志的区别：一是指标说明总体某一综合数量特征，而标志说明总体单位特征；二是指标都可以用数量表示，而标志既可以用数值来表示，也可以用文字来表示。

指标与标志的联系：一是许多统计指标的数值是由总体单位的数量标志汇总得到的；二是标志和指标之间是可以相互转化的，因研究范围和总体不同而定。

▶ 3. 统计指标的分类

在实际工作或统计研究中，会经常用到统计指标。对统计指标通常有两种理解和使用方法。一是概念性指标，它是用来反映现象总体数量状况的基本概念。例如，年末全国人口总数、全年国内生产总值、国内生产总值年度增长率等。二是具体的统计指标，它是反映现象总体数量状况的概念和数值。

概念性的统计指标包含 3 个要素，即指标名称、计量单位和计算方法，例如，国内生产总值、社会消费品零售总额、居民消费价格指数（CPI）、工业品出厂价格指数（PPI）、国民可支配收入等。具体的统计指标是反映总体数量特征的概念及其指标数值，一般包含 6 个要素，除了概念性统计指标的 3 个要素之外，还包括时间限制、空间限制、指标数值等 3 个要素。

（1）统计指标按它所说明的总体现象内容的特征，可以分为数量指标和质量指标。

数量指标是反映总体某一特征的绝对数量。这类指标主要说明总体的规模、工作总量和水平，一般用绝对数表示。例如，2021 年中国粮食播种面积为 1.18 亿公顷，较 2020 年增加了 863 千公顷等。质量指标是反映总体的强度、密度、效果、结构、工作质量等，例如，人口密度、劳动生产率、资金利润率等。这类指标一般用平均数、相对数表示。质量指标的数值并不随总体范围的大小而增减。例如一个 100 万人口的城市第三产业在国民生产总值所占的比重也可能小于某个 30 万人口的城市第三产业在国民生产总值中所占的比重。

（2）统计指标按其具体内容和作用可分为总量指标、相对指标和平均指标。

总量指标是反映总体现象规模的统计指标，它表明总体现象发展的结果。例如：2022 年国内生产总值（GDP）为 1 210 207.2 亿元，2022 年年末国家外汇储备 31 277 亿美元，2022 年全国粮食总产量达到 6.87 亿吨等。总量指标按其所反应的时间状况不同又分为时期指标和时点指标。时期指标又称时期数,它所反映的是现象在一段时期内的总量,如产品总产量、商品零售额等。时期数通常可以累积,从而得到更长时期内的总量。时点指标又称时点数,它所反映的是现象在某一时刻或瞬间上的总量,如年末人口数、股票价格和股票价格指数等。时点数通常不能累积,各时点数累计后没有实际意义。

相对指标即"相对数",是用两个有联系的指标进行对比的比值来反映社会经济现象数量特征和数量关系的综合指标。相对指标其数值有两种表现形式:无名数和复名数。无名数是一种抽象化的数值,多以系数、倍数、成数、百分数或千分数表示。复名数主要用来表示强度的相对指标,以表明事物的密度、强度和普遍程度等。例如,人均粮食产量用"千克/人"表示,人口密度用"人/平方公里"表示等。

平均指标又称平均数或均值,它反映的是现象在某一空间或时间上的平均数量状况,如平均工资、平均成本等。

1.4.5 变量及其类型

在统计中,把说明现象某种特征的概念称为变量,变量的具体表现称为变量值。标志和指标都属于变量的范畴。统计数据就是变量的具体表现。变量就是可变的数量标志。例如,商业企业的职工人数、商品流转额、流动资金占用额等数量标志,这些变动的数量标志就称作变量。

变量值就是变量的具体表现,也就是变动的数量标志的具体表现。例如,企业的职工人数是一个变量,甲企业职工人数 100 人,乙企业职工人数 150 人,丙企业职工人数 200 人等,100 人、150 人、200 人都是职工人数这个变量的变量值(标志值)。

变量按其取值的不同,可以分为离散变量和连续变量。离散变量可以取有限个值,并且其取值都以整位数断开,可以一一列举,如人数、产品数量等;连续变量可以取无穷多个值,其取值连续不断,不能一一列举,如年龄、身高、粮食产量等都是连续变量。在社会经济问题研究中,当离散变量的取值很多时,也可以将离散变量当作连续变量来处理。

变量按其性质不同,可以分为确定性变量和随机变量。确定性变量是指受确定性因素影响的变量,也即影响变量值变化的因素是明确的、可解释的或可人为控制的,因而变量的变化方向和变动程度是可确定的。比如对于一个生产企业,利润就是销售收入除去成本和税金,在销售收入、成本、税金发生后,企业所得利润就是一个确定的数值。随机变量是指变量值的大小变化没有一个确定的方向,带有偶然性。比如,检查一批灯泡的使用寿命,每只灯泡的使用寿命就是随机变量。随机变量比确定性变量普遍得多,随机变量带有相应的概率模型。

导入案例分析

应用本章所学知识,根据某净水器研究目标,该项目研究总体为西安市居民,样本是西安市购买过净水器的居民。客户画像是以样本为研究对象,其用户类型,可以按品质标志分类,例如性别、居住地点、职业;可以按数量标志进行分类,例如年龄、收入。

本章小结

本章主要讲解统计的三个含义：统计数据、统计活动和统计学。而统计学学科从研究对象上看具有数量性、总体性和差异性的特点，统计数据可以从多个不同角度进行分类。按照计量尺度的不同，统计数据可以分为4种类型：定类数据、定序数据、定距数据、定比数据。统计数据研究过程，大致包括统计设计、数据收集、数据整理与分析、数据解释四个环节，研究方法主要有大量观察法、统计分组法、综合指标法、统计推断法和统计模型法。

统计学包括几组基础概念：总体是由客观存在的、所有具有某种共同性质的事物所组成的集合体，具有大量性、同质性和差异性的特征。构成总体的每个个别事物称为个体。总体有有限总体与无限总体之分。样本是由来自总体的一部分个体所组成的有限小总体。样本所包含的个体数，称为样本容量。标志是说明个体特征的名称。标志有品质标志与数量标志、可变标志与不变标志之分。从广义上说，变量就是可变的标志。变量有定性变量与定量变量、确定性变量与随机性变量、离散型变量与连续型变量之分。统计指标是反映现象总体数量特征的概念及其数值。指标与标志既有区别，又有联系。

复习与思考

1. 简述品质标志与数量标志的区别。
2. 品质标志与质量指标有何不同？品质标志可否汇总为质量指标？
3. 举例说明总体、样本、统计量、变量这几个概念。

在线课堂

在线自测

拓展知识：
农夫山泉的大数据挖掘

第 2 章　数据的采集

学习目标

1. 了解统计数据的来源；
2. 理解统计调查方式；
3. 掌握统计调查的方法；
4. 理解和掌握统计调查方案的重要性和主要内容；
5. 掌握调查表和调查问卷设计的基本要求与构成要素；
6. 能根据统计调查方案的构成要素与要求，设计统计调查方案；
7. 能根据统计调查的目的、要求和调查表的构成要素，设计统计调查表或调查问卷。

案例导入

一个反例的启示：《文学文摘》预测罗斯福竞选落败

1936 年，美国总统大选前夕，当时，调查业在美国也刚刚起步，该届总统大选的候选人有两位，就是兰登和罗斯福。当时有一本杂志叫《文学文摘》，它随杂志发了 1 000 万张预选票，最后收回 237 万张，统计结果是兰登获胜。同时，有一位研究人员叫乔治·盖洛普，他运用了与刚才不同的方法——科学抽样的调查方法，在全美国选取了 1 000 个样本，他的分析结果是罗斯福获胜。大选结果是罗斯福获得选票 1 800 万张，而兰登只获得选票 700 万张。这件事使盖洛普采用的这种调查方法在全球引起了轰动。

资料来源：韦博成. 漫话信息时代的统计学[M]. 北京：中国统计出版社，2011.

思考：

为什么《文学文摘》调查的样本如此之大，结果却那样离谱？
通过本章学习希望大家能找出原因，分析此案件。

章节导言

数据采集的量是不是越多越好？人们购买住房是喜欢大户型还是喜欢小户型？对父母的孝敬程度与子女的性别有关系吗？国民在购买保险的时候，是选择国内的保险公司，还是选择国外的保险公司？这些都是我们感兴趣却又不知道答案的问题。为了回答这些问题，需要采集相关数据进行分析。这就是说，当研究的问题确定之后，我们就要考虑为进行研究所需的数据，这里包括：我们从哪里获得数据？如果需要调查，有那么多的潜在被调查者，我们应当向谁进行调查？选中被调查者以后，我们怎样实施调查？有些研究问题可能需要通过实验的方法获得数据，那么怎样使用实验方法获得数据呢？

> 一手数据如何获得？统计调查的基本方式、方法和工具有哪些？这些工作都是一项统计研究活动所不可缺少的环节。本章将对上述有关问题逐一阐述。
>
> 　　统计活动是从统计数据采集开始的，统计数据采集是统计整理和分析的基础。统计数据采集是根据统计研究的目的和任务，运用科学的方式与方法，有计划、有组织地采集反映客观现象的统计资料的过程。通过本章的学习，我们将学会如何使用科学的数据采集方式方法和调研工具，采集在日常生活中所需的各类数据。本章也是培养市场调查能力的核心章节。

课程思政

辩证唯物主义教育——没有调查就没有发言权

"没有调查，就没有发言权"是毛泽东在《反对本本主义》一文中提出的一个著名论断，体现了理论和实践、知和行的统一。

调查研究是从实际出发的中心环节，是尊重客观规律、发挥主观能动性的典型形式。调查研究既是"从物到感觉和思想"的唯物主义认识路线的具体体现，也是发挥人的主观能动性把握客观规律的具体途径，因此是一切从实际出发的根本方法。

调查研究包括"调查"和"研究"两个环节。"调查"就是在科学的世界观和方法论的指导下，深入实际，努力全面把握客观情况；"研究"就是对调查所获取的客观情况，运用科学的世界观和方法论进行分析综合、抽象概括，从"事"中求"是"，认识事物的本质和规律。调查和研究是同一认识过程的两方面，二者相辅相成，缺一不可。

统计学是在统计数据采集的基础上，对统计数据进行整理和深入的分析与研究，并从数据中得出结论的科学。统计调查是通过科学的数据采集方式方法和调研工具，采集在日常生活中所需的各类数据，是社会经济管理中各种原始数据的主要来源，也是统计资料整理和分析的前提。统计调查体现了从感性认识上升到理性认识的过程，是从把握事物的现象飞跃到认识事物的本质和规律的前提，揭示了"没有调查就没有发言权"的辩证唯物主义思想。

资料来源：蓝定香."没有调查，就没有发言权"[N/OL]．四川日报，2022-05-09．

2.1　数据的来源

统计数据主要源自两条渠道：一是别人通过调查、观测或实验活动收集的数据，即二手数据，或者称间接数据、次级数据；另一是自己通过调查、观测或实验活动，获取原始数据，也称为直接或一手数据。

2.1.1　间接数据的来源

如果与研究内容有关的原信息已经存在，我们只是对这些原信息重新加工、整理，使之成为我们进行统计分析可以使用的数据，则把它们称为间接来源的数据。从采集的范围看,这些数据可以取自系统外部,也可以取自系统内部。数据取自系统外的主要渠道有:统计部门和各级政府部门公布的有关资料,如定期发布的统计公报,定期出版的各类统计年鉴;各类经济信息中心、信息咨询机构、专业调查机构、行业协会和联合会提供的市场信息和行业发展的数据情报;各类专业期刊、报纸、书籍所提供的文献资料;各种会议,如博览会、展销会、交易会及专业性、学术性研讨会上交流的资料;从互联网或图书馆查阅的相关资料;等等。取自系统内部的资料,如果就经济活动而言,则主要包括业务资料,如与业务经营活动有关的各种数据、记录,经营活动过程中的各种统计报表,各种财务、会计核算分析资料等。相对而言,这种二手资料的收集比较容易,采集数据的成本低,并且能很快得到。二手资料的作用也非常广泛,除了分析所要研究的问题,这些资料还可以提供研究问题的背景,帮助研究者更好地定义问题,检验和回答某些疑问与假设,寻找研究问题的思路和途径。因此,收集二手资料是研究者首先考虑并采用的,分析也应该先从对二手资料的分析开始。

但是,二手资料也有很大的局限性,研究者在使用二手资料时要保持谨慎的态度。因为二手资料并不是为特定的研究问题而产生的,所以在回答所研究的问题方面可能是有欠缺的,如资料的相关性不够,时效性不够,口径可能不一致导致数据也许不准确等。因此,在使用二手资料前,对二手资料进行评估是必要的。现将常用的二手数据的获取途径整理如下。

▶ 1. 统计年鉴

统计年鉴主要有《国际统计年鉴》《世界经济年鉴》《中国统计年鉴》《中国社会统计年鉴》《中国工业经济统计年鉴》《中国农村统计年鉴》《中国人口统计年鉴》《中国市场统计年鉴》《中国统计摘要》及各省、市、地区的统计年鉴等。下面简要介绍几种。

(1)《国际统计年鉴》,由中国统计出版社出版。它是一部综合性国际经济、社会统计资料,截至2021年年底,《国际统计年鉴》收录了世界200多个国家和地区的统计数据,并对其中40多个主要国家和地区的经济社会发展指标及国际组织发布的主要综合评价指标进行了更为详细的收集。

(2)《中国统计年鉴》,由中国国家统计局编纂,中国统计出版社出版。是一部全面反映我国国民经济和社会发展情况的资料性读物。该年鉴收录了全国和各省、自治区、直辖市经济、社会各方面的统计数据,以及多个重要历史年份和近年全国主要统计数据,是一部全面反映中华人民共和国经济和社会发展情况的资料性年刊。

(3)地方统计年鉴,由各省、自治区和直辖市以及经济特区的统计局编纂,中国统计出版社出版。它比较详细地反映了各省、自治区和直辖市以及经济特区的社会经济和科技等方面的发展变化情况。

(4)《中国统计摘要》,由中国统计出版社出版。它收录了反映我国经济社会发展的主要统计数据,一般比《中国统计年鉴》早若干月出版。

▶ 2. 有关期刊

上述各种统计年鉴所提供的资料较为详细、全面、系统,但时效性较差。反映我国经济社会动态的数据,可通过有关期刊取得。下面简要介绍几种期刊。

(1)《中国经济景气月报》,由国家统计局中国景气预测中心主办,内容包括主要经济指标最新的季度或月度数据以及经济景气指标。

(2)《中国经济数据分析》，由中国信息中心经济预测部主办，内容包括当季我国 GDP 增长率、工业生产指数、企业效益指标、固定资产投资、外贸出口和市场销售的规模和速度指标、居民消费水平等数据。

(3)《经济预测分析》，由国家信息中心主办，提供有关国民经济运行状况的资料和预测分析结果。

▶ 3. 相关网站

在计算机与网络技术飞速发展的今天，互联网成为获取统计数据的重要途径。目前可获取反映中国经济社会状况的统计数据的网站，主要有以下四个。

(1) 中国统计信息网，由国家统计局主办，主要内容有统计公报、统计数据、统计分析、统计法规、统计管理和数据直报等。在该网站也可搜寻有关统计年鉴的数据资料。

(2) 国研网，由国务院发展研究中心主办。提供的主要信息有宏观经济、区域经济、金融市场、行业经济以及企业经济相关数据资料。

(3) 中国经济信息网，由国家发改委、国务院西部办等主办。从该网站可搜寻我国经济发展以及各地区经济发展的数据资料。

(4) 中国经济时报网，由国务院发展研究中心主办。可以从该网站搜寻有关经济生产、资本市场的信息。

▶ 4. 数据平台

市场研究中经常需要各种数据证明观点，或者从大数据中发现规律，一般对于行业趋势、热点、权重等问题最为关注。常见的数据平台包括国研网统计数据库、微指数、百度指数、行业数据分析平台、咨询公司研究报告数据。

使用二手数据对使用者来说既经济又方便，但在使用这些数据时，应注意统计数据的含义、计算口径和计算方法的适用性，避免误用或滥用。同时，在引用二级数据时，要注明数据的来源，以尊重他人的劳动成果。

在使用二手资料时，要对其进行评估，不能见到数据或资料就使用，对二手资料进行评估可以考虑如下几个方面。

(1) 资料是谁收集的。这主要是考察数据收集者的实力和社会信誉度。例如，对全国性的宏观数据，与某个专业性的调查机构相比，政府有关部门公布的数据可靠度更高。

(2) 为什么目的而采集。为某个集团的利益而收集的数据是值得怀疑的。

(3) 数据是怎样采集的。采集数据可以有多种方法，不同方法所采集到的数据，解释力和说服力都是不同的。如果不了解采集数据所用的方法，则很难对数据的质量做出客观的评价。数据的质量来源于数据的产生过程。

(4) 什么时候采集的。过时的数据，其说服力自然受到质疑。使用二手数据，要注意数据的定义、含义、计算口径和计算方法，避免错用、误用、滥用。在引用二手数据时注明数据的来源和时效性。

二手数据采集整理比较容易、简单。以下将主要讲解一手数据的来源。

2.1.2 直接数据的来源

虽然二手数据具有采集方便、快捷、采集成本低等优点，但对一个特定的研究问题而言，二手数据的主要弱点是针对性不够，时效性不强，所以仅仅靠二手数据还不能回答研究所提出的问题,这时就要通过调查和实验的方法直接获得一手数据。我们把通过调查获得的数据称为调查数据,通过实验方法得到的数据称为实验数据。

▶ 1. 调查数据

调查通常是对经济和社会现象而言的。例如,经济学家通过收集经济现象的数据分析经济形势、某种经济现象的发展趋势、经济现象之间的相互关系和影响;社会学家收集有关人的数据以了解人类行为;管理学家通过收集生产、经营活动的有关数据以分析生产经营过程中的协调性和效率问题。调查数据通常取自有限总体,即总体包含的个体单位是有限的。如果调查针对总体中的所有个体单位进行,就把这种调查称为普查。普查数据具有信息全面、完整的特点,对普查数据的全面分析和深入挖掘是统计分析的重要内容。但是,当总体较大时,进行普查将是一项很大的工程。由于普查涉及的范围广,接受调查的单位多,所以耗时、费力,调查的成本也非常高,因此不可能经常进行。事实上,通常统计学家面临的是样本的数据,如何从总体中抽取一个有效的样本,就成为统计学家需要考虑的一个问题。对于调查数据的具体内容在第 1.2 节中已有专门讲解。

▶ 2. 实验数据

采集数据的另一类方法是实验,在实验中控制一个或多个变量,在有控制的条件下得到观测结果。所以,实验数据是指通过在实验中控制实验对象而采集的数据。例如,对在一起饲养的一群牲畜,分别喂予不同的饲料,检验不同饲料对牲畜增重的影响。实验是检验变量间因果关系的一种方法。在实验中,研究人员要控制某一情形的所有相关方面,操纵少数感兴趣的变量,然后观察实验的结果。

(1)实验组和对照组。实验不仅是采集数据的一种方式,而且是一种研究方法。实验法的基本逻辑是:有意识地改变某个变量的情况(不妨设为 A 项),然后看另一个变量变化的情况(不妨设为 B 项)。如果 B 项随着 A 项的变化而变化,就说明 A 项对 B 项有影响。为此,要将研究对象分为两组,一个为实验组,另一个为对照组。实验组是指随机抽选的实验对象的子集。在这个子集中,每个单位接受某种特别的处理。而在对照组中,每个单位不接受实验组成员所接受的某种特别的处理。

在 17 世纪初,英国海军就试图运用实验法找到坏血病的起因。当时在海上长期航行的水手们面临坏血病的威胁,皮肤上有青灰斑点,牙龈大量出血,英国海军怀疑这是由于缺乏柑橘类水果所导致的。当这个想法被提出时,恰好有 4 艘海军军舰正要离开英国本土做长期航行,为调查是否是因为缺乏柑橘类水果而导致这种疾病,海军部安排其中一艘军舰上的水手每天喝柑橘汁,而其他 3 艘军舰上的水手则没柑橘汁供应。航行还未结束,没有喝柑橘汁的水手们开始成批地生病,以至于不得不把每天喝柑橘汁的水手分配到这 3 艘军舰上以帮助这些军舰进港。

在这项实验中,喝柑橘汁的水手们构成了实验组,没有喝柑橘汁的水手们构成了对照组,需要对照组的原因是,若没有对照组,就无法判定 A 项是否对 B 项产生影响。设想,如果四艘军舰上的水手们都喝柑橘汁,那么没有得坏血病的原因是什么就无法验证。一个好的实验设计都有一个实验组和一个或多个对照组。

但英国海军的实验还是有欠缺的,主要表现在两点:首先,实验组和对照组所处外部环境应该相同,在这个原则下,每艘船上都应该有喝柑橘汁和不喝柑橘汁的实验者,这样就排除了船的因素的影响。其次,实验者在哪个组应该随机产生,否则,喜欢喝柑橘汁的人跑到了实验组,而喜欢喝酒的人在对照组,在研究开始之前两组的水手身体状况就存在差异,这样就无法说明问题。如果实验对象是随机安排的,那么健康和不健康的水手在每一组中的数目差不多,身体状况对导致坏血病的影响就被抵消了,实验数据才有更高的可信度。

  一个好的实验,对照组和实验组的产生不仅应该是随机的,而且应该是匹配的。所谓匹配,是指对实验单位的背景材料进行分析比较,将情况类似的每对单位分别随机分配到实验组和对照组。例如,在实验新药或新的疗法时,将接受实验的患者按年龄、性别、病情等变量匹配后分到实验组和对照组。这样,不同组的患者有大致相同的背景。同时,分组的结果不让患者知道,最好主持评价的医生也不知道,这可称为双盲法。双盲法也是在实验设计中应采用的。

  (2) 实验中的若干问题。实验法的逻辑严密,可以较好地证明假设,分析事物因果关系,但在实验过程中也会遇到一些问题。

  ① 人的意愿。根据前面的讨论,我们知道,在划分实验组和对照组时,应该采用随机原则,但实施过程中会遇到挑战。如果研究的对象是人,这种挑战就更明显。人们都有自己的生活方式和处世原则,都有自己的爱好和兴趣,他们未必会按照研究者的要求和布置行事,也不会让自己的行为拘泥于一定的控制条件下。

  ② 心理问题。在实验研究中,被研究的人非常敏感,这就使得他们更加注意自我,从而走向另一个极端。典型例子之一是,1924—1933 年对通用电气公司的工人劳动生产率进行的调查。在这次调查中,一组社会学家和公司人事部门的成员想要研究车间照明度对工人劳动生产率的影响。研究者增强照明度时,发现产量增加。令人奇怪的,当他们减弱照明度时,产量也增加。看来无论做什么,工人的产量都会增加。后来发现,增加产量的原因不在于照明度,而是工人意识到有人在注意他们的行为,从而表现出一种容易被社会认可和接受的行为,尽管这种行为并不是他们所喜爱的。

  ③ 道德问题。道德问题使得对人和动物做的实验复杂化了。当某种实验涉及道德问题时,人们处于进退两难的尴尬境地。例如,有一种理论认为人口密度大会导致犯罪率的上升。研究人员通过动物实验,观察作为实验对象的小白鼠的行为变化。随着被关在一起的小白鼠的密度不断增加,小白鼠变得越来越烦躁,最后导致相互攻击、自相残杀。然而,对人做这种实验是不道德的,那么对老鼠做这种实验就道德吗?又如,在做药物实验时,如何看待实验组和对照组的结果呢?例如,发明了一种有望治疗艾滋病的新药,实验组的患者服用这种药,而对照组的患者不服用这种药。如果新药是有效的,对照组的人们得不到新药就会面临死亡的威胁;而如果这种药有副作用,会导致服用该药的人在两年以后有更高的死亡率,那么,没有服用这种药的对照组患者则可能避免这种风险。这中间确实存在道德的困境。

  (3) 实验中的统计。统计在实验的过程中发挥着重要的作用。这些作用主要表现在:确定进行实验所要求的单位个数,以保证实验可以达到统计显著结果;将统计的思想融入实验设计,使实验设计符合统计分析的标准;尽可能提供有效的统计分析方法。

  确定进行实验所需要的单位的个数,以便得到对实验精度预期的结果,这需要统计学的专业知识。一般来说,实验数据越多越好。但进行大规模的实验,收集数据的成本将非常高,所需要的时间也很长。

进行实验设计，融入统计学思想。实验设计本身就是一个统计问题。实验设计是指探索如何根据研究问题的需要，科学地安排实验，使我们能用尽可能少的实验获得尽可能多的信息。

在对实验数据进行分析时，根据研究的需要，统计可以提供最恰当的分析方法。一个好的实验，应该在两个方面都有效。一个方面是内部的有效性，内部的有效性意味着实验测量的准确性。实验的目的是要考察自变量和因变量之间的因果关系，而如果实验观察结果受到其他无关变量的影响，就很难推断自变量与因变量之间的因果关系。另一个方面是外部的有效性，外部的有效性决定是否可以将实验中发现的因果关系进行推广，即能否将结果推广到实验环境以外的情况。如果结果可以推广，可以推广到什么样的总体、什么样的环境、什么样的自变量和因变量；与实验情况完全相同的纯环境在社会现实中是很难复制的，那么，实验结果是否还有效。对这些问题给出分析解释，需要利用统计方法。例如，多元回归分析可以近似地将各个变量的影响区分开来，在满足一定条件下，定量地比较各个自变量对因变量产生的影响。协方差分析可以通过调整每组内因变量的平均值，达到将无关变量的影响剔除的目的。此外，多元统计分析方法在实验数据的分析中也发挥着重要的作用。

【例 2-1】
现场实验帮助 A 公司胜诉

美国的 A 公司生产著名的运动包，该公司发现 B 公司（一个大型的中心商业集团）引进一条生产线，生产的运动包与 A 公司生产的运动包形状几乎完全一样，消费者很难区分。A 公司指控 B 公司，说 B 公司误导消费者，让消费者觉得自己买的是 A 公司的产品，而实际买的却是 B 公司的产品。为了证实这一点，由第三方进行了一次现场实验。实验中选择了两组妇女，给第一组妇女看的是 A 公司生产的包，包面上的所有标签都去掉，所有的标识、说明都印在包的里层。给第二组妇女看的是 B 公司生产的包，包上的商标明显可见，所有的标签和悬挂物都按出售现场的样子保留。这样做的目的是希望通过这种实验了解妇女们购买包时的选择标准。例如，她们能否区分包的不同来源或品牌，她们依据什么进行识别或辨认，如果靠某些东西来辨认，那么这样做的理由是什么。

每组样本都是 200 人，实验分别在芝加哥、洛杉矶和纽约的各大商场进行。调查采用拦截式面访，被调查者是配额样本，即按妇女不同的年龄比例分配样本单位。

实验结果表明，大多数消费者无法区分两种包的不同来源，她们购买包时的依据主要是包的款式，而 A 公司生产的包是名牌商品，这种包的款式是人们所熟悉的。这个结果支持了 A 公司的立场。调查帮助 A 公司在法庭上胜诉，B 公司同意停止销售自己所生产的包。

资料来源：贾俊平. 统计学[M]. 北京：中国人民大学出版社，2012.

2.2　统计调查方式

统计调查是获取社会经济管理现象中原始数据的主要来源，因而学会统计调查非常重要。在统计调查时，应根据调查对象的特点和研究目的的需要，灵活采用不同的调查方式方法。统计调查可以从不同的角度进行分类，具体分类如下。

（1）按调查范围不同，统计调查可分为全面调查和非全面调查。全面调查是指对调查对象中的全部单位进行登记调查。普查和全面统计报表调查属于全面调查。非全面调查是指对调查总体中的部分单位进行登记或观察。重点调查、典型调查、抽样调查都属于非全面调查。

（2）按登记时间是否连续，统计调查可分为经常性调查和一次性调查。经常性调查是指随着调查对象情况的变化，连续不断地进行登记、观察。其主要目的是取得有关调查对象发生发展的过程和结果的资料，以说明现象在一段时期的发展总量。一次性调查是指间隔一定时间对调查对象在一定时点上的状况进行登记、观察，其主要目的是了解研究对象在一定时点上的状况和发展所达到的水平。一次性调查可以定期进行，也可以不定期进行。

（3）按组织方式不同，统计调查可分为统计报表调查和专门调查。统计报表调查是指按国家统计部门规定的统一表式和要求，自上而下地统一布置，自下而上地逐级提供统计资料的一种统计调查方式。它是国家统计系统和各业务部门为了定期取得系统、全面地反映政治、经济、文化生活各方面基本情况的统计资料而采用的一种调查方式。专门调查是指为了研究某种情况或某个特定的问题而专门组织的调查。这种调查多属于一次性调查。普查、重点调查、典型调查、抽样调查都属于专门调查。

2.2.1 普查

普查是为了某种特定目的而专门组织的一次性全面调查，是对统计总体的全部单位进行调查以收集统计资料的工作。普查资料常被用来说明现象在一定时点上的全面情况。例如，人口普查就是对全国人口一一进行调查登记。以下重点介绍普查的特点。

▶ 1. 普查通常是一次性或周期性的

由于普查涉及面广、调查单位多，需要耗费大量的人力、物力和财力，通常需要间隔较长的时间。例如，我国的人口普查，自1953年到现在，共进行过7次。目前，我国的普查趋向于周期性，例如，人口普查和农业普查每10年进行一次，经济普查每10年进行两次。末尾为"0"的年份进行人口普查，末尾为"6"的年份进行农业普查，末尾为"3"和"8"的年份进行经济普查。经济普查包括工业普查、第三产业普查、基本单位普查以及建筑业普查。

▶ 2. 规定统一标准时点

标准时点是指对被调查对象登记时所依据的统一时点。调查资料必须反映调查对象在这一时点上的状况，以避免调查时因情况变动而产生重复登记或遗漏现象。标准时间一般定为调查对象比较集中、相对稳定的时间。例如，我国前4次人口普查的标准时间定为普查年份的7月1日0时，根据国家普查项目和周期安排的有关规定，国务院决定于2000年开展第五次全国人口普查，人口普查标准时点为11月1日0时，普查项目增加到49项，人口普查主要调查人口和住户的基本情况，内容包括性别、年龄、民族、受教育程度、行业、职业、迁移流动、社会保障、婚姻生育、死亡、住房情况等。人口普查的对象是指普查标准时点在中华人民共和国境内的自然人以及在中华人民共和国境外但未定居的中国公民，不包括在中华人民共和国境内短期停留的境外人员。2021年5月11日，第七次全国人口普查结果公布，全国人口为 1 443 497 378 人。

▶ 3. 规定普查的项目和指标

普查时必须按照统一规定的项目和指标进行登记，不准任意改变或增减，以免影响汇总和综合，降低资料质量。同一种普查，每次调查的项目和指标应力求一致，以便进行历次调查资料的对比分析和观察社会经济现象发展变化情况。

▶ 4. 普查的数据一般比较准确，规范化程度也较高

规定普查的项目和指标，确定调研的方式，并建立专门的普查机构，配备大量普查人员，对调查单位进行直接的登记，利用调查单位的原始记录和核算资料，颁发调查表，由登记单位填报，因此普查数据全面、系统、准确、可靠，它可以为抽样调查或其他调查提供基本依据。

▶ 5. 普查的使用范围比较窄，只能调查一些最基本及特定的现象

普查既是一项技术性很强的专业工作，又是一项广泛性的群众工作。我国历次人口普查都认真贯彻群众路线，做好宣传和教育工作，得到了群众的理解和配合，因而取得令世人瞩目的成果。

普查的优点：由于是调查某一人群的所有成员，所以在确定调查对象上比较简单；所获得的资料全面，可以知道全部调查对象的相关情况，准确性高；普查所获得的数据为抽样调查或其他调查提供基本依据。

普查的缺点：工作量大，成本高，组织工作复杂；调查内容有限；易产生重复和遗漏现象；由于工作量大而可能导致调查的精确度下降，调查质量不易控制。

2.2.2 抽样调查

抽样调查是一种非全面调查，是从全部调查研究对象中，抽选一部分单位进行调查，并据以对全部调查研究对象做出估计和推断的一种调查方法。按照抽取样本原则的不同，抽样调查分为概率抽样调查和非概率抽样调查。概率抽样调查是指按照随机原则从总体中抽取样本进行调查，并根据样本推断总体数量特征。而非概率抽样调查是指随意或有意识抽取样本进行调查，从而认识研究对象的变动情况、发展规律。非概率抽样调查结果一般不用于推断总体数量特征，因为它不是按随机原则抽取样本，无法确定其推断结果的准确性和可靠性。因此以下内容主要涉及概率抽样调查。

抽样调查有以下几个方面特点。

(1) 调查样本按随机原则抽取，在总体中每一个单位被抽取的机会是均等的，能够确保被抽中的单位在总体中的均匀分布，不至于出现倾向性误差，样本代表性强。

(2) 抽样调查是以抽取的全部样本单位作为一个"代表团"，用整个"代表团"来代表总体，而不是用随意挑选的个别单位代表总体。

(3) 所抽选的调查样本数量，是根据调查误差的要求，经过科学的计算确定的，在调查样本的数量上有可靠的保证。

(4) 抽样调查的误差，在调查前就可以根据调查样本数量和总体中各单位之间的差异程度进行计算，并控制在允许误差范围以内，因而，调查结果的准确程度较高。

抽样的主要步骤有：界定总体，制定抽样框，实施抽样调查并推测总体，分割总体，确定样本规模，确定抽样方法，检验调查的信度和效度。

2.2.3 重点调查

重点调查是指在全体调查对象中选择一部分重点单位进行调查,以取得统计数据的一种非全面调查方法。由于重点单位在全体调查对象中只占一小部分,调查的标志量在总体中却占较大的比重,因而对这部分重点单位进行调查所取得的统计数据能够反映社会经济现象发展变化的基本趋势。

和抽样调查不同的是,重点调查取得的数据只能反映总体的基本发展趋势,不能用以推断总体,因而也只是一种补充性的调查方法。目前主要是在一些企业集团的调查中运用。例如,为了掌握"三废"排放情况,就可选择冶金、电力、化工、石油、轻工和纺织等重点行业的工业进行调查。重点调查的主要特点是投入少、调查速度快、所反映的主要情况或基本趋势比较准确,由于能及时提供必要的资料,更便于各级管理部门掌握基本情况,采取措施。例如,1985年全国工业污染源调查,2012年全国大中城市房地产价格调查就是重点调查。

重点调查的关键在于确定重点单位。重点调查的单位可以是一些企业、行业,也可以是一些地区、城市。这里所说的重点单位,是指在总体中具有举足轻重的单位,这些单位虽然数目不多,但就调查的标志值来说,它们在总体中却占了绝大部分比重。对这些单位的调查,能够反映出整个研究对象的基本情况。此种方法的优点是,投入的人力、物力少,而又能较快地收集统计信息资料。因此,当调查任务只要求对总体的基本情况进行了解,而部分重点单位又能集中反映所研究问题时,便可采用重点调查的方式。

选取重点单位,应遵循两个原则。一是要根据调查任务的要求和调查对象的基本情况而确定选取的重点单位及数量。一般来讲,要求重点单位应尽可能少,而其标志值在总体中所占的比重应尽可能大,以保证有足够的代表性。二是要注意选取那些管理比较健全、业务力量较强、统计工作基础较好的单位作为重点单位。重点调查根据研究问题的不同需要,可以采取一次性调查,也可以进行定期调查。

2.2.4 典型调查

典型调查是根据调查目的和要求,在对调查对象进行初步分析的基础上,有意识地选取少数具有代表性的典型单位进行深入细致的调查研究,借以认识同类事物的发展变化规律及本质的一种非全面调查。

典型调查适用于调查总体同质性比较大的情形。同时,它要求研究者有较丰富的经验,在划分类别、选择典型上有较大的把握。实施典型调查的主要步骤有:根据研究目的,通过多种途径了解研究对象的总体情况;从总体中初选出备选单位,加以比较,慎重选出有较大代表性的典型;进行(典型)调查,具体收集资料;分析研究资料,得出结论。

典型调查法较细致,适用于对新情况、新问题的调研。使用典型调查法时须注意所选的对象要具有代表性,能够集中有力地体现问题的主要方面。典型调查法具有省时、省力的优点,但也有不够准确的缺点。典型调查一般用于调查样本太大,而调查者又对总体情况比较了解,同时又能比较准确地选择有代表性对象的情况。

▶ 1. 典型调查的作用

(1) 研究尚未充分发展、处于萌芽状况的新生事物或某种倾向性的社会问题。通过对典型单位深入细致的调查，可以及时发现新情况、新问题，探测事物发展变化的趋势，形成科学的预见。

(2) 分析事物的不同类型，研究它们之间的差别和相互关系。例如，通过调查可以区别先进事物与落后事物，分别总结它们之间的经验教训，进一步进行对策研究，促进事物的转化与发展。

此外，在总体内部差别不大或分类后各类型内部差别不大的情况下，典型单位的代表性很显著，也可用典型调查资料来补充和验证全面调查的数字。

▶ 2. 典型调查的特点

(1) 典型调查主要是定性调查。典型调查主要依靠调查者深入基层进行调查，对调查对象直接剖析，取得第一手资料，能够透过事物的现象发现事物的本质和发展规律。它是一种定性研究，难以进行定量研究。

(2) 典型调查是根据调查者的主观判断，选择少数具有代表性的单位进行调查。因此，调查者对调查单位的了解情况，调查者的思想水平和判断能力对选择典型的代表性起着决定作用。

(3) 典型调查的方式是面对面的直接调查。它主要依靠调查者深入基层与调查对象直接接触，因此，对现象的内部机制和变化过程往往了解得比较清楚，资料比较全面、系统。

(4) 典型调查方便、灵活，可以节省时间、人力和经费。典型调查的对象少，调查时间短，反映情况快，调查内容系统周密，了解问题深，使用调查工具不多，运用起来灵活方便，可以节省很大的人力、财力。此方法又叫"解剖麻雀"。其优点是了解的事物生动具体，资料详尽，对问题的研究深入细致，调查方法灵活多样，既可以长期蹲点深入实际，直接观察，也可开调查会或个别访问。

如何正确选择典型呢？根据调查的目的，在对事物和现象总体情况初步了解的基础上，综合分析，对比研究，从事物的总体上和相互联系中分析有关现象及其发展趋势，选出典型。典型可分为三种：先进典型、中间典型和后进典型。当我们的研究目的是探索事物发展的一般规律或了解一般情况时，应选择中间典型；当我们的研究目的是要总结推广先进经验时，就应选取先进典型；当研究目的是帮助后进单位总结经验时，就应选择后进典型。

典型虽然是同类事物中具有代表性的部分或单位，但毕竟是普遍中的特殊，一般中的个别。因此，对于典型的情况及调查结论，要注意哪些属于特殊情况，哪些可以代表一般情况。要慎重对待调查结论，对于其适用范围要做出说明，特别是对于要推广的典型经验，必须考察、分析是否具备条件，条件是否成熟，切忌"一刀切"。

进行典型调查时，不仅要通过定性分析，找出事物的本质和发展规律，而且要借助定量分析，从量上对调查对象的各个方面进行分析，以提高分析的科学性和准确性。

2.2.5 统计报表

统计报表制度是连续性的全面调查方式。它是按照国家有关法规规定，自上而下统一布置，自下而上地逐级提供基本统计数据的一种调查方式。即政府统计部门向调查范围的全部统计调查机构单位发放统计报表，这些机构单位定期(如每月、季、每半年或一年)填好统计报表后,报送政府统计部门。

按调查范围,统计报表可分为全面统计报表和非全面统计报表。全面统计报表要求调查对象中的每一个单位都要填报。非全面统计报表只要求调查对象的一部分单位填报。

按填报单位不同,统计报表可分为基层统计报表和综合统计报表。基层统计报表是由基层企、事业单位填报的报表,综合统计报表是由主管部门或部门根据基层报表逐级汇总填报的报表。综合统计报表主要用于收集全面的基本情况,此外,也常为重点调查等非全面调查所采用。

按报送周期长短不同,统计报表可分为日报、周报、旬报、月报、季报、半年报和年报。周期短的,要求资料上报迅速,填报的项目比较少;周期长的,内容要求全面一些;日报和旬报称为进度报表,主要用来反映生产、工作的进展情况。月报、季报和半年报主要用来掌握国民经济发展的基本情况,检查各月、季、年的生产工作情况。年报每年上报一次,具有年末总结的性质,它全面总结全年经济活动的成果,检查年度国民经济计划的执行情况等,用来反映当年中央政府的方针、政策和计划贯彻执行情况,内容更全面和详尽。

按报表内容和实施范围不同,统计报表可分为国家统计报表、部门统计报表和地方统计报表。国家统计报表是国民经济基本统计报表,由国家统计部门统一制发,用以收集全国性的经济和社会基本情况,包括农业、工业、基建、物资、商业、外贸、劳动工资、财政等方面最基本的统计资料。部门统计报表是为了适应各部门业务管理需要而制定的专业技术报表。地方统计报表是针对地区特点而补充制定的地区性统计报表,是为本地区的计划和管理服务的。

统计报表制度具有以下主要特点。

(1) 统计报表制度能够取得比较完整、准确的统计数据。

(2) 统计报表制度收集的统计数据一般涵盖国情、国力和国家宏观管理决策方面。

(3) 统计报表制度主要适用于国有企业、事业单位以及国家机关和团体。统计报表制度在形式上比较烦琐,调查范围广泛,需要较多的人力、物力和财力,所以,对民营企业、个体单位、家庭和个人不适用。

2.2.6 统计数据的误差

统计数据的误差是指采集的数据与研究对象真实结果之间的差异。统计误差有登记性误差和代表性误差两类。

登记性误差是指在数据收集过程中由于工作失误所造成的误差。它又分为计量技术误差和登记工作误差两种情况。前者是由于计量技术和手段的局限性所带来的无法绝对符合现象的真实值而产生的误差,如计量标准件的误差、循环小数的取值等。后者是指因为被调查者回答误差和无回答误差,调查员的登记、录入、计算、汇总、抄报等无意错误以及人为的虚瞒上报的有意错误所产生的误差。登记性误差在所有的数据采集方法中都可能存在。

代表性误差是仅仅存在于非全面调查中的一种统计数据误差,它是由于在非全面调查中利用部分单位所构造的样本统计量来推断总体参数所导致的误差。代表性误差也分为两种:一是随机误差,是指在随机抽取样本单位时由于代表性不足而产生的偏差;另一种是人为误差,是指在抽取样本单位时因为人的主观因素,破坏了随机原则所导致的偏差。任何统计调查,都有着这样或那样的误差。最大限度地消除误差,以保证统计数的可靠性至关重要。为保证数据的可靠性,在数据采集过程中要注意做好数据的质量控制。

2.2.7 误差的控制

以上对调查中的误差问题进行了比较详细的讨论。如何有效地控制各种误差,提高数据的质量,这是研究人员和现场调查人员面临的挑战。

抽样误差是由抽样的随机性带来的,只要采用概率抽样,抽样误差就不可避免。令人欣慰的是,抽样误差是可以计算的。在一个特定问题的研究中,研究人员对抽样误差有一个可以容忍的限度。例如,用抽检的方法检验产品的质量,对总体合格品率估计的误差不超过±1%,这个±1%就是可以允许的抽样误差。允许的抽样误差的多大,取决于对数据精度的要求。一旦这个误差确定下来,就可以采用相应的措施进行控制。进行控制的一个主要方法是改变样本量,统计方法已经给出了计算样本量的公式。要求的抽样误差越小,所需要的样本量就越大。

非抽样误差与抽取样本的随机性无关,因而在概率抽样和非概率抽样中都会存在(但抽样框误差仅在概率抽样中存在)。有很多的原因造成非抽样误差,因此控制起来比较困难。全面讨论非抽样误差的控制问题已经超出本书的范围,有兴趣的读者可以参考本书后面所列的参考文献,这里只是简要作介绍。

如果采用概率抽样,就需要抽样框,抽样框误差就可能出现。在有些情况下,抽样人员对这个问题不够重视,使用了不太好的抽样框。其实,对同一个调查问题,有时可以构造不同抽样框,例如,对学校教师进行抽样调查,为了解他们对建设一流大学的看法,抽样框可以是教师的名单,可以是教师住所的门牌号码,可以是教师家的电话号码,甚至可以是教师上课的教室编号。不同的抽样框,其质量可能会有所差别,通过认真分析,就可以选择比较好的抽样框。此外,构造抽样框还需要广泛地收集有关信息,对抽样框进行改进,例如,把两个抽样框结合起来,以弥补抽样框覆盖不全的缺陷。

一份好的调查问卷可以有效地减少调查误差。问卷中题目的类型、提问的方式、使用的词汇、问题的组合等,都可能会对被调查者产生某种哪怕是十分微小的影响,大量微小影响的累加是不可忽视的。搞好问卷设计是减少非抽样误差的一个方面。

非抽样误差控制的重要方面是调查过程的质量控制。这包括:调查员的挑选,调查员的培训,督导员的调查专业水平,对调查过程进行控制的具体措施,对调查结果进行检验、评估,对现场调查人员进行奖惩的制度等。目前在规范的专业性市场调查咨询公司,都有一些进行质量控制的规章制度和经验。

2.3 统计调查方法

在实际工作中,不论采用上述哪种方式进行调查,都要运用具体的调查方法去采集统计数据。常用的调查方法包括访问调查、电话调查、CATI(计算机辅助电话访问)调查、邮寄调查、传统网络调查、网络与移动终端调查等。

2.3.1 访问调查

访问调查是调查者与被调查者通过面对面交谈从而得到所需资料的调查方法。其特点是调查人员可以在现场解释问题，激励被调查者的参与意识，提高调查的回答率和质量。访问调查在社会调查和市场调查中常被采用。

▶ 1. 入户访问

入户访问是指访问员按照研究项目规定的抽样原则到被调查者的家中或工作单位，找到符合条件的受访者，直接与受访者进行面对面的交流，以获取受访者对于特定事物、现象的意愿或行为等多方面的一手资料与信息的调查方式。在入户访问过程中，访问员可以现场验证受访者所回答问题的真实性，从而减少了调查误差；另外，访问员在访问过程中可以根据情况灵活掌握提问的顺序，随时向受访者解释各种疑难，因而访问的准确性得到了提高，访问的有效性也有所保证。

在通常情况下，入户访问主要具有以下几个特征。

(1) 入户访问是在受访者熟悉的环境之中进行，问卷回答率高。入户访问是在受访者家里或单位进行访问，因而访问环境较舒适、安全、不受自然干扰，一旦访问开始，受访者一般会比较耐心地完成访问，很少有中途拒绝或不予配合的情况。

(2) 访问的问卷可以相对较长。由于访问是在受访者家中或在受访者单位或者其他固定场所进行，受访者受外界因素干扰较少，而且在通常情况下，入户访问一般是在受访者的业余时间(例如周末)进行，受访者有充足的时间来回答问题，因此对于内容量较大或者访问时间较长的调查，采用入户访问的方式更适宜。

(3) 易于质量控制。在入户访问过程中，访问员必须明确地记录受访者家庭或单位的地址，在受访者同意的情况下还可以当面记录联系方式，因此当调查复核员对访问问卷进行核实时，可以根据在问卷上记录的详细地址找到受访者进行当面复核，这就对检验访问的真实性带来了很大的便利。

(4) 可以进行研究内容较复杂的调查项目。由于入户访问是在受访者熟悉的环境下进行，访问时间可以相对较长，因此访问员可以借助一些访问辅助用品，例如样品、照片、卡片、图形等来实现选项较多或内容较复杂的访问，这在电话访问、拦截或网上访问中一般难以做到。

(5) 入户访问是一种较好的多阶段随机抽样调查方法，用它的结果可以进行总量推算。对于某项民意测验，如果需要推断调查总体对某些问题的看法或行为方式，采用入户访问的方式就能很好地满足要求。相对而言，其他类型的访问方法，例如网上调查访问、拦截访问等，由于访问员对于样本的抽取不能进行控制，因此这类方法得到的调查结果在推断市场总体方面就不具备较好的效果，或者说我们不能根据这些调查结果来推断调查总体的状况。

(6) 调查成本较高。由于入户访问的程序较复杂，因而开展访问的费用也相对较高，这里包括各种交通费、受访者礼品费等，而在其他非入户访问中，这些费用会大大降低或者没有。同时采用入户访问时，访问员实现访问相对较难，调查公司支付给访问员的劳务费用也相对高于其他调查方式，这些都在一定程度上导致调查成本的提高。

(7) 拒访率较高。一般来说，普通消费者都有不愿接受不速之客来访及安全等方面的顾虑，特别是针对中心大城市的居民进行入户访问时，访问员往往需要接触很多样本才能找到一个合格并愿意接受访问的样本，因此入户访问的拒访率会相对较高。

（8）入户访问中面临的主要问题是如果访问员在入户访问时不严格按照事先抽中的样本或按事先设计好的问题与要求进行质量控制时，调查资料的真实性、可靠性难以得到保证，从而影响整个调查的效果。因此在入户调查中，对访问员的选择、监督与培训就会显得非常重要。

▶ 2. 拦截访问

拦截访问指的是在特定场所拦截访问对象，对符合条件者进行面对面访问。根据拦截地点不同可分为街头拦截和中心街区定点访问。街头拦截又称为不定点访问，它是在街区选择恰当地点，比如在商业街、娱乐场所、生活小区等地，由访问员对拦截的合格访问对象进行访问。定点访问，则是在商业街区选择一个相对固定的地点，一般应选择具有足够多的座位、较好环境、能够让受访者感到安全的地点，访问员在选定点附近拦截合格受访者，并引导受访者到此固定点进行访问的方法。相对其他的访问方法而言，拦截访问主要具有以下三个特征。

（1）访问效率高。由于拦截访问是在某个固定场所现场拦截受访者，合格样本的概率较高，同时访问员是在受访者从某个场所经过或出来的情况下，主动与受访者进行沟通并直接面对面地向受访者征询意见，这样可以充分解释访问的理由和访问给受访问者带来的利益（例如赠送礼品），得到受访者配合的可能性较大，因此只要在受访者时间允许的情况下，他们拒访的可能性较小。

（2）拦截访问方式的问卷长度相对较短，费用相对较低。由于拦截访问是在人口较多的街头或其他公共场所拦截访问对象，一般不能占用受访者较长的时间，这就要求前期的问卷设计应考虑整体时间进程的把握问题。

（3）无论采用何种抽样方法，怎样控制样本及访问的质量，收集的数据都不会对总体有很好的代表性，这是拦截访问的最大缺陷。在一般情况下，采用随机抽样进行入户访问是较好进行总体推断的访问方法；而拦截访问则不同，因为它受抽样地点选择的影响，受访者的样本群体结构与实际的总体群体结构并不会完全一致，因此通过拦截样本来推断总体的情况就会显得非常困难。

2.3.2 电话调查

本节讲解的电话调查是指传统的电话调查。传统电话访问是指选取一定的受访者样本，通过拨打电话的方式，询问问卷上所列出的一系列问题，在访问过程中用笔记录访问结果。访问员集中在某个场所或专门的电话访问间，在固定的时间内开始数据收集工作，现场有督导人员对访问员进行访问监督和抽样控制。电话访问在欧美等西方发达国家早已有之，由于这些国家的电话普及率高，再加上电话访问本身具有省时、省力、简单易行等优势，因而这种方法很快受到业内人士重视。有统计表明，电话访问在市场调查中的使用率达到了40%，仅次于入户访问，而电话访问在美国则超过了入户访问，使用率已经超过了60%。

传统电话访问作为民意测验另一种较常用的方法，与入户、拦截等访问方法相比，具有明显不同的特征。

(1) 电话访问的突出优点是信息反馈快、费用低、辐射范围广。一般而言，电话访问是访问员在固定的电话访问室通过拨打电话的方式对受访者进行调查，因此受访者对于问题的回答速度通常较快，中间思考的时间较少；同时由于电话访问不存在访问交通费、受访者礼品费等调查费用，节约了调查成本；另外，电话访问一般不受到受访者地域的限制，调查范围较传统入户访问更广。

(2) 访问员通过对电话访问技巧的把握，能够对调查进行有效控制，确保调查的质量。采用电话访问的调查问卷一般内容较少，同时受访者可以立刻对问题做出判断，因此，访问员可以通过电话对调查进度和问题回答的质量进行现场控制，从而保证调查数据的有效性。

(3) 调查内容的深度受到限制。由于电话访问的时间一般不能太长，因此问题设计必须简单明了，要求受访者能够在很短的时间内迅速给出回答。这里就会引发一个问题，一旦调查的内容较多或者问题问答需要经过一定的思考，受访者给予配合的可能性就会很小，有时甚至会中途终止接受访问，也就是说，电话访问对于较复杂或需要经过反复思考才能给出回答的问题就会显得并不合适。

(4) 电话访问的结果只能推论到有电话访问对象这一样本，在一般情况下不具有推断总体的作用。在通常情况下，电话访问难以完成事先经过抽样确定的访问样本，因为电话访问会受到电话接通率、受访者时间冲突等因素的影响，最终得到的访问样本已经不符合预先设定的抽样方法，因此采用电话访问得到的调查结果不能推断调查总体。

(5) 不能使用视觉的帮助。有一些民意测验项目需要得到受访者对一些图片、文字或设计等的反应，基于电话访问自身方式的限制，访问员无法将这些图片、文字或设计出示给受访者进行现场访问，所以电话访问在测定受访者对于特定视觉图案的态度时就较困难。当然我们可以把类似的资料事先寄给受访者，但这种方法通常由于手续烦琐而难以采纳。

(6) 作为总体的电话号码通常是不完整的，所以存在潜在的抽样偏差。对于调查精确度要求较高的民意测验，一般不适合采用这种方法。尤其是在我们需要通过抽样调查来反映总体或通过抽样调查来推断市场容量的研究中，采用电话访问的风险就会更大。总体而言，尽管电话访问存在诸多缺陷，但对那些调查项目单一，问题相对简单明确，并须及时得到调查结果的民意测验项目而言，仍不失为一种理想的访问方式。

2.3.3 CATI 调查

与传统电话调查相比，CATI 是计算机辅助电话访问，是"Computer-Aided Telephone Interview"的缩写形式，它是由电话、计算机、访问员三种资源组成一体的访问系统，使用一份按计算机设计方法设计的问卷，用电话向受访者进行访问。计算机问卷可以利用大型机、微型机或个人用计算机来设计生成，访问员坐在 CRT 终端（与总控计算机相联的带屏幕和键盘的终端设备）对面，头戴小型耳机式电话。CRT（与总控计算机相联的带屏幕和键盘的终端设备）代替了问卷、答案纸和铅笔。通过计算机拨打所要的号码，电话接通之后，访问员就读出 CRT（与总控计算机相联的带屏幕和键盘的终端设备）屏幕上显示出的问答题并直接将受访者的回答（用号码表示）用键盘记入计算机的记忆库之中。

1. CATI访问的主要特点

（1）准确度高。计算机程序是预先设定好的，访问员可以依据计算机设置的问题程序进行访问，无须另外注意哪些问题应该先问，哪些问题应该后问，哪些问题需要跳答等类似逻辑判断过程，因此在传统面访和传统电话访问中，可以有效避免容易出现的题目间跳答等逻辑错误。

（2）速度快。在CATI访问中，可以利用计算机过滤受访者，确定合格的受访者，从而明显提高人工拨号的受访者确认率，另外，数据库可在访问结束后通过计算机立即生成，不像传统电话访问方式那样要人工进行开放题编码、问卷答案进行人工录入，这样就大大提高了调查执行的速度。

（3）费用较高。若要实现计算机辅助访问，就需要调查机构投入一定的资金才可以初步实现，而且在每次调查中还需要程序设计等其他额外支出，同时对于访问员的系统操作技能要进行细致和较长时间的培训，这些费用在传统电话访问中就会低得多，因此采用CATI访问的成本比传统电话访问的成本更高。

（4）对访问员计算机操作素质要求高。在CATI访问中，访问员需要借助计算机完成访问任务，因而访问员的操作必须十分熟练，这样才能很顺利地配合受访者的回答。这就要求访问员不仅要有一般传统访问的知识和技巧，也要熟练计算机操作。

2. CATI访问的运作程序

作为一种借助计算机和电话等终端设备进行调查的方式，CATI访问的运作程序与一般的电话访问和网上调查访问的运作程序相比，必然存在较大的差距。具体而言，它一般包括以下3个主要步骤。

（1）进入系统。经过培训之后的访问员进入CATI调查访问程序之后，只要输入自己的代号及相关密码，确定调查主题就可以进入CATI访问系统。随后访问员可以开始"拨号"，CATI系统将随机产生一个电话号码，自动拨号之后有时会遇到无法访问的情况：例如电话占线、无人接听、空号等，遇到这种情况，访问员不能将该样本直接舍弃，而应将拨号失败的原因进行详细记录，并报告现场督导员。

（2）电话访谈。访问员进入CATI系统后，电脑屏幕上会出现访问的主画面，包括问卷中各题的访问状况、访问题目及各种视窗，如图2-1所示。开始访问前，访问员首先需

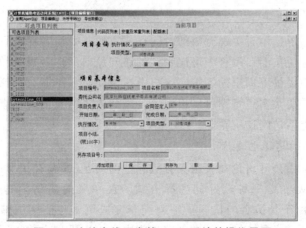

图2-1　比特在线开发的CATI系统的操作界面

要作自我介绍并向受访者说明自己的访问目的。在访问过程中，若受访者出现拒绝访问的情况，访问员应通过电脑记录受访者拒访的原因。

（3）访问结束。每一个访问完成后，访问员需要对受访者道谢，之后通过系统程序中的"完成"直接结束。另外，当访问员完成当天所有的访问后，应通过系统的"签退"和"确定"命令退出系统，保存所有访问记录。至此，整个CATI访问的程序就结束了。

2.3.4 邮寄调查

邮寄调查是通过邮寄或宣传媒体等方式将调查表或问卷送至被调查者手中，由被调查者填写，然后将调查表寄回或投放到指定收集点的一种调查方法。其特点是调查员和受调查者没有直接的语言交流，信息的传递完全依赖调查表。邮寄调查在统计部门进行统计报表及市场调查机构进行的问卷调查时经常被使用。

一个典型的邮寄调查包括如下几部分：邮出信封、封面信、问卷、回邮信封、邮票，以及可能附上的小礼品或其他谢礼。访问员与受访者之间没有语言上的交流。在一般情况下，为了提高邮寄问卷的回收率，在开始收集数据之前，要对受访者进行广泛的确认。因此，最初的工作是要获取一份有效的邮寄名单。由于邮寄名单很难获得，一般这种方式很少运用在市场调查研究之中，但对于民意的研究（例如，政府已掌握其客户名单及地址）有时会使用这种方式。

在通常情况下，与其他访问方式相比，邮寄访问存在显著的差异。

▶ 1. 调查的空间范围广

邮寄访问可以不受调查对象所在地域的限制，只要是通邮地区都可以被选为被调查对象。特别是需要在一些偏远农村地区抽取样本进行相关民意测验的项目中，无线通信方式相对落后，电话访问难度很大，同时入户访问的可能性也相对较小，此时邮寄访问则能较好地达到我们的要求。

▶ 2. 调查成本低

邮寄访问除了正常的问卷邮寄费用以外，调查实施过程一般不需要支付访问员的劳务费，受访者礼品费也不需要太高，有的调查中甚至不需要准备受访者的礼品费，而且在整个调查过程中，由于不需要实地调查人员，从而大大减少了人力的投入，因此邮寄访问能够以相对低的成本收集数据信息。

▶ 3. 受访者自由度大

邮寄访问可以给予受访者更加宽裕的时间作答，便于受访者深入思考或从他人那里寻求帮助，而且可以避免在面访调查中可能受到的访问员的倾向性意见的影响，方便调查对象从容地考虑，从而提供更周全的答案。这与电话访问明显不同，电话访问的问题力求简明扼要，受访者不需要太多思考即可做出回答，因此收集信息的深度就会受到限制，而邮寄访问恰好弥补了电话访问这一缺陷。

▶ 4. 邮寄访问的匿名性较好

对于一些人们不愿公开讨论而又很具有敏感性的问题（尤其在民意测验中），邮寄访问同网上访问一样，无疑是一种较好的选择方式。在一般的面访（如户访问、拦截访问、CATI访问等）中，由于受访者与访问员一起配合完成调查，诸多敏感性的民意问题通常难以得到受访者的真实意见表达，而在邮寄访问中，由于受访者可以匿名同时不直接与访问员接触，因此他们表达自己意见的真实性就会大大提高。

▶ 5. 邮寄访问不存在对访问员专业素质的要求

邮寄访问由受访者根据问卷的要求直接填写问卷，然后邮寄给调查机构，在一般情况下不需要访问员提问后由受访者做出回答，因此在邮寄访问中通常不需要配置专门的访问员，这可以避免由于访问员提问技巧不好而使受访者曲解问题含义的现象，因此基于访问员专业素质的影响使调查数据出现偏差的情况在邮寄访问中就不会发生。

▶ 6. 回收率通常偏低，影响调查的代表性

受访者收到调查问卷后，由于他并没有必须填写问卷的义务，完全基于受访者自己的兴趣来决定是否回答问卷，因此他们可能并不在意问卷上研究人员对他配合调查的致谢，也可能不在乎调查后可能得到的礼品，还有些人由于距离邮局较远，不方便将已经完成的问卷填好寄出；另外，当抽样出现问题又无法改变时，比如抽中的收件人不在，邮件可能被退回，基于这些因素的影响，受访者放弃被调查的概率就会较高。因此在邮寄访问中，问卷的回收率通常较低，这一点需要调查机构事先有充分的设计准备。

▶ 7. 受访者回答问题的有效性受到影响

有些受访者还可能是第一次接触问卷，尽管他有很高的热情完成调查，但由于他未能很好地阅读问卷填写指导，使得问卷填写失误而无效，例如在邮寄访问中经常出现填写问卷不符合设计要求，出现信息遗漏等情况，而在有访问员现场控制的情况下，这种情况可以被有效避免，因此邮寄访问中问卷设计的通俗化就显得非常重要。

▶ 8. 调查结果出现偏差的可能性较大

在邮寄访问中，出现调查偏差的原因较多，例如受访者可能并非收信人本人，从而导致调查结果出现偏差；对于问卷中个别问题，由于没有访问员的现场指导和沟通，受访者很可能会出现曲解原意而导致问题回答出现偏差；受访者本人填写问卷较为随意，回答的问题可能并不是其真实的想法或意见，这些都可能导致调查结果出现偏差。

2.3.5 传统的网络调查

网络调查是调查人员利用互联网与被调查者进行交流，从而获得信息的一种调查方法。网络调查主要有两种途经。一种是将调查表或问卷放置在网站上，在规定的时间内，由被调查者填写。另一种是通过电子邮件方式将问卷发送给被调查者，被调查者完成后将结果通过电子邮件返回。网络调查具有及时性、共享性、便捷性、交互性、无地域限制等特点，具有传统调查无法比拟的优越性。

网上访问同其他访问方法相比具有明显的优点。首先，它可以实现传统调查难以实现或难以控制的"题目顺序循环""量表题选项循环"和"联合分析中卡片的随机抽取"等操作。受访者回答问卷的过程中实现"题目之间逻辑错误检查""多选题目的选项之间的逻辑错误检查""排序题目序位混乱""数值题目有效范围判定"等控制，避免实地执行中后期查错、复核、补充样本等后续工作。其次，由于网上调查的实时控制，可以有效避免访问员作弊、录入人员出错等人为偏差。再次，网上调查系统可以借助网络优势，展示图片、文字介绍、声音等声像资料。通过相关技术可以使不同的受访者所看到的问卷形式更具个性化，有针对性，从而增加亲和力。最后，网上调查可以节省访问员劳务、印刷、录入、复核、交通、联络等时间和费用。

当然，网上访问也有其缺点。首先，最主要的缺点是样本对象的局限性，也就是说网上访问局限于网民，这就可能造成因样本对象的阶层性或局限性问题带来的调查误差。其次，是所获信息的准确性和真实性程度难以判断。比如，调查女性对××民意问题的意见，并不排除"热心"该问题的男士出来讨论，而后者在某种意义上说并没有发言的权利。最后，网上访问需要一定的网页制作水平。总体来说，随着网络事业的快速发展和网民数量的不断上升，网上访问使用的频率将会逐步上升。这个调查方法也将越来越受欢迎。

2.3.6　网络与移动终端调查

这是一种最新的调查方法，又称掌上移动调查，是利用移动网络优势，遵循抽样调查的原则，内嵌多种统计资料分析方法，同时整合数据仓库和 OLAP（在线多维分析）技术的调查方法。

现以 A-PDA（"雅典娜"）掌上移动调查系统为例，如图 2-2 所示。A-PDA 是以 4G 智能手机或平板计算机为数据采集终端，问卷由系统控制与呈现，访员手持终端，定点或入户接触访问对象，面对屏幕上的问卷，与被访者共同阅读问题，了解受访者的回答结果，通过触摸屏直接记录到终端中，并将数据实时传回远程数据库；管理端在远程的计算机前对整个访问工作进行现场监控。通过该系统调查者可以以更短的时间、更少的费用，得到更加优质的访问数据。

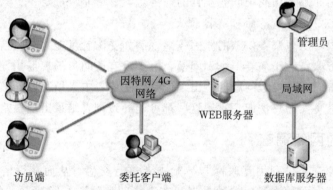

图 2-2　A-PDA 掌上移动调查系统（4G 版）调查方式

A-PDA 掌上移动调查系统（4G 版）依托 4G 移动网络和 Internet 互联网平台，借助数据库服务器、Web 服务器、宽带（光纤）等设备支撑，将访问员调查上来的数据集中存储于后台数据库中，并通过中心服务器进行集中处理：资料汇总、实时在线分析、调研报告发布等，如图 2-3 所示。

A-PDA 掌上移动调查系统具有强大的功能，较好适应现在大数据的采集与挖掘。一般具有以下功能：录音、拍照实时上传，防止作弊（需终端硬件支持）；每份答卷记录 GPS 地理信息，监督访问地点（需终端硬件支持）；面访答卷资料实时回传，及时统计汇总；自动完成问卷的各种复杂显示变化；各访问项目自由切换；对访问电脑（手机）上装的其他软件无任何影响；可随时查看本人工作量报表；设计问卷（单选题、多选题、多选排序题、表格题、多维表格题、数字和题、描述题、图片题等多种题型）；导入样本信息；设置配额（样本配额和问题配额）；发放问卷（指定访员、匿名访员）；查看结果、下载 SPSS 和

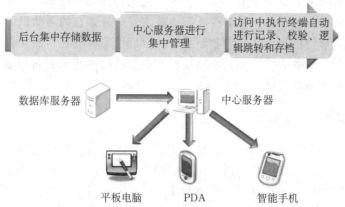

图 2-3　A-PDA 掌上移动调查系统（4G 版）网络架构

Excel 数据；数据分析、导出报告支持离线调查。如图 2-4 和图 2-5 所示。

图 2-4　登录画面

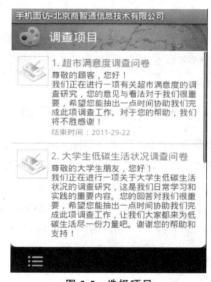

图 2-5　选择项目

2.4　统计调查方案的设计

　　为了使调查工作顺畅进行，最终取得高质量的数据资料，事先应制定一个纲领性文件，这个纲领性文件就是调查方案。不同调查的调查方案在内容和形式上会有差别，但调查目的、调查对象、调查单位、调查项目、调查时间、调查期限、调查方式、调查方法和调查的组织实施计划等内容是必不可少的。

2.4.1　确定调查目的

　　调查目的即确定为什么调查，具体是指调查要解决什么问题、具有什么意义等。调查目的的表述应简明扼要。例如，我国 2019 年 1 月 1 日 0 时第四次全国经济普查现场登记工作正式启动，其目的是这样表述的："全面调查我国第二产业和第三产业的发展规模、布局和效益，了解产业组织、产业结构、产业技术、产业形态的现状以及各生产要素的构成，摸清全部法人单位资产负债状况和新兴产业发展情况，进一步查实各类单位的基本情况和主要产品产量、服务活动，全面准确反映供给侧结构性改革、新动能培育壮大、经济结构优化升级等方面的新进展。"

2.4.2 确定调查对象和调查单位

确定调查对象和调查单位即确定在什么范围内向谁调查。调查对象是指需要调查现象总体，即调查范围。调查单位是指调查项目的承担者，即总体单位。例如，我国第四次经济普查的对象是在我国境内从事第二产业和第三产业的全部法人单位、产业活动单位和个体经营户。

2.4.3 确定调查项目

确定调查项目即确定调查什么。调查项目是指需要调查登记的调查单位的特征。如，我国第四次经济普查的主要项目包括：普查对象的基本情况、组织结构、人员工资、生产能力、财务状况、生产经营和服务活动、能源消费、研发活动、信息化建设和电子商务交易情况等。

2.4.4 确定调查时间和调查期限

确定调查时间和调查期限即确定在什么时段调查什么时点或时期的数据资料。调查时间是指数据所属的时点或时期，调查期限指调查工作从开始到结束的时间段。例如，我国第四次经济普查标准时点为2018年12月31日，普查时期资料为2018年年度资料。调查期限为：2019年1月1日0时，第四次全国经济普查现场登记工作正式启动，6月15日，为全国31个省（区、市）第四次全国经济普查事后质量抽查阶段。

2.4.5 调查方式和调查方法

确定调查方式和调查方法是指确定采用什么方式和方法收集数据，例如，采用普查、抽样调查、重点调查、典型调查还是统计报表制度的方式，采用访问调查、邮寄调查、CATI调查、网络调查还是移动终端调查的方法。例如，我国第四次经济普查规定对法人单位和产业活动单位在全面清查的基础上进行普查登记，对个体经营户在全面清查的基础上进行抽样调查。具体收集数据一律采用填写调查表的方法。

2.4.6 制订调查的组织实施计划

调查的组织与实施工作包括：调查人员的选择、组织和培训，调查表格、调查问卷和调查员手册的印刷，调查经费的来源和开支预算等。

【例2-2】
调查名称：设计西安市度假村市场调查方案
调查内容：
通过此次市场调查，能为陕西某集团度假村开发项目提供市场分析的基本资料，以帮助其在该项目的市场定位和市场经营策略方面做出正确抉择。

调查步骤：

第一步，明确本次市场调查目的。明确调查的目的是设计调查方案首先要解决的问题。调查目的应当明确、具体。例如，本次市场调查的目的是为陕西某集团度假村开发项目提供市场分析的基本资料，以帮助其在该项目的市场定位和市场经营策略方面做出正确抉择。

第二步，确定调查对象和调查方式方法。确定调查对象是指明确统计调查的范围和界限；统计调查方式是指组织采集原始资料的形式，如普查、统计报表、抽样调查等方式。统计调查方法即调查者向被查者采集数据结果的方法，主要包括访问调查、邮寄调查、电话调查、网上调查。如本次调查对象应包括三个方面：一是度假村调查；二是西安市消费者调查；三是西安市集团消费调查。同时，也要具体确定度假村的调查范围、消费者调查和集团消费调查的范围。其调查内容和方式方法可以根据调查目的和要求从以下三方面来考虑。

（1）度假村调查。这部分调查是为了取得度假村的现状资料。调查对象主要是度假村，其次还要通过有关管理机构获取一些现成资料。调查方法采用面谈和案头调查法，并按照典型调查方式，在不同规模、不同层次的度假村中分别选择2个调查对象（按照大、中、小规模分，共选6个），对其经营状况进行深入调查。

（2）消费者调查。由于去度假村休假的消费者主要是城市居民，因此调查总体包括西安市五大区居民，具体范围是新城区、碑林区、莲湖区、雁塔区的小寨路街道办、灞桥区的街道办等地区居民。合计调查总体数为46.3万户。针对总体庞大的特点，调查组决定采用随机抽样方法选择调查对象。根据本次调查内容要求，采用分群分层相结合的抽样设计方法。首先在以上调查总体中按随机方法抽取居民户，然后以家庭收入高低分层，并根据各层居民户占总体比例分配样本，再用等距抽样法在选中的居民户中抽取入户调查对象。

（3）集团消费调查。集团消费是度假村客流的主要来源。由于不同行业、不同规模、不同所有制的集体组织其集团消费内容和方式不同，因此，对集团消费调查采用相互交叉配额抽样方法，按照各行业、各种规模、各种团体组织的比例分配样本数。考虑到集团消费尽管有差异，但与消费者市场比较，模仿消费、攀比消费现象较普遍，同一类团体组织的消费相似性较强，因此按照每一类型团体组织分配1~2个样本，样总数确定为40个，并采用面谈访问法进行调查。

第三步，确定调查内容。调查内容的确定应紧扣调查目的，要能够完全满足调查任务的具体要求。如本市场调查需要调查研究的具体内容可以有以下几个方面。

（1）西安市度假村的基本情况。包括度假村的数量、规模、分布、高中低层级结构、客房出租率、经济效益等。

（2）各层次度假村的典型调查。调查内容有各度假村的设计接待能力、实际接待能力、服务设施、服务功能、不同时间段（周一至周四、周五至周日）的客源结构、客房出租率、出租价格及其变化等。

（3）西安市消费者的收入状况和消费结构、度假消费状况、消费者对目前西安市度假村的评价及要求。

(4) 西安市集团度假村消费状况。

第四步，确定调查时间。

应根据实际情况做好具体时间安排，例如，本次调查从 2014 年 3 月 30 日开始，到 4 月 30 日结束，共计 1 个月。与此同时，要按照调查工作的进展要求列出具体的时间安排表。

第五步，制订调查的组织实施计划。

制订实施计划一般要从以下几个方面去考虑。

(1) 调查组调查人员的选择与组织结构的确定。
(2) 对调查组成员进行必要的培训。
(3) 编制调查表格、问卷、调查员手册，并按需要的数量印刷。
(4) 必要调查工具的准备。
(5) 做好调查经费的来源准备和开支预算。

资料来源：作者自编。

2.5 调查工具的设计

2.5.1 调查表

统计调查表是指由统计调查的组织实施者根据统计调查的需要制发的用以对统计调查对象进行登记、收集相关原始数据和资料，要求调查对象按照统一规定填报的表格。它是统计工作中收集原始资料的基本工具。

统计调查表可以在调查进行前把调查表布置到基层填报单位，以便它们根据调查表的要求，及时建立健全各种原始记录，使统计调查表的资料来源建立在可靠的基础上，做到资料准确，报送及时。各级领导部门可以通过统计调查表，经常了解经济和社会发展变化的情况，便于完整地积累资料，用来进行历史对比，较系统地分析研究经济和社会发展变化的规律性。

▶ 1. 统计调查表的分类

(1) 按调查范围不同，可分为全面的统计调查表和非全面的统计调查表。
(2) 按报送周期长短不同，可分为月报、季报、半年报和年报。
(3) 按报送方式不同，可分为电信和邮寄两种。
(4) 按填报单位的不同，可分为基层报表和综合报表。
(5) 按报表内容和实施范围，分为国家的、部门的和地方的统计调查表。

▶ 2. 统计调查表的内容

调查表的内容一般有表头、表体和表脚三部分构成。

(1) 表头。用来说明调查表的名称、填表单位的名称、隶属关系及表号等。这类项目是我们对资料进行核实和复查需要的项目。
(2) 表体。这是调查表的主体部分，由调查项目构成。它包括调查表所要说明的调查项目的名称、栏号、计量单位及其以后要登记的标志表现等。
(3) 表脚。这是被调查者单位填报人签名、盖章处，以及报表报出日期等。这是明确调查责任的项目。

调查表的设计要求与一般统计表的设计要求大体一致。所以这一问题将在后面调查问卷的设计中详细介绍。

3. 统计调查表的种类

调查表有单一表和一览表两种形式。单一表是指一张表只登记一个调查单位的统计表，这种表可以容纳较多项目，便于了解详细情况。一览表是指一张表登记多个调查单位的统计表，这种表所列举的项目不宜太多，以便于汇总和对比各单位的资料信息。

4. 设计调查表应注意的主要问题

（1）调查表的名称设计要简洁明确，不要含混不清。

（2）构成表体的项目要直接反映调查目的和要求。

（3）填报单位的名称和被调查者单位填报人签名、盖章处，以及报表报出日期等项目要设置完整。

【例 2-3】

设计某企业职能部门员工基本情况调查表

设计的调查表要能够反映各职能部门员工的性别、年龄、学历、职称及相关工作经历等。

［步骤］

第一步，明确调查的目的及要了解的问题和内容。本次调查的目的是了解各职能部门人员的基本情况，为人才的培养及结构的调整提供依据。

第二步，确定调查项目的内容。本次调查的项目包括各职能部门人员的学历、工作经历等。

第三步，按照调查表的设计要求，确定调查表的基本构成要素。

第四步，动手设计调查表，如表 2-1 所示。

表 2-1　某企业职能管理部门人员基本情况

序号	姓名	性别	出生年月	学历	专业技术职称	入职时间	近三年工作经历	备注

部门主管：　　　　　　　填表人：　　　　　　　填表时间：　　年　　月　　日

2.5.2 调查问卷

不仅调查采集数据的科学性需要通过抽样方式和访问方法来保证，而且定量问卷设计的科学性也是至关重要的。它有一套固定的问题对回答作系统分类，从而可作定量对比。

不过，这些只是"纯"调查的特点，而实际上的调查，无论是在其问题的结构程度方面（例如从结构式的到半结构式的），还是在其回答如何编码方面，都是变化多端的。

1. 调查问卷设计步骤

调查问卷是在调研目标确定的前提下，一种数据收集的方法。它是为了达到研究目的而设计好的一系列问题。设计一份调查问卷包括一系列逻辑性的步骤，这些步骤由于调研人员不同而有些差别，但所有的步骤趋向于一个共同的顺序。具体步骤如图 2-6 所示。

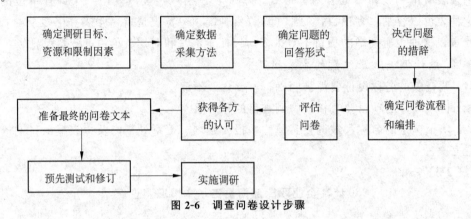

图 2-6 调查问卷设计步骤

2. 调查问卷设计的相关性

调查问卷中关键的术语是"相关"。这个术语对调查问卷设计具有真正的意义。在问卷设计前，研究人员必须确保调查问卷的问题能适当反映研究目标，确保受访者能顺利地回答问题。因此在这里的"相关"一词包含三个不同方面的含义：一是研究目的相关；二是问题切合研究目的；三是问题切合受访者。

（1）研究的相关性。研究目的必须与受访者相切合，尤其对外行的受访者来说更是如此。因此应向受访者澄清、解释研究的目的，并证明其正当性，同时让受访者认为该研究值得做、结果具有科学价值。

（2）问题切合研究。在使受访者确信研究的目的是正当的之后，还必须使之确信，问卷中所有的问题是切合所宣称的研究目的的。实际上，所有的问卷都含有一些多余的问题。尤其是，如果问题是由不止一个研究人员提出的，就往往会有不少问题听起来重要，但并未认真考虑最后将如何使用。因此，在把一个问题列进问卷之前，先确定以后将如何分析这些回答（将使用何种统计方法），问卷中的问题语义表达要明确。

（3）问题切合受访者。相同的调查问卷发给两个以上的总体（例如，男人和女人）时，要注意每个问题对特定受访者的切合程度。

有两个方法确保问题切合受访者：①使用多样化的措辞，以便受访者或访问员可挑选适当的用语；②使用跳答或相倚性问题（如你的回答是"否"，则请跳到第×题）。第二个方法大概是最普通的，它当然可与第一个方法并用。第一个（多样化措辞）容易弄混乱，并可能导致错误，尤其是在自答问卷中，若受访者先前不曾有回答这类问题的经验的话。但是，这个问题仍不容忽视，因为，尤其对权威主义者或性格固执的那种人来说，不相干的或不关联的问题会使之非常难于回答，从而形成许多收不回来的问卷。

综合来讲：问卷设计要主题明确、形式简明，文字通俗、图表美观，编排恰当、美观、容易理解、便于回答；问题可按时间顺序、内容顺序（先易后难）、类别顺序、先封闭后开放等顺序排列；答案的设置形式可以是单选题、多选题、限选题、顺式题、填空题（常用于背景问题）、自由题（用于开放式问题）等。

3. 调查问卷设计内容

调查问卷一般由开头部分、甄别部分、主体部分和背景部分组成。

(1) 开头部分。

开头部分包括开场白、填表说明和问卷编号等内容。开场白用于向被调查介绍和说明调查的目的、意义及调查者的身份等方面的情况；填表说明用于指导填表者正确填写问卷；问卷编号便于原始数据的审核。

调查问卷的介绍词或开场白部分具有重要意义，它使受访者认为该项研究是合理的，因而对他给予合作与否起着决定性作用。介绍词或开场白实际上是一项宣传说服或项目介绍。介绍词或者开场白一般包括：提供调查项目的背景(该调查是受××委托，从事××项目的研究)；调查问卷所需要的时间(该问卷需要花费您十分钟左右的时间)；调查数据和受访者信息的保密性(该项目是为了完成××研究，您的信息我们会严格保密)。

【例 2-4】

问卷开场白

早安/午安/晚安；我是×××调查研究中心/调查公司的访问员。在我们的研究中，我们准备研究市民对影响他们的生活的各种事情和问题是怎么想的。这个信息对计划和对科学研究都是有价值的。您的家庭对这一调查是非常重要的，因为它代表着上百个其他不在我们样本中的人。您告诉我们的每一个情况都将严格地予以保密。您的姓名绝对不会与这项重要研究的结果连在一起。

(2) 甄别部分。

甄别部分是在问卷主体部分之前，对被访者是否符合问卷调查的研究对象，做出的一个筛选。它是一个成功的问卷调查中十分重要的一步。如果没有经过甄别而直接开始问卷调查的话，很有可能得出的结果是毫无意义的。

甄别部分的目的在于对被调查者进行筛选，从而确定合格的被调查者，满足调查研究的需要。因此甄别部分要求题目设置短小精悍，逻辑严谨。

(3) 主体部分。

主体部分是调查者根据调查目的设计的一系列问题及备选答案等。

① 封闭性问题。封闭性问题的优点在于：第一，回答是标准的，因而人与人之间可做对比。第二，对回答进行编码和分析容易得多，通常可直接做问卷编码，省时省钱。第三，受访者通常对问题的含义较清楚(若有不清楚者，一般可从回答选项中看清其含义)。第四，回答比较完整(若备有所有适当回答选项的话)，因而不相干的回答可减到最小限度。例如，向农村受访者问开放性问题，"你多久进一次城"，提这一问题本来要求得到进城频度的估计数，但得到的回答则可能是"我想进就进"或"当交通方便时"之类不贴切而且不可用的回答。而备有回答选项"一周或不到一周一次，一周二至五次，每天一次"的封闭性问题，则更可能引出可用的信息。第五，封闭性问题另一个常被忽略的优点，是在用变量问敏感性问题时产生的，这些问题以数字作答，如收入、上完学校年数、年龄等。这类变量一般可在开放性问题中使用(如"你去年赚了多少钱")。这从资料分析观点看是更可取的，因为收入是一个定距测量变量，而要将它变为一套封闭性类别，就须将收入分为几类(如 2 000～5 000 元)。当这种分类构成时，收入变量实际上从定距的变成了定序的，其结果是信息丧失。如果后面需要这种分类，那么即使问题原本是作为开放性问题问的，也总是可作的。但是，如果问题原本是作为封闭性问题问的，而回答选项证明不适当，那么，定距信息便不能再重建。但封闭性问题有个优点，而对开放性问题拒答收入的确切数字的

受访者,可能愿意答出其收入所属的种类。这样,对一个需要答以数字的变量来说,开放性问题从资料分析观点看更可取,但如果封闭性问题是受访者愿意合作的唯一方法,则封闭性问题更为可取。第六,封闭性问题对受访者通常较容易,因为他只须选择一个种类就行了,而开放性问题则须自撰答案,那就难多了。

封闭性问题的缺点有:第一,很容易使一个不知道如何回答或没有看法的受访者猜着回答甚至随便乱答。第二,受访者可能由于下列情形而感到难答:问卷上完全未写有适于其回答的答案,或写得不详细,而且受访者也无机会澄清或阐明其回答。第三,可能问卷上的答案太多,或者在由访问员大声宣读时,答案多得使受访者不能全部记住它们。第四,对问题的不正确理解难以被察觉。

② 开放性问题。开放性问题的优点在于:第一,当一切可能的回答选项均未被得知时,开放性问题可以补充答案内容。第二,允许受访者充分地回答,答案可以尽量详细。而且可使他(她)澄清并阐明其回答。第三,给与受访者较多的创造性或自我表达的机会。

开放性问题的缺点包括:第一,可导致收集无价值和不相干的信息。开放性形式旨在保证所有有关的信息均能充分详细地包括进去,但无法保证不相关的信息掺杂进去。第二,开放性问题旨在全面,并探究主题的所有方面,但太全面了,就可能使受访者感到不知所云。第三,开放性问题需要受访者花较多时间和精力,会产生高拒绝率。第四,开放性问题需要较多的篇幅并使问卷看来较长,因而可能使一些不希望答一份过长问卷的受访者怯于执笔。

(4) 背景部分。

背景部分是有关被调查者的一些背景资料,如性别、年龄、职业、平均月收入、平均月花费、家庭常住人口、婚姻状况等。背景资料可使研究者对被调查者进行分类分析。访问式调查的背景资料部分一般应安排在问卷最后,容易获得被调查者合作,使调查顺利进行;其他形式调查的背景资料部分安排在问卷的前面、后面均可。

【例 2-5】

××学院××专业 2021 届本科专业毕业生就业情况调查问卷

开场白

学长/学姐:

您好!我是西安欧亚学院的学生,现在做一项关于《××学院××专业本科毕业生就业情况》的调查,为此耽误您两分钟的时间。我对于您的资料会严格保密,请您放心。

甄别部分

G1. 请问您是 21 届毕业生吗?

| 是 ……………………………… 1 | 否【停止答卷】 |

G2. 请问您的专业是?

| 金融学 …………………………… 1 | 投资学 …………………………… 3 |
| 经济统计学 ……………………… 2 | 其他【停止答卷】 |

G4. 请问您现在是否就业?

| 是 ……………………………… 1 | 否 ……………………………… 2【跳转至 A13】 |

主体部分

A. 目前就职情况

A1. 请问您的工作所在地是？

省会城市 …………………… 1	地级城市 …………………… 4
直辖市 ……………………… 2	县级城区 …………………… 5
乡镇 ………………………… 3	农村 ………………………… 6

A2. 请问您所在的就业单位性质属于？

国有企业 …………………… 1	合资/独资企业 …………… 4
外资企业 …………………… 2	民营企业 …………………… 5
政府机关/事业单位 ……… 3	其他企业 …………………… 6

A3. 请问您所在的就业单位所属行业为？

金融 ………………………… 1	生产｜加工｜制造 ………… 4
咨询服务 …………………… 2	政府｜非营利机构 ………… 5
贸易｜批发｜零售｜租赁业 …… 3	软件/信息技术服务 ……… 6
教育/培训 ………………… 7	其他【请注明】_____ 8

A4. 请问您所在的就业单位的员工人数是？

50 人及以下 ……………………………… 1	101～500 人 ……………………………… 3
51～100 人 ………………………………… 2	501～1 000 人 …………………………… 4
1 001 人及以上 …………………………………………………………… 5	

A5. 请问您所在的职业岗位是？

财务部会计 ………………… 1	技术部数据分析岗 ………… 6
市场部广告文案策划 ……… 2	人力资源部人事工作 ……… 7
金融风险监测与评估 ……… 3	销售部销售业务 …………… 8
行政部行政工作 …………… 4	采购部 ……………………… 9
业务部 ……………………… 5	其他【请注明】_____ 10

A6. 请问您的岗位每个月的薪资待遇平均是？

2 000 元及以下 …………… 1	4 001～6 000 元 …………… 3
2 001～4 000 元 …………… 2	6 001 元及以上 …………… 4

A7. 请问您的工作内容与专业对口的程度？

完全对口 …………………… 1	不太对口 …………………… 3
基本对口 …………………… 2	不对口 ……………………… 4

A8. 请问您认为您的工作岗位有哪些能力要求？【限选 3 项】

专业知识/技能 …………… 1	创新能力 …………………… 6
计算机能力 ………………… 2	抗压能力 …………………… 7
外语能力 …………………… 3	沟通合作能力 ……………… 8

续表

工作专注能力 ············ 4	实践动手能力 ············ 9
学习能力 ············ 5	团队协调能力 ············ 10
其他【请注明】_____11	

A9. 认为自己在实际岗位中最欠缺的知识或能力为？

专业知识 ············ 1	行业知识 ············ 3
实践操作能力 ············ 2	人际交往、学习等基本素养 ············ 4

A13. 请问您未来半年内对于自身发展方面有何计划？【限选3项】

继续目前工作 ············ 1	准备公务员考试 ············ 5
更换工作 ············ 2	考研或读研 ············ 6
自主创业 ············ 3	出国深造 ············ 7
准备职称考试 ············ 4	继续待业 ············ 8
其他【请注明】_____9	

背景部分

B1. 请问您的性别是？

男 ············ 1	女 ············ 2

B2. 请问您的年龄是

22岁以下 ············ 1	24岁 ············ 3
23岁 ············ 2	25岁 ············ 4
26岁以上 ············ 5	

资料来源：作者自编．

【例2-6】

定性研究"问卷"设计案例
以"奢侈化消费"为主题的深度访问提纲可以包含什么要素？

现在我们需要对于消费者奢侈化消费的模式进行研究。一般认为，奢侈化消费表示人们在购买的时候，主要不是购买功用。在实用的消费者看来，奢侈消费就是购买没用的东西。非奢侈消费表示人们注重正常的性能价格比，追求实惠、实在和功用的消费。奢侈化消费就是购买一些看上去不太实用的东西，花较多钱去购买在普通人看来没有用的东西。当然，不同的人有不同的定义，如果有企业想走有一点带奢侈化消费商品的路线，想知道他们的目标消费群有些什么特征，市场运作的时候应该按照什么样的营销模式，通常需要做一些事先的市场研究。其中深度访问设计用于进行前期的探索性研究。

1. 核心概念定义

普通的商品按其属性都可以分为两个类别：物理产品（physical product）——直接产生功能性用处的消费品；心理产品（psychological product）——平时在心理上感受它，在某个特殊的情绪与情感状态下才会购买的消费品。一般而言，从物理性质上来看商品到底是有用还是没用，人们形成的认识差异性比较小，而从心理层面看这个商品的用处到底是多还是少，人们相互之间形成的认识差异性就比较大了。因此，在奢侈化消费的研究中，我们要注意从产品的不同属性角度去进行认识和挖掘。

在深访中可能首先要去定义奢侈化消费。可能有这样几种方式进行定义。性质定义法，即描述它的实质。特征定义法，即用一个事物区别于其他事物的特征来进行定义。列举法，当无法抽象出事物的性质时，可以举出一些最典型的实例，表示这种状态的事物通常就是这样的表现形式。

当然，在深访中不适合直接问别人："你认为什么叫奢侈化消费？"你必须设定一些角度，从不同的角度去进行探索和总结。比如，奢侈化消费可以从商品收益的角度、视觉范围内的有形和无形的角度、投入产出比、性能价格比等角度去对消费者进行询问，然后从中总结奢侈化消费可能意味着什么，人们更愿意在什么样的产品上来从事奢侈化行为消费。比如，结论就有可能认为在比较容易表露出来的产品上更容易产生奢侈行为的消费，或者在人们的视觉和身体接触的接触点上出现最大频率的焦点处，最可能出现奢侈化消费，如化妆品、戒指、手机等。

2. 奢侈化产品和非奢侈化产品的消费模式异同

用于个人消费的实惠品和奢侈化产品在购买模式上会有很大的不同么？也许前者因为主要产生使用价值，所以购买的时候不会太多征询他人意见，即使征求意见也大都问询哪里会有更实惠价格一类的问题。而后者由于具有特殊的表现型心理效应，人们通常会倾向于征求意见，而征询内容也和前者有很大的差别，通常可能更注意确认是否能够加强他人认同。

3. 奢侈化消费的动力

消费者为什么要进行奢侈化消费？为什么到处征询意见？征询意见的目的是什么？征询的对象有些什么特征，与其所取悦的对象和想要得到认同的群体之间有什么样的联系？我们说消费者在奢侈化消费之前的心理活动，有着很深的心理动力。第一次购买150元钱的香水的农村女孩，在买前有着激烈的思想斗争，而随着消费次数的增多，她的犹豫和思考时间会渐渐减少，最终转移到更高价格的消费品上了。即人们只有在初次跨越其常规消费经验的消费品的时候，才会有较深的思考和犹豫，而后面再购买的时候就不一定了。在深访中，消费者所表现出来的在奢侈化消费前的思考时间不是很长，但是其实他的犹豫和思考可能是被浓缩了的。我们需要让他把这种浓缩了的思考展拓开来，追问出什么是他的原始动力，这种动力来自哪里，这种动力是一元的还是多元的等。

4. 奢侈化消费的营销模式

深访的最终目的，是要总结我们如果要做比较奢侈化的产品，在营销模式上应该注意些什么？从哪些角度切入？因此，我们的目的不仅仅是深访，它还包括对深访资料的总结，同时在总结的基础上提炼若干个结论和可能的行动选择，即对深访资料进行含义解读后提出奢侈化消费产品的营销模式。当然，我们也可以在深访前就有一些自己的构想和策略，也可以不断地把这些构想和策略带到问题中，去询问消费者，让这些构想在消费者中得到确认。需要注意的是，在第一次深访总结完成后，我们也可以把总结的构想拿到第二次深访中去验证，即不断地验证和更新我们的构想。在这个意义上，深访具有探索与验证策略构想的功能。

资料来源：袁岳，范文，陈晓丽，等. 深度访谈：如何结交陌生人[M]. 北京：机械工业出版社，2006.

导入案例分析

应用本章所学知识，仔细分析《文学文摘》，预测罗斯福竞选落败案例，他们预测失败的根本原因在于调查方案设计存在严重失误，违背了统计学规律，主要反映在以下两个方面。

（1）样本抽选有偏。兰登的支持者主要是富裕阶层、大资产阶级，而罗斯福的支持者主要是一般工薪阶层、中下层平民。《文学文摘》调查的对象集中在富人圈，因为《文学文摘》是通过电话簿和俱乐部进行调查的，而在1936年，美国约有1 100万户有电话，大多是富人家庭，支持兰登。而俱乐部成员则是更富裕的阶层，他们也支持兰登。当时美国有900多万名失业人口，按《文学文摘》的调查方案，这些失业人口难以被纳入调查样本中，而这些人中的绝大多数都是支持罗斯福的。

（2）没有考虑缺失数据的影响。《文学文摘》在调查时发放了1 000万份问卷，但只收回了240万份问卷。例如，他们当年对1/3的芝加哥选民进行调查，却只有20%的比较富裕的阶层给予了回答，而那些忙于生计的一般家庭大多拒绝。《文学文摘》这次调查被称为美国历史上最失败的一次调查，作为数据采集失败的案例，多次被写入各种调查图书，《文学文摘》最终也因此而倒闭。

本章小结

本章主要从数据来源、统计调查方式、统计调查方法、统计调查方案设计以及统计调查工具设计5个模块给大家阐述了统计数据采集的全过程。同学们可以从本章的学习中掌握数据采集工具和方法，从而为统计数据分析打下良好的基础。

数据的来源。主要通过间接数据（或者二手数据）和直接数据（或者一手数据）两个来源讲起，具体给大家介绍了二手数据获取的途径和渠道、优缺点，以及在使用二手数据的过程中应该注意的问题；一手数据主要通过实验观察和调查统计获得，在此重点讲述了实验数据的获取的实例，引出了统计调查。

统计调查方式。统计调查方式即统计调查的组织方式，此部分采用了目前统计系统的做法，重点讲述了普查、抽样调查、典型调查、重点调查，以及统计报表制度等统计调查方式。

统计调查方法。本章结合以往和目前行业经常使用的调查方法，从访问调查、电话调查、CATI（电脑辅助电话调查）、邮寄调查、传统的网络调查，以及最前卫的网络移动终端调查六个方面介绍了统计调查的方法。

统计调查方案设计。做一项调查前，最重要的就是要做好方案设计，此部分通过调查目的、调查对象、调查项目、调查时间、调查范围、调查的组织实施等重点介绍统计调查方案设计的要素。

统计调查工具设计。统计调查常用的调查工具有调查表和调查问卷，以及在设计调查表和问卷之前要做的一项重要工作，即统计调查指标体系的设计。本部分重点介绍调查问卷的设计原则、设计流程、设计步骤和问卷的构成,以及具体问题的设计技巧。

复习与思考

1. 简答题
(1) 数据采集的方法有哪些?
(2) 统计调查一般有哪些调查方法?
(3) 问卷设计一般注意哪些问题?
(4) 一份完整的问卷包括哪些部分?
2. 实训题
某饮料销售公司要进行一次大学生消费人群的市场调查,以了解大学生消费群的消费偏好及对本产品的看法。请你帮助该公司设计一个周密的市场调查方案。

在线课堂

在线自测

拓展知识:抽样的方法

第3章 数据的整理与展示

学习目标

1. 了解统计整理的意义和步骤；
2. 掌握统计分组的理论和方法；
3. 熟悉统计汇总的组织和技术；
4. 能够对调查资料进行科学的分组和汇总；
5. 能够正确编制分布数列、反映总体分布状况；
6. 能够正确编制统计表、绘制次数分布图。

案例导入

寿命损失的原因统计

未结婚的男性会使寿命减少 3 500 天，女性则减少 1 600 天；吸烟的男性会使寿命减少 2 250 天，女性则减少 800 天；饮酒会使寿命减少 130 天，超重 30% 会使寿命减少 1 300 天，超重 20% 会使寿命减少 900 天；滥用药物会使寿命减少 90 天。

资料来源：贾俊平，何晓群，金勇进. 统计学[M]. 3 版. 北京：中国人民大学出版社，2007.

思考：
1. 哪种方法能比文字更直观地表现这些数据？
2. 在引起寿命损失的原因中，哪些是主要的，哪些是次要的？

章节导言

统计整理是介于统计调查与统计分析之间的一个重要环节，是从对社会经济现象个体量的观察到对社会经济现象总体量的认识的连接点。在统计工作全过程中起着承前启后的作用。通过本章的学习，要求明确统计整理的意义、内容和步骤；掌握统计分组的含义及作用；了解正确选择分组标志的原则及分组方法；掌握分配数列的概念、种类、编制方法；熟悉统计表的结构及设计要求。

课程思政

辩证唯物主义教育——透过现象看本质

现象和本质是揭示客观事物的外部表现和内在联系相互关系的范畴。现象是事物的外部联系和表面特征,可以通过感官感知,本质是事物的内在联系和根本特征,只有通过理性思维才能把握。因此,我们要透过现象看本质,利用理性思维分析把握本质。

透过现象看本质是实现由感性认识上升到理性认识的过程,是人们发挥主观能动性、付出艰辛劳动、不断创造条件的过程。实现这一飞跃,即透过现象看本质,首先要占有十分丰富和合乎实际的感性材料。发挥主观能动性,占有大量可靠的感性材料,是实现由感性认识上升到理性认识的前提。其次事物的本质存在于现象之中。离开事物的现象就无法认识事物的本质,事物现象和本质的统一提供了科学认识的可能性。

统计整理是指将调查取得的反映个体的原始资料按照科学方法进行审核、分组、汇总,使之条理化、系统化。统计整理是统计工作的中间环节,是统计分析的前提和条件。因为统计调查所收集到的原始资料是零碎的、分散的、不系统的,是反映个体特征的,不能反映总体的数量特征和事物的规律性。只有通过统计整理,去伪存真,去粗存精,将分散零碎的个体资料进行归纳和概括,才能透过数据的现象得到系统的、反映总体数量特征和规律性的本质认识,实现由感性认识到理性认识的飞跃。

3.1 统计整理

3.1.1 统计整理的概念

统计整理即"统计资料整理",是根据统计研究的目的和任务的要求,对统计调查所得到的各项原始资料进行科学的分类和汇总,为统计分析提供准确、系统、条理清晰、能在一定程度上说明总体特征的综合资料的工作过程。广义地说,统计整理也包括对次级资料进行的再加工。

例如,某班 50 名学生,通过调查获得某门课程考试成绩资料如下:
77 65 83 56 68 70 99 65 73 72 88 66 74 63 71 84 62 52 80
78 84 79 81 64 58 82 76 62 73 75 89 79 61 66 54 92 86 73 68
51 69 64 78 63 76 68 72 77 81 76

上述这些成绩(原始资料)零星分散、不系统、无规律,不能给人以清晰、深刻的印象。将这些分数资料整理结果如表 3-1 所示。

表 3-1 50 名学生考试成绩分布

学生按考分分组/分	学生人数/人
60 以下	5
60~70	15
70~80	18
80~90	10
90~100	2
合计	50

由表 3-1 所示,整理后的学生考分资料,较整理前的考分资料明显要条理、系统。由

表 3-1 可见，在学生总体中，60 分以下和 90 分以上的学生人数都较少，绝大多数学生的考分分布在 60～89 分。

3.1.2 统计整理的作用及原则

统计整理是统计工作的中间环节，是统计调查的继续和发展，是统计分析的前提和条件，在整个统计工作过程中起承上启下的作用。因为，统计调查所收集到的原始资料是零碎的、分散的、不系统的，是反映个体特征的，不能反映总体的数量特征和事物的规律性。只有通过统计整理，去伪存真，去粗存精，将分散零碎的个体资料进行归纳和概括，才能得到系统的、反映总体数量特征和规律性的统计资料，才能认识总体。

事物的特征表现是多方面的，比如描述一个人，其特征有性别、年龄、身高、体重、血型、文化程度等，每个特征对于了解这个人都有一定作用。

对特定的事物来说，一般有一个方面或几个方面的数量是基本的、关键性的、能表现事物本质的，而其余一些数量可能只有辅助、补充的意义。统计整理必须从事物的联系中找出这种基本的数量关系。

因此，在对所研究的社会经济现象进行全面分析的基础上，抓住最基本的、最能说明问题本质特征的统计分组和统计指标对统计资料进行加工整理，就成为进行统计整理必须遵循的基本原则。

3.1.3 统计整理步骤

统计整理是一项细致的工作，应当有组织、有计划地进行，对统计资料进行整理的步骤如下。

▶ 1. 设计和制订统计资料的汇总方案

一般的统计调查都是大规模的，取得的统计资料数量庞大，汇总整理需要众多的人员参与，为保证统计整理的质量，在进行整理之前，要设计统计资料整理方案。所谓整理方案，是指对统计整理阶段各个方面工作所做的全面考虑和安排，通常以文件的形式出现。统计整理方案一般应包括以下内容。

(1) 确定汇总的统计指标和综合表。

(2) 确定分组方法。有关统计分组的内容将在第 3.2 节中专门论述。

(3) 确定汇总资料的形式。

(4) 确定资料的审查内容和审查方法。

▶ 2. 对原始资料进行审核和检查

资料审核是指在着手整理调查资料之前，对原始资料进行审查与核实的工作过程，目的是保证资料的客观性、准确性和完整性，为资料的整理打下坚实的基础。统计资料的审核包括完整性、正确性和可比性、及时性原则。

(1) 完整性原则。完整性原则是指检查调查资料是不是按照提纲或统计表格的要求收集齐全。如果资料残缺不全，就会降低甚至失去研究的价值。

(2) 正确性原则。正确性原则是指判断资料的真假和可靠程度，审查统计调查过程中的误差。统计误差通常可分为两类：一是登记误差，即因记录、计算、汇总等过程发生的误差，以及因虚报、瞒报等作假造成的误差。二是随机误差，即抽样推断系统产生的代表性误差。登记误差是可以控制的,所以我们审查的重点是前一种情况产生的误差,即因统计人员素质产生的登记误差。其检查方法有两种,即逻辑性检查和技术性检查。

逻辑性检查是用来检查各资料的内容是否合理、有关项目之间是否存在矛盾的方法。这就要求检查人员要有高度的责任感、实事求是的思想品德,并要熟悉内容情况,有熟练的业务能力。

技术性检查主要包括:填报有无遗漏或重复;调查项目是否填齐,内容是否合规,有无错行错栏情况;计量单位是否正确;合计、乘积等计算是否正确等。

(3) 可比性原则。可比性原则是指,在较大规模的调查中,对于需要相互比较的材料,要审核其所涉及的事实是不是具有可比性。指标的定义是否一致,资料的计算口径、包括范围、计算方法、计算价格等方面是否可比。

(4) 及时性原则。及时性原则主要是指检查调查单位是否按时上报统计资料,有无拖延。

▶ 3. 用一定的组织形式和方法,对原始资料进行分组、汇总和计算

统计资料汇总是一项较为繁重的工作,也是统计资料整理的中心环节,其详细做法是依据汇总表中的分组要求和统计指标,将各原始资料进行归类和计算,得出各项指标的分组数值和总计数值。

统计资料汇总的组织形式一般分为两种。一种是逐级汇总,对原始资料自下而上地汇总本单位、本系统或本地区的统计资料,如人口调查、耕地调查等多采用此种汇总整理的形式。这种资料汇总形式的优点是可以就地在较小范围内对数字资料进行整理,整理的资料也可以满足企事业单位和各级政府及部门的需要。缺点是汇总层次多,反复转录易出差错。另一种是集中汇总整理,把全部原始资料集中在统计部门或业务主管部门,直接进行汇总整理。集中汇总整理适用于重要或时效性特别强的调查。集中汇总整理的优点是取得资料比较快速,便于采用微机处理和储存,精确性高,但也存在对原始资料的差错不易及时发觉,一经汇总更难查出的缺点。在实际统计工作中,有时把两种汇总形式结合起来进行综合汇总,可兼取两种形式的优点,弥补不足。

3.2 统 计 分 组

3.2.1 统计分组的概念

根据统计研究任务的要求和研究现象总体的内在特点,把现象总体按某一标志划分为若干性质不同但又有联系的几个部分称"统计分组"。

例如,企业按经济类型分组,可分为:国有企业、集体企业、个体企业和其他企业;学生按考分分组,可分为:60分以下(不及格)、60~70分(及格)、70~80分(中等)、80~90分(良好)和90~100分(优秀)。

3.2.2 统计分组的作用

▶ 1. 划分社会经济类型

统计分组是确定社会经济现象各种类型的基础,例如将工业企业按所有制的不同、轻

重工业划分，居民按城镇、农村划分，从而说明不同的经济类型的特点。一般来说，社会经济类型的分组多采用品质标志来划分。例如，2021年1—10月我国居民消费价格指数统计情况，如表3-2所示。

表3-2　2021年1—10月我国居民消费价格指数统计情况（2020年10月＝100）

时　间	居民消费价格指数	城　市	农　村
2021年1月	99.7	99.6	99.9
2021年2月	99.8	99.8	99.9
2021年3月	100.4	100.5	100.4
2021年4月	100.9	101	100.7
2021年5月	101.3	101.4	101.1
2021年6月	101.1	101.2	100.7
2021年7月	101	101.2	100.4
2021年8月	100.8	101	100.3
2021年9月	100.7	100.8	100.2
2021年10月	101.5	101.6	101.2

资料来源：《中国统计年鉴》（2021年）。

▶ 2. 研究总体内部的结构

通过统计分组可以反映总体内部各部分之间的差别和相互关系，表明总体的内部结构。同时在各组的基础上计算各组所占总体的比重，从总体的构成上认识总体各部分的作用，并对总体做出正确的评价。

如表3-3所示，通过恩格尔系数的变化情况反映居民生活水平的变化。恩格尔系数是指居民食品消费支出占居民全部消费支出的比重。

表3-3　2013—2020年我国居民恩格尔系数变化情况　　　　　　　　　%

年　份	2013	2014	2015	2016	2017	2018	2019	2020
城镇	30.1	30	29.7	29.3	28.6	27.7	27.6	29.2
乡村	34.1	33.5	33	32.2	31.2	30	30.0	32.7

▶ 3. 分析现象之间的依存关系

社会经济现象之间存在相互制约、相互关联的关系，通过统计分组可以根据现象之间的影响因素和结果因素的对应更好地揭示现象之间的这种依存关系。例如，某村粮食产量与施肥量的关系，如表3-4所示。

表3-4　某村粮食产量与施肥量的关系

施肥量/(kg/亩)	播种面积/亩	平均亩产/kg
10	300	250
15	200	268

续表

施肥量/(kg/亩)	播种面积/亩	平均亩产/kg
20	450	284
25	280	306
30	360	333
35	150	348
40	260	345
合计	2 000	—

3.2.3　分组标志的选择

▶ 1. 必须根据统计研究的目的选择分组标志

同一总体由于研究目的不同，选择分组标志也不同。如研究乡镇企业规模大小，就要按照职工人数、产值等能够反映企业规模的标志分组。如果研究各种类型的金融组织在金融交易中的作用，就要按交易手段等标志进行分组。

▶ 2. 必须选择能够反映现象本质的分组标志

在大量总体单位所具有的许多标志中，有的标志能够反映现象的本质，有的标志则不能。必须按照总体的内在联系选择最能够反映现象本质的标志进行分组，这才是科学的分组。例如，研究社会经济类型时，要抓住总体的本质，首先按所有制进行分组。

▶ 3. 要结合现象所处的具体历史条件选择分组标志

现实中的许多总体，特别是社会经济现象随着时间、地点、条件的不同而经常发生变化。同一分组标志在过去适用，现在就不一定适用，在这一场合适用，在另一场合就不一定适用，因此，要对具体总体作具体分析。如企业按规模分组，在技术比较落后的条件下，一般是按职工人数来划分的，而在技术装备比较先进的条件下，则要采用固定资产的价值或生产能力来划分。总之，历史条件发生变化，分组标志也要随着变化。

3.2.4　统计分组的种类

统计分组按分组标志的性质不同，可分为品质标志分组与数量标志(变量)分组；按分组标志的多少不同，可分为简单分组和复合分组。

▶ 1. 简单分组和平行分组体系

将总体按一个标志分组称为简单分组，如表 3-1 所示。在实际工作中，简单分组很难满足多方面的要求，而从不同角度，运用多个分组标志进行分组，形成一个分组体系，是多角度认识总体的必需。

平行分组体系：对同一总体采用两个或两个以上的分组标志分别进行的简单分组，就形成了平行分组体系。例如某企业职工分别按工龄、技术等级和操作形式分组，就形成了一个平行分组体系。平行分组体系特点：每次分组只能区分一个因素对差异的影响。

例如，对全国社会消费品零售总额分别按地区和行业分组，便形成一个平行分组体系。如表 3-5 所示，这个平行分组体系包含对社会消费品零售总额的两次平行分组。

表 3-5　我国社会消费品零售总额(2022年12月)　　　　　　　　亿元

指标	12月(绝对量)	1—12月(绝对量)
社会消费品零售总额	40 542	439 733
(一)按地区分		
城镇	34 594	380 448
乡村	5 948	59 285
(二)按消费类型分		
餐饮收入	4 157	43 941
商品零售	36 385	395 792

资料来源:《中国统计年鉴》(2022年)。

▶ 2. 复合分组和复合分组体系

复合分组是指对同一总体按两个或两个以上的分组标志重叠起来进行分组。例如,可以同时选择学科、专业、性别等分组标志对高校在校学生进行分组。

对同一总体按两个或两个以上的分组标志重叠起来进行分组,形成的树型结构分组体系称为复合分组体系。建立复合分组体系,应根据统计研究目的的要求,确定分组标志的主辅顺序,先按主要标志对总体进行第一层次的分组,再按辅助标志在第一次分组的基础上进行第二次分组,各组可以按相同的分组标志,也可以按不同的分组标志继续分组,直至最后一层为止。复合分组体系的特点:有几次分组就能同时区分几个因素对差异的影响。

例如,对中文科技期刊刊登的科技论文篇数按机构类型分类所形成的复合分组体系,如表 3-6 所示,这是一个比较简单的复合分组体系,共两个层次:第一层次是将总体(科技机构)分成基础学科、医药卫生、农林牧渔、工业技术、其他等组;第二个层次是在基础学科中,进一步分成数学、力学、信息、系统、物理、化学、天文、地学、生物等组。

表 3-6　中文科技期刊刊登的科技论文篇数按机构类型分类(2010年)

项目	总计	高等院校	研究机构	企业	医院	其他
合计	530 635	343 027	57 022	19 925	89 372	21 289
基础学科	60 006	45 141	10 675	671	262	3 257
数学	6 894	6 716	122	5	—	51
力学	4 191	3 771	340	50	—	30
信息、系统	2 467	2 312	114	9	2	30
物理	7 601	6 369	1 116	27	2	87
化学	11 081	9 100	1 352	146	16	467
天文	1 099	582	372	17	—	128
地学	12 898	6 270	4 189	345	1	2 093
生物	13 775	10 021	3 070	72	241	371
医药卫生	233 426	123 660	12 394	1 020	88 814	7 538

续表

项　　目	总　　计	高等院校	研究机构	企　　业	医　　院	其　　他
农林牧渔	42 254	26 561	11 175	757	6	3 755
工业技术	179 741	135 132	21 599	16 781	114	6 115
其他	15 208	12 533	1 179	696	176	624

3.2.5 统计分组的方法

▶ 1. 按品质标志分组

一般而言，按品质标志分组多适用于定类尺度或定序尺度测定的总体，其概念较明确，分组也相对稳定。例如，人口按性别分为男女两组，这样的分组就很简单明了。但是有的分组标志的表现却比较复杂，存在不同性质的过渡状态，使分组界限不易划分，这时可根据统一规定的划分标准和分类目录进行。例如，产品按用途分组，工业部门的细分类等，为此必须制定各类统计标准。

▶ 2. 按数量标志分组

数量（变量）分组是按数量标志进行的分组。例如，学生按考分分组，工人按工资高低分组等。注意：进行数量（变量）分组时，必须首先明确和掌握以下两点。一是要明确分组的目的，即通过数量的变化区分各组质的差别，而不是单纯的数量差别；二是采用适当的分组形式，即究竟要以什么样的数量作为划分标准，是单项式还是组距式？组距大小？组数多少？等距或不等距？组限如何确定？

(1) 单项式分组与组距式分组。

① 单项式分组。在按数量标志分组时，将每一个变量值作为一组，称单项式分组。例如居民家庭按人口数分组，如表 3-7 所示。

表 3-7　我国 2019 年按人口数分家庭户规模

家庭人口数/人	户数/户
1	67 160
2	107 657
3	81 119
4	57 959
5	28 241
6	14 757
7	4 391
8	1 497
9	596
10 人以上	598
合计	363 774

单项式分组适用于变量值变化范围不大、不同变量值个数较少的离散型变量的场合。

② 组距式分组。将所有的变量值依次划分为几个区间，一个区间内的所有变量值归为一组。区间的距离称为组距，这样的分组称为组距式分组，如表3-8和表3-9所示。

表3-8 按年龄分育龄妇女人数

年龄/岁	育龄妇女人数/人
15～19	49 542
20～24	38 889
25～29	38 242
30～34	47 580
35～39	57 920
40～44	58 505
45～49	38 247

表3-9 按年龄分外国入境旅游人数和比重

年龄/岁	人数/人	比重/%
总计	2 221.03	100.0
14岁及以下	88.29	4.0
15～24	173.24	7.8
25～44	1 031.99	46.5
45～64	804.46	36.2
65岁以上	123.05	5.5

组距式分组适用于变量值变化范围较大、不同变量值个数较多的离散型变量及连续型变量的场合。

注意：对于连续变量，由于不能一一列举它的变量值，不能作单项分组，只能作组距分组。因此，在实际工作中按数量标志多采用组距式分组。进行组距式分组时应注意以下问题。

第一，组限的选择。组限是指各组变量值变动的两端界限，是每组的起点和终点。每组的起点称为下限，每组的终端为上限。上限和下限的差称组距，表示各组标志值变动的范围。由于变量有离散型和连续型两种，因此，其组限的划分也有所不同。

组限的划分方法包括不重叠组限和重叠组限。

重叠组限是指相邻两组的上下限为同一个数值，重叠组限具体表现为：下限≤每组变量值<上限。

不重叠组限是指相邻两组的上下限为两个不同的确定数值。不重叠组限具体表现为：下限≤每组变量值≤上限。

离散变量可以一一列举，且相邻两组的组限数值之间没有中间数值，相邻组的上限和下限可用相邻的两个确定的数值分别表示，即可采用不重叠组限。例如，企业按职工人数分组可以表示为：499人及以下，500～999人，1 000～1 999人，2 000人及以上等。

连续变量在两个变量值之间可以有无限多个中间数值，不可能一一列举，因此，相邻组的上限和下限无法用两个确定的数值分别表示。在这种情况下，前一组的上限和后一组的下限重叠，即可采用重叠组限。例如，学生按身高分组为 140 cm 以下、140～150 cm、150～160 cm、160～170 cm、170 cm 以上。这里 150 cm，是第二组的上限，也是第三组的下限。

在统计分组时，凡遇到某总体单位的变量值刚好等于相邻两组上下限时，一般把此值归并到作为下限的那一组，例如，把 160 cm 归到第四组中，称为"上限不在内"原则。

根据这个规定，离散变量的分组，各组的上限也可写为后一组的下限。这样不仅比较简明，而在计算组中值时，不至于造成麻烦。

合理地确定上、下限的具体数值，关系到整理的资料能否反映实际情况，必须加以注意。应在分组之后对变量值的高低分布情况进行仔细审查，在分布比较集中的变量值中确定组距的中心位置，然后根据组距大小定出上下限，做到最小组的下限不大于最小变量值，最大组的上限不小于最大变量值，尽可能使各组的变量值在组内分布比较均匀。

第二，组距与组数的确定。组距指在分组条件下每组变量值的变化范围，即每组变量区间的距离。

$$组距＝本组上限－前组上限\quad（通用公式）$$
$$组距＝本组上限－本组下限\quad（重叠式组限）$$

组距分组不可避免地会使资料的真实性受损害。如某企业工人工资分组区间为 2 000 元以下、2 000～2 500 元、2 500～3 000 元、3 000～3 500 元、3 500 元以上 5 组，若 2 000～2 500 元这一组有 158 人，这 158 人中可能偏于 2 000 元，也可能偏于 2 500 元，但这种情况都被掩盖了，只假定人数在各组内的分配是均匀的。

组数是指一群数据分组的数量。在所研究总体一定的情况下，组数的多少和组距的大小是紧密联系的。一般说来，组数和组距成反比关系。在对同一现象进行分组时，组数少，则组距大；组数多，则组距小。如果组数太多，组距过小，会使分组资料烦琐、庞杂，难以显现总体内部的特征和分布规律；如果组数太少，组距过大，可能会失去分组的意义，达不到正确反映客观事实的目的。组距与组数一般用整数表示。

组距与组数的关系：

$$组距＝\frac{全距}{组数}$$

$$全距＝最大变量值－最小变量值$$

进行组距分组时，对全体变量应划多少组才恰当，这是一个值得重视的问题。通过组距分组，把性质相同的单位归到一起，把各组内部各单位的次要差异抽象了，而把每组之间的差异突出起来，这样，分组的规律性就可以更容易地显示出来，缩小组距，增加组数，会产生相反的效果。而不适当地扩大组距，减少组数，又会把不同性质的单位归并在一起，失去区别总体本质的界限，达不到正确反映客观事实的目的。

总而言之，组距与组数的确定应该全面分析资料所反映的总体内容、变量值的分散程度等因素，不能强求一致。

(2) 等距分组与不等距分组。

等距式分组是指各组组距相同。凡是在变量值变动比较均匀的条件下，可以采用等距分组。例如、身高、体重、零件尺寸的误差分组等，都是常见的等距分组。采用等距分组便于各组间单位数与变量值的直接对比，也便于计算各项综合指标和进行对比分析，如表 3-8 所示。

不等距分组，是指各组组距不相等的分组。当变量值变动很不均匀时，常采用不等距分组。在不等距分组中，多数情况是根据总体性质变化的数量界限来确定组距，如表 3-9 所示的外国入境旅游人数按年龄分组。再如对少年儿童年龄的分组，必须注意不同年龄生理变化的特点，可分为 1 岁以下、1~2 岁、3~6 岁、7~15 岁等。

(3) 组中值。组中值指各组上限和下限的中点数值，以代表各组标志值的一般水平。组中值并不是各组标志值的平均数，各组标志数的平均数在统计分组后很难计算出来，就常以组中值近似代替。组中值仅存在于组距式分组数列中，单项式分组中不存在组中值。

其计算公式为

$$组中值 = \frac{上限 + 下限}{2} \tag{3-1}$$

若是第一组出现"……以下"或最末组出现"……以上"字样的组叫作开口组。开口组的组中值计算公式为：

$$首组组中值 = 上限 - 相邻组组距的一半$$

$$末组组中值 = 下限 + 相邻组组距的一半$$

3.3 分布数列

3.3.1 分布数列的概念与构成要素

▶ 1. 分布数列的概念

分布数列又称次数分配，或次数分布，是指在统计分组的基础上，将总体的所有单位按组归类，并按顺序排列，形成总体中各单位在各组间的分布，如表 3-10 所示的某班学生成绩分布。

表 3-10 某班学生成绩分布

学生按考分分组/分	学生人数/人
60 以下	5
60~70	15
70~80	18
80~90	10
90 以上	2
合计	50

▶ 2. 分布数列的构成要素

分布数列由两个要素构成：一是总体按某标志所分的组；二是分布在各组的单位数，也称为各组次数或频数。

3. 频数和频率

统计分组后各组对应的单位数称为频数，也叫次数；各组单位数占总体单位总数的比重称为频率。各组的频率大于 0，所有组的频率总和等于 1。

在变量分配数列中，频数（频率）表明对应组标志值的作用程度。频数（频率）数值越大，表明该组标志值对于总体水平所起的作用也越大；反之，频数（频率）数值越小，表明该组标志值对于总体水平所起的作用越小。

在组距数列中，影响各组次数分布的要素是组数、组距、组限和组中值，如图 3-1 所示。

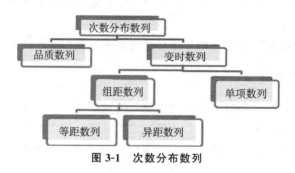

图 3-1 次数分布数列

3.3.2 分布数列的种类

1. 品质分布数列

品质分布数列简称品质数列，是指按照品质标志分组形成的分布数列，如表 3-11 所示的学生按性别分布数列。

表 3-11 学生按性别分布数列

学生按性别分组	学生数/人
男生	800
女生	700
合计	1 500

2. 变量数列

按数量标志分组所形成的分布数列叫变量分布数列，简称变量数列。

变量数列又可分为单项数列和组距数列。

（1）单项数列。单项数列是指以每一个变量值作为一组，按各组顺序简单排列而编制的变量数列，如表 3-12 所示的某地区按子女数分布数列。

表 3-12 某地区按子女数分布数列

居民家庭按子女数分组/人	户数/户
0	2 000
1	30 000

续表

居民家庭按子女数分组/人	户数/户
2	8 000
3	6 000
4	4 000
合计	50 000

(2) 组距数列。组距数列是指以两个表示一定范围的变量值作为一组，按各组顺序排列而编制的变量数列。

根据变量数列各组的组距是否相等还可分为等距数列和不等距数列。

3.3.3 累计次数分布

在研究次数和频率的分布时，有时为了更简便地概括总体各单位的分布特征，常常需要将变量数列各组的次数或频率逐组累计编制次数或频率的累计分布数列。它表明总体变量在某一水平以上或以下所包含的次数和频率的总和，累计分布有以下两种。

▶ 1. 向上累计

向上累计是指将各组次数或频率由变量值低的组向变量高的组累加，表明在这些数值以下所有数值所占的比重。

▶ 2. 向下累计

向下累计是指将各组次数或频率，由变量值高的组向变量值低的组逐组累计，表明在这些数值以上所有数值所占的比重，如表 3-13 所示的某班"统计学"考分分布数列。

表 3-13 某班"统计学"考分分布数列

学生按考分分组/分	学生人数/人	频率/%	向上累计		向下累计	
			频数/次	频率/%	频数/次	频率/%
60 以下	5	10	5	10	50	100
60~70	15	30	20	40	45	90
70~80	18	36	38	76	30	60
80~90	10	20	48	96	12	24
90~100	2	4	50	100	2	4
合计	50	100	—	—	—	—

3.3.4 次数分布的主要类型

常用的次数分布，按其分布形态可分为 3 种主要类型。

▶ 1. 钟形分布

是以某变量值中心分布次数最多，而往两边次数逐渐减少的分布形态，其分布曲线形如一口古钟，故称钟形分布。

例如，人的身高、体重、职工工资、农作物亩产量、市场价格等现象都属于钟形分布。钟形分布又可细分为以下两种。

（1）对称的钟形分布。中间变量值分布的次数最多，两侧变量值分布的次数随着与中间变量值距离的增大而渐次减少，并且围绕中间变量值呈两侧对称分布，如图 3-2 所示。

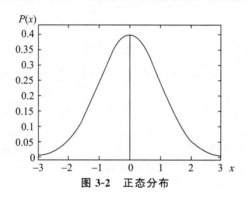

图 3-2　正态分布

对称的钟形分布不见得都是正态分布。

（2）偏态分布。偏态分布是相对于正态分布而言的非对称钟形分布。当变量值存在极大值时，次数分布曲线会较正态分布向右延伸，这种分布称为右偏分布，如图 3-3(a) 所示。

当变量值存在较小极端值时，次数分布曲线就会较正态分布向左延伸，这种分布称为左偏分布，如图 3-3(b) 所示。

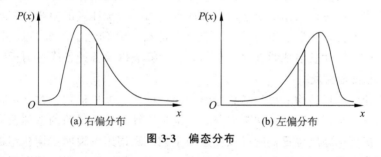

图 3-3　偏态分布

▶ 2. U 形分布

U 形分布是与钟形分布图形相反的分布，其特点是：靠近中间的变量值分布次数较少，靠近两端的变量值分布的次数较多，因其形状如澡盆，又称为澡盆形分布，如图 3-4 所示。

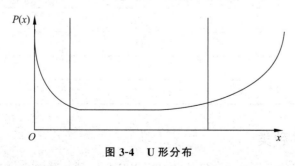

图 3-4　U 形分布

死亡率和电子产品寿命分布一般可以用 U 形分布来描述。

▶ 3. J 形分布

J 形分布的特征是一边小一边大的单调分布,即形如字母 J 字。J 形分布有两种类型,即正 J 形分布,如图 3-5(a)所示;反 J 形分布,如图 3-5(b)所示。J 形分布不如其他类型的分布那么常见。

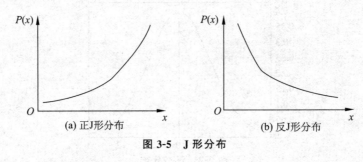

图 3-5　J 形分布

3.4　统计表和统计图

3.4.1　统计表的概念及其构成

▶ 1. 统计表的概念

统计表是指将大量的统计数字资料,按一定顺序和格式列在表上。统计表是表现统计资料的基本形式,在统计工作中最常用。其优点：第一,统计表能使统计资料的排列条理化、系统化、标准化、一目了然;第二,统计表能科学合理地组织统计资料,便于阅读、对照比较和分析。统计表包括调查表、汇总表、计算表以及各种各样容纳资料的统计表。

▶ 2. 统计表的构成

常见的统计表外形结构一般包括总标题、横行标题、纵栏标题、数字资料等。

统计表的内容包括主词和宾词两部分。主词是统计表所要说明的总体及其主要分组情况,通常列在横行标题的位置,所以该栏也叫主栏。宾词用以说明主词各组的其他标志或综合特征的具体表现,通常列在纵标题的位置,所以该栏也叫宾栏。但有时为了编制的合理和阅读方便,也可以互换。统计表的构成如表 3-14 所示。

表 3-14　2022 年我国各产业国内生产总值及构成

按产业分组	国内生产总值/亿元	比重/%
第一产业	88 345	7.3
第二产业	483 164	40
第三产业	638 698	52.7
合计	1 210 207	100.00

3.4.2　统计表的种类

统计表按照主词是否分组及分组的情况可以分为 3 种：简单表、简单分组表、复合分组表。

▶ 1. 简单表

简单表也叫原始数据表,是指主词未经任何分组的统计表。简单表的主词一般按时间顺序排列或者按个体的名称排列,它是对统计原始数据进行初步整理所采取的形式。每一行代表一个个体,每列代表一个变量或指标,如表 3-15 所示。

表 3-15　某班学生英语成绩　　　　　　　　　　单位:分

序　号	大学英语Ⅱ
1	92
2	94
3	83
4	83
5	88
6	75
7	91
8	80
9	81
10	79
11	90
12	91
13	85
14	87
15	79
16	76
17	84
18	62
19	71
20	76

表 3-15 所示为统计简单表的一般格式。简单表的作用主要是展示和储存数据。

▶ 2. 简单分组表

简单分组表主要是针对定类变量和定序变量进行分组,其主词只用一个标志分组形成的,可以按品质标志分组也可以按数量标志分组,然后将每个个体归入各组中,最后汇总各组观察值的个数所形成的表。例如,将表 3-15 中的某班学生英语成绩按 0～59 分、60～69 分、70～79 分、80～89 分、90～100 分进行统计,形成简单分组表,如表 3-16 所示。

表 3-16　某班学生英语成绩频数分布

成绩分布/分	频数/次
0~59	0
60~69	1
70~79	6
80~89	8
90~100	5
合计	20

▶ 3. 复合表

复合表是将观测数据按两个或更多属性（定性变量）分类，分组结果层叠排列的统计表。复合表是行列交叉的形式，是经过统计整理得到的汇总表，不是原始数据表。交互分类的目的是将两变量分组，然后比较各组的分布状况，以寻找变量间的关系。例如，对 20 个人对某品牌某种饮料的喜好进行调查，则原始数据如表 3-17 所示。对表 3-17 所示的数据按性别及对喜欢与否两个属性分类，得到复合表，如表 3-18 所示。

表 3-17　20 个人对某品牌某种饮料的喜好调查

序　号	性　别	态　度
1	男	不喜欢
2	男	不喜欢
3	女	喜欢
4	男	喜欢
5	女	喜欢
6	女	不喜欢
7	女	不喜欢
8	男	喜欢
9	女	喜欢
10	男	不喜欢
11	男	喜欢
12	男	喜欢
13	女	不喜欢
14	男	喜欢
15	男	不喜欢
16	男	喜欢
17	男	喜欢

续表

序 号	性 别	态 度
18	男	不喜欢
19	女	不喜欢
20	女	不喜欢

表 3-18　对某品牌某种饮料喜好与性别交叉的复合表

性 别	对某品牌喜好		合 计
	喜 欢	不 喜 欢	
男	7	5	12
女	3	5	8
合计	10	10	20

3.4.3　统计表的设计原则

在编制统计表时应注意遵循下列几项规则。

(1) 统计表的各种标题应简明、确切地表达其内容，特别是总标题，应十分简要地概括出统计表的基本内容和表中资料所属的时间地点。

(2) 表中主栏各行和宾栏各列，一般是按先局部后整体的原则排列，即排列出项目后再列总计，在没有必要列出所有项目时，应先列总计后列出其中部分重要项目。

(3) 如栏次较多，通常要加以编号。主栏和计量单位栏用(甲)、(乙)等文字标明，宾栏常用"(1)、(2)、(3)"等数字标明。表中有关栏次如有计算上的逻辑关系，可同时标明，如"(3)=(2)/(1)"等。

(4) 表中数字应对准位数，填写整齐。当数字为 0 或不足单位起点时，应写上"0"；当缺乏某项数字时，用"…"表示；无法计算的数字用"—"表示。

(5) 统计表中必须注明计量单位。若横行有不同的计量单位，可专设计量单位一栏，纵列的计量单位，可写在指标名称下(后)面，如果各纵栏的计量单位一样，可以将它标在表的右上方。

(6) 统计表的表式，通常是左右开口的，即左右两端不画纵线。

(7) 必要时，应在统计表下方注明表中某些资料的来源或对某些数据的计算方法、计算口径做出说明。

3.5　统计图

统计图是指用图形描述统计数据，可以采用点、线(直线、折线、曲线)、面、体、象形图、地图等各种形式。与各种形式的数据表相比，统计图具有直观、形象、生动、具体等特点。统计图可以使复杂的统计数字简单化、通俗化、形象化，使人一目了然，便于理解和比较。因此，统计图在统计资料整理与分析中占有重要地位，并得到广泛应用。一般采用直角坐标系，横坐标用来表示事物的组别或自变量 X，纵坐标常用来表示事物出现的次数（频数、频率）或因变量 Y；或采用角度坐标（如圆形图）、地理坐标（如地形图）等。按图尺的数字性质分类，有实数图、累积数图、百分数图、对数图、指数图等；其结构包括图名、图目（图中的标题）、图尺（坐标单位）、各种图线（基线、轮廓线、指导线等）、图注（图例说明、资料来源等）等。以下具体介绍几种常用的统计图示方法。

3.5.1 条形图

条形图是用宽度相同的条形的高度或长短来表示数据或频数（频率）大小的图形。条形统计图易于比较数据之间的差别。

利用表 3-19 所示的数值，绘制条形图，结果如图 3-6 所示。

表 3-19　中国 2009—2021 年 GDP

年　份	GDP/亿元
2009	348 517.7
2010	412 119.3
2011	487 940.2
2012	538 580.0
2013	592 963.2
2014	643 563.1
2015	688 858.2
2016	746 395.1
2017	832 035.9
2018	919 281.1
2019	986 515.2
2020	1 013 567.0
2021	1 143 669.7

资料来源：《中国统计年鉴》(2022 年)。

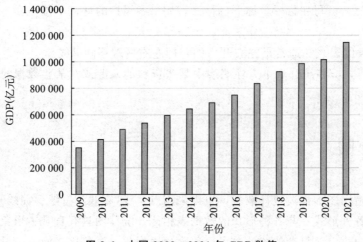

图 3-6　中国 2009—2021 年 GDP 数值

3.5.2 饼图

饼图是指以一个圆面积为 100%，用圆内各扇形面积所占的百分比来表示各部分所占的构成比例。饼图显示一个数据系列中各项的大小与各项总和的比例。饼图中的数据点为整个饼图的百分比。

饼图的绘制要点如下。

(1) 每 3.6° 为 1%。

(2) 通常从时钟 12 点位置开始顺时针方向绘图。

(3) 每部分用不同线条样式或颜色表示，并在图上标出百分比。

(4) 当比较不同资料的百分比构成时，可以画两个相等大小的圆，在每个圆的下面写明标题，并用相等的图例表示同一个构成部分，或采用百分条图。

利用表 3-20 所示的数值，绘制饼图，结果如图 3-7 所示。

表 3-20　某公司四季度销售业绩　　　　　　　　　　　　单位：元

时　间	销　售　业　绩
第一季度	9 003.00
第二季度	10 105.00
第三季度	23 560.00
第四季度	58 705.00

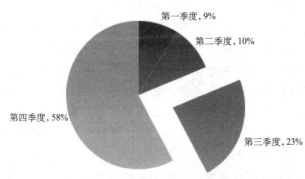

图 3-7　某公司四个季度销量

3.5.3 直方图

直方图是指以各矩形面积来代表各组频数的多少。绘制要点如下。

(1) 坐标轴：横轴代表变量值，要用相等的距离表示相等的数量。纵轴坐标要从原点 O 开始。

(2) 各矩形间不留空隙。

(3) 对于组距相等的资料可以直接作图；组距不等的资料先进行换算，全部转化为组距相等的频数，用转化后低位频数作图。

直方图可以直观、形象地表示频数分布的形态和特征。

利用表 3-21 所示的数值,绘制直方图,结果如图 3-8 所示。

表 3-21　某单位员工工资　　　　　　　　　　　　　单位:元

姓　　名	基本工资	岗位工资	绩效工资	工龄工资
张某	1 100	800	2 500	180.00
李某	1 300	900	900	90.00
王某	1 600	950	800	100.00
刘某	1 550	990	1 100	250.0

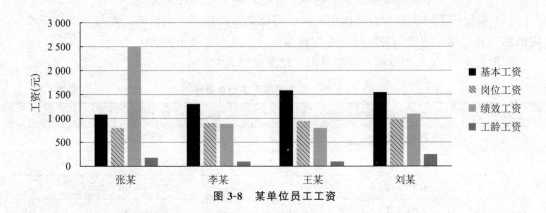

图 3-8　某单位员工工资

3.5.4　统计数学模型

统计数学模型是指表示现象数量关系等资料的数学方程式或方程组。它是表现统计资料的一种主要形式,更是重要的统计分析工具。它把所研究的现象的各影响因素表示为数学形式的变量,把因素间的某种关系表示为方程式,对复杂的有机关系以方程组来描述和模拟,经过对各关系式的统计处理和检验,就会得到反映现象数量规律或总体关系的数学模型。例如,时间数列分析模型、指数体系模型、正态分布方程、t 分布、F 分布、卡方分布、回归模型等都可以叫作统计数学模型。统计模型的建立简称建模。

▶ 1. 数学模型的构成要素

模型中必须有一组表示研究对象及影响因素的变量,多以 X_1, X_2, $\cdots$, X_n 及 Y 等表示;模型中必须有若干系数,或称参数、参变量等,常以 a, b, c 或 a_1, a_2, $\cdots$, a_n 表示;模型中必须有方程式或方程组,常以 $y=f(x)$ 等表示。

▶ 2. 数学模型中的变量简介

变量是组成数学模型的基本元素,不同作用的变量在模型中的地位和表现形式等也是不同的。为此我们必须对模型中的变量有所了解,以利于建模工作。模型中的变量一般可分为如下 4 种。

(1)内生变量,是指由模型自身来确定的变量,即要靠模型求解来决定其取值范围的变量。该变量相当于方程中的因变量,往往是我们需要求解的内容。

(2)外生变量,是指模型本身无法决定的,要靠模型以外的因素来决定其取值的变量。它相当于自变量,多指已知的数据资料。

内生变量的数值是模型求解的结果,外生变量必须在模型求解之前确定其数值。在一个模型中内生变量的个数一定要等于方程的个数,这样、模型才能取得唯一的解。

(3)前定变量,是指在动态分析中人们常把内生变量划分为前期内生变量和后期内生变量。在分析应用模型时,把前期内生变量视为外生变量,并把前期内生变量和外生变量合称为前定变量。

(4)虚拟变量,在某些模型中,常会遇到不确定的待定因素,该因素是否起作用应视情况而定。所以,对该因素变量要乘一个参变量,该参变量就叫作虚拟变量。虚拟变量是个取值为0或1的随机变量,当其取值为1时,说明待定因素起作用;当其取值为0时,说明待定因素不起作用。

3.6 Excel 在数据展示的应用

3.6.1 排序

数据排序是指按一定规则对存储在工作表中的数据进行整理和重新排列。数据排序可以为数据的进一步管理做好准备。Excel 2016 的数据排序包括简单排序、高级排序等。

本内容讲解运用数据案例如表 3-22 所示。

表 3-22 某班学生成绩汇总　　　　　　　　　　　　　　单位:分

序号	大学英语 Ⅱ	大学体育 Ⅱ	经济数学 D	思想道德修养与法律基础	毛泽东思想和中国特色社会主义理论体系概论	宏观经济学
1	92	68	95	83	75	84
2	94	62	95	88	74	84
3	83	83	81	88	81	79
4	83	63	99	84	85	77
5	88	75	88	84	82	73
6	75	86	87	86	73	83
7	91	76	82	90	78	73
8	80	91	82	85	74	77
9	81	91	84	82	77	71
10	79	85	92	86	69	75
11	90	75	86	85	79	71
12	91	65	86	89	78	75
13	85	72	84	89	80	72
14	87	62	89	89	69	85
15	79	90	85	84	78	63
16	76	91	81	88	66	77

续表

序号	大学英语Ⅱ	大学体育Ⅱ	经济数学D	思想道德修养与法律基础	毛泽东思想和中国特色社会主义理论体系概论	宏观经济学
17	84	78	76	86	78	76
18	62	77	77	84	75	51
19	71	84	50	79	71	54
20	76	62	63	55	75	60
21	69	78	65	74	68	63
22	65	76	61	79	74	62
23	62	73	67	83	66	63
24	70	80	60	82	53	60
25	70	79	45	63	71	61

▶1. 数据简单排序

如果需要对工作表中"经济数学"成绩的数据排序，可利用 Excel 的简单排序功能完成。简单排序的基本操作如下。

先选中整个数据表格，单击"排序"按钮，在"主要关键字"中选择"经济数学"选项，在次序中选择"升序"或"降序"按钮进行排列。所有成绩会根据"经济数学"的成绩进行排序，如图 3-9 所示。要注意的是，如果只选择"经济数学"这一组数据，在单击"排序"按钮后，会出现"排序提醒"对话框，如图 3-10 所示，选择扩展区域还是以当前选定区域排序要根据研究目的确定。

图 3-9 数据简单排序步骤"排序"对话框

第3章 数据的整理与展示

图 3-10 选择一组数据"排序提醒"对话框

▶ 2. 数据高级排序

数据的高级排序是指按照多个条件对数据清单进行排序,这是针对简单排序后仍然有相同数据的情况进行的一种排序方式。首先选择"数据选项",单击"排序"按钮,单击"添加条件"按钮,输入想再次排序的关键字即可,如图 3-11 所示。

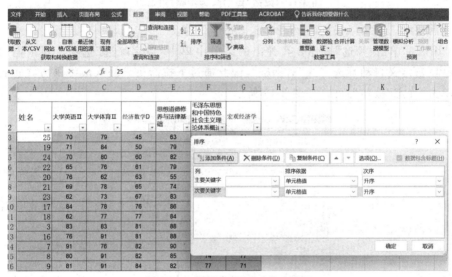

图 3-11 数据高级"排序"对话框

3.6.2 筛选

数据筛选功能是一种用于查找特定数据的快速方法。经过筛选后的数据只显示包含指定条件的数据行,以供用户浏览、分析。Excel 2016 的数据筛选功能包括自动筛选、自定义筛选和高级筛选 3 种方式。

▶ 1. 自动筛选

选中原始数据区域(包含表头),然后单击"数据"/"筛选"按钮;操作完成后数据区域的第一行(抬头)处每个单元格产生了一个下拉箭头;单击一个抬头的下拉按钮,可以看到最上面有 3 个排序功能,"升序""降序"和"按颜色排序"。我们用这个功能可以对数据先进行排序操作,如图 3-12 所示。

▶ 2. 自定义筛选

Excel 中自带的筛选条件,可以快速完成对数据的筛选操作。但是当自带的筛选条件

69

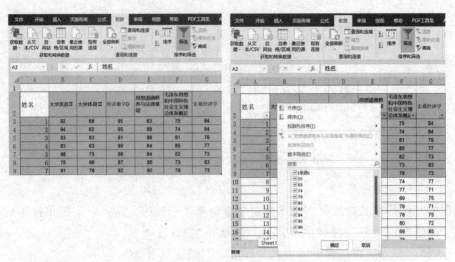

图 3-12 数据"自动筛选步骤"对话框

无法满足需要时,也可以根据需要,自定义筛选条件。

(1)用鼠标单击"筛选"按钮,在弹出的菜单中单击"数字筛选"选项,再单击"自定义筛选"弹出"自定义自动筛选方式"对话框,因此通过下拉箭头,输入成绩等方式进行设置,设定后单击"确定"按钮即可,如图 3-13 所示。

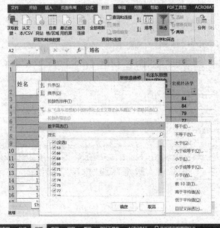

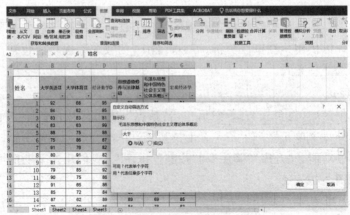

图 3-13 数据"自定义筛选方式"对话框

(2) 注意红框中有"与"和"或"这两个可选取项:"与"表示在两者之间,是一个闭合区间;"或"表示只要满足两个条件中的任意一个即可,是两个开区间。

▶ 3. 高级筛选

如果工作表中的字段比较多,筛选的条件也比较多,自定义筛选就显得十分麻烦。在筛选条件较多的情况下,可以使用高级筛选功能来处理。

(1) 编写高级筛选的筛选条件,如图 3-14 所示。

	A	B	C	D	E	F	G	H	I	J	K
1											
2	姓名	大学英语Ⅱ	大学体育Ⅱ	经济数学D	思想道德修养与法律基础	毛泽东思想和中国特色社会主义理论体系概论	宏观经济学		大学英语Ⅱ	经济数学D	宏观经济学
3	1	92	68	95	83	75	84		>70	>65	>70
4	2	94	62	95	88	74	84				
5	3	83	83	81	88	81	79				
6	4	83	63	99	84	85	77				
7	5	88	75	88	84	82	73				
8	6	75	86	87	86	73	83				
9	7	91	76	82	90	78	73				
10	8	80	91	82	85	74	77				
11	9	81	91	84	82	77	71				
12	10	79	85	92	86	69	75				
13	11	90	75	86	85	79	71				
14	12	91	65	86	89	78	75				
15	13	85	72	84	89	80	72				
16	14	87	62	89	89	69	85				
17	15	79	90	85	84	78	63				
18	16	76	91	81	88	66	77				
19	17	84	78	76	86	78	76				
20	18	62	77	77	84	75	51				
21	19	71	84	50	79	71	54				

图 3-14 编写"高级筛选的筛选条件"对话框

(2) 在列表区域选择原数据,在条件区域选择编写的筛选数据,如图 3-15 所示,单击"确定"按钮,出现筛选结果,如图 3-16 所示。

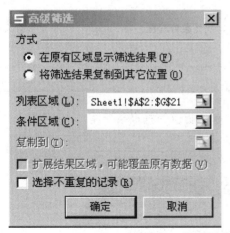 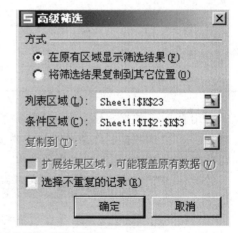

图 3-15 编写"高级筛选"的筛选步骤对话框

3.6.3 利用 Excel 制作统计图

▶ 1. 柱形图的制作步骤

这里我们以制作条形图为例,介绍用 Excel 软件进行统计作图的主要步骤。

学号	大学英语Ⅱ	大学体育Ⅱ	经济数学D	思想道德修养与法律基础	毛泽东思想和中国特色社会主义理论体系概论	宏观经济学
1	92	68	95	83	75	84
2	94	62	95	88	74	84
3	83	83	81	88	81	79
4	83	63	99	84	85	77
5	88	75	88	84	82	73
6	75	86	87	86	73	83
7	91	76	82	90	78	73
8	80	91	82	85	74	77
9	81	91	84	82	77	71
10	79	85	92	86	79	75
11	90	75	86	85	79	71
12	91	65	86	89	78	75
13	85	72	84	89	80	72
14	87	62	89	89	69	85
15	79	90	85	84	78	63
16	76	91	81	88	66	77
17	84	78	76	86	78	76
18	62	77	77	84	75	51
19	71	84	50	79	71	54
20	76	62	65	55	75	60
21	69	78	65	74	68	63
22	65	76	61	79	74	62
23	62	73	67	83	66	63
24	70	80	60	82	53	60
25	70	79	45	63	71	61

图3-16 英语、经济数学、宏观经济学考试成绩高级筛选结果

【例3-1】

根据2020年我国人口普查数据得到的我国6周岁以上人口普查受教育程度分组形成的频数分布如表3-23所示。

表3-23 我国6周岁以上人口按受教育程度分布　　　　　　　　单位：万人

受教育程度	小 学	初 中	高中及中专	大专及以上
人数	65 395	115 217	43 206	24 237

试利用表3-23数据，建立Excel数据集，并制作相应的垂直条形图。

根据表3-23的数据制作条形图的主要步骤如下。

(1) 在Excel中输入表3-23中的数据，建立如图3-17所示的数据集。

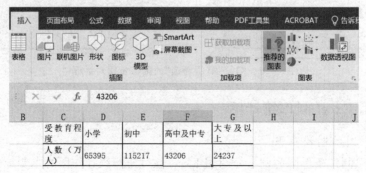

图3-17 "制图菜单选择"对话框

（2）选择"推荐的图表"中菜单的"推荐图表"或者"所有图表"的子菜单，如图 3-18 所示，进入图表向导。

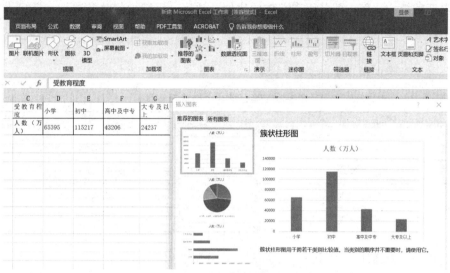

图 3-18 "数据图形选择"对话框

（3）选择图表类型为"柱形图"，再单击"下一步"按钮。
（4）单击"完成"按钮即可得到柱形图。
（5）在得到该条形图后，一般还须对坐标轴的字体大小、图例的取舍、图形的大小等进行编辑调整，其方法是：将光标移向须调整的区域，单击右键，进入"编辑"窗口，对相关项目进行重新选择，单击"确定"按钮，即可得到经过调整后的垂直条形图，如图 3-19 所示。

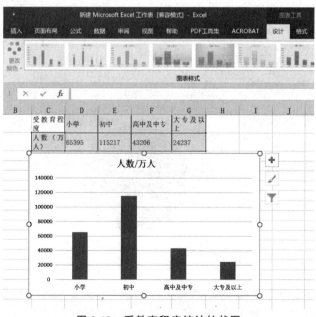

图 3-19 受教育程度统计柱状图

2. 饼图的制作步骤

饼图是把总体数据显示为一个圆,每组数据显示为圆中的一个扇形,饼图主要用于表示总体内部的结构比例,即各组占总体的比例,适用一组较少的分类数据、顺序数据以及数值型数据的分布特征。

【例 3-2】

某公司 4 个季度销售量如表 3-24 所示。

表 3-24 某公司 4 个季度销售量   单位:元

时间	销售量
第一季度	9 003
第二季度	10 105
第三季度	23 560
第四季度	58 705

试利用表 3-24 数据,建立 Excel 数据集,并制作相应的饼图。

根据表 3-24 的数据制作饼图的主要步骤如下。

(1) 选取例题数据,单击"推荐图表"图标,在弹出的"图表类型"对话框中选中"饼图"选项,单击"下一步"按钮,单击"完成"按钮,如图 3-20 所示。

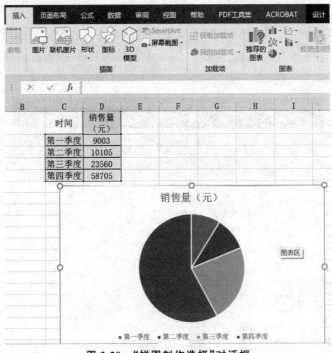

图 3-20 "饼图制作选择"对话框

(2) 在"设计"图标中,可以选择"添加图标元素""快速布局""选择数据"等图标,对饼图布局、数据进行修改,如图 3-21 所示。

(3) 选择完成的饼图,单击右键,选择"设置数据系列格式"选项,对饼图中的颜色、

图 3-21 "饼图数据修改"对话框

坐标、字体、分区等进行修改,如图 3-22 所示。

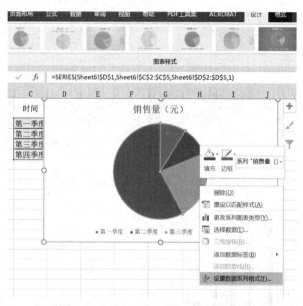

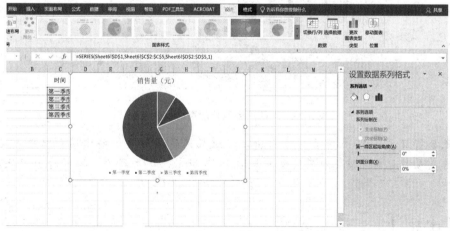

图 3-22 "饼图图形修改"对话框

导入案例分析

应用本章所学知识,仔细分析《寿命损失的原因统计》案例中提出的问题。

1. 怎样能比文字更直观地表现这些数据?
2. 在引起寿命损失的原因中,哪些是主要的,哪些是次要的?

对于问题 1,统计表能够使案例中的统计数据条理化、系统化,统计图能够使案例中的统计数据更直观地展现,便于判断和分析。

根据本章【案例导入】不同原因引起的寿命损失,利用 Excel 制作表,如表 3-25 所示。

表 3-25 不同原因引起的寿命损失   单位:天

原　因	寿命减少天数	原　因	寿命减少天数
未结婚(男性)	3 500	危险工作	300
惯用左手	3 285	交通事故	200
吸烟(男性)	2 250	饮酒	130
未结婚(女性)	1 600	滥用药物	90
30%超重	1 300	一般事故	74
20%超重	900	自然放射线	8
吸烟(女性)	800	喝咖啡	6
抽雪茄	300	医疗 X 射线	6

根据本章【案例导入】不同原因引起的寿命损失天数,制作直方图,如图 3-23 所示。

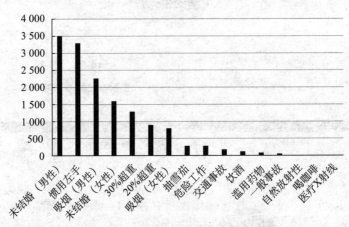

图 3-23 不同原因引起的寿命损失天数

从表 3-25 和图 3-23 中可直观地看出,这组数据用图形展示要比用表格展示更直观,效果更好。在引起寿命损失的原因中,如图 3-23 所示,从左到右,损失的原因从主要到次要分布。

本章小结

统计整理是根据统计研究的目的,对统计调查得到的统计数据进行科学的分类和汇总,是数据调理化、系统化的工作过程。它既是统计调查的继续和深入,又是统计分析的基础和前提。

数据整理之前要对数据进行预处理,包括数据的审核、筛选和排序。统计分组和次数分配是统计整理的核心,整理的结果形成分配数列。

分配数列有品质数列和变量数列两种,变量数列又分为单项数列和组距数列。

统计表和统计图是统计数据的两种重要的显示方式。统计表能把杂乱的数据有条理地组织在一张简明的表格内,统计图能将数据形象、生动地显示出来。统计表一般由表头、行标题、列标题和数字资料四部分构成。常用的统计图主要有直方图、饼状图等。

复习与思考

简答题

(1) 影响次数分布的主要因素有哪些?

(2) 如何选择分组标志?

在线课堂

在线自测

拓展知识:大数据整理的应用

第 4 章　数据分布的测度

> **学习目标**
> 1. 识记集中趋势、离散程度、偏度、峰度测度统计量的含义；
> 2. 会应用集中趋势和离散程度的测度方法；
> 3. 会计算集中趋势和离散程度的指标；
> 4. 能熟练应用 Excel 中的描述统计工具和统计函数。

案例导入

用什么样的统计量来反映投资的风险

在金融证券领域，一项投资的预期收益率的变化通常用该项投资的风险来衡量。预期收益率的变化越小，投资风险越低；预期收益率的变化越大，投资风险越高。以下两个直方图，分别反映了 200 种商业类股票和 200 种高科技类股票的收益率分布，如图 4-1 和图 4-2 所示。在股票市场上，收益率往往伴随高风险。但投资哪类股票，往往与投资者的风险偏好有一定关系。

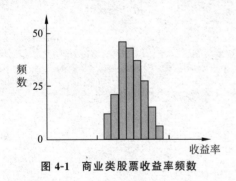

图 4-1　商业类股票收益率频数　　　　图 4-2　高科技类股票收益率频数

资料来源：贾俊平，何晓群，金勇进. 统计学[M]. 4 版. 北京：中国人民大学出版社，2009.

思考：

(1) 你认为该用什么样的统计量来反映投资的风险？

(2) 如果选择风险小的股票进行投资，应该选择商业类股票还是高科技类股票？

(3) 如果进行股票投资，你会选择商业类股票还是高科技类股票？

章节导言

前面我们已经学习了如何利用图表展示数据，对数据的分布形状和特征有了一个大致的了解。但要全面掌握数据分布的特征，还需要找到反映数据分布特征的各个代表值。数据分布特征可以从三个反面进行测度和描述：一是分布的集中趋势，反映各数据向其中心值靠拢或聚集的程度；二是分布的离散程度，反映各数据远离其中心值的趋势；三是分布的形状，反映数据分布的偏态和峰态。本章重点阐述和讨论数据分布代表值的计算方法、特点及其应用的条件和范围。

课程思政

中华民族精神的相对稳定性

广义相对论是阿尔伯特·爱因斯坦在1907—1915年发展起来的一种引力理论，后来，又得到了很多人的验证和补充。众所周知，著名的相对论极大地改变了人类对宇宙和自然的"常识性"观念，推动物理学发展到一个新的高度。而在本章中即将介绍数据的相对指标，相对指标可以对经济现象的结构、比例、强度、计划完成情况等进行各种相对的横向或纵向比较。

在日常的学习生活过程中，对任何事物的衡量，总有一个参照标准，而这个参照标准是会变化的，这就使得衡量某一事物时呈现相对性这一特征。所谓"仁者见仁，智者见智"，蕴含的就是这个哲理。

中华民族精神，深深根植于绵延数千年的优秀中华传统文化中，也必然具有其"相对稳定性"。其中稳定性表现为，在整个民族历史发展过程中沉淀的基本内涵：以爱国主义为核心，团结统一、爱好和平、勤劳勇敢、自强不息。同时其相对性表现为：民族精神会随着时代的变化而不断丰富，使之呈现出鲜明的时代性和先进性；爱国主义这一核心也是如此，在不同的历史时期，具有不同的内涵和主题。

4.1 总量指标

4.1.1 总量指标的含义

总量指标是用来反映社会经济现象在一定条件下的总规模、总水平或工作总量的统计指标。总量指标用绝对数表示，也就是用一个绝对数来反映特定现象在一定时间上的总量状况，它是一种最基本的统计指标。例如，2021年国家统计公报资料：国内生产总值1 143 670亿元，工业增加值372 575亿元，年末人口数141 260万人等，这些都是说明2021年全国在生产建设和人口方面的总规模或总水平的总量指标。由于总量指标的表现形式为绝对数，因此，总量指标又叫统计绝对数。

4.1.2 总量指标的作用

▶ 1. 总量指标是认识社会经济现象的起点

人们要想了解一个国家或一个地区的国民经济和社会发展状况，首先就要准确地掌握客观现象在一定时间、地点条件下的发展规模或水平,然后才能更深入地认识社会。例如,为了科学地指导国民经济和社会的协调发展,就必须通过总量指标正确地反映社会主义再生产的基本条件和国民经济各部门的工作成果,即反映中国土地面积、人口和劳动资源、自然资源、国民财富、钢产量、工业总产值、粮食产量、农业总产值、国民收入以及教育文化等方面的发展状况。

▶ 2. 总量指标是实行社会经济管理的依据

一个国家或地区为更有效地指导经济建设,保持国民经济的协调发展,就必须了解和分析各部门之间的经济关系。它虽然可以用相对数、平均数来反映,但归根结底还是需要掌握各部门在各个不同时间的总量指标。

▶ 3. 总量指标是计算相对指标和平均指标的基础

总量指标是统计整理汇总后,首先得到的能说明具体社会经济总量的综合性数字,是最基本的统计指标。相对指标和平均指标一般都是由两个有联系的总量指标相对比计算出来的,它们是总量指标的派生指标。总量指标计算是否科学、合理、准确,将直接影响相对指标和平均指标的准确性。

4.1.3 总量指标的分类

▶ 1. 总体单位总量和总体标志总量

这是按总量指标所反映的内容不同来划分的。

总体单位总量(即总体单位数)是反映总体或总体各组单位的总量指标。它是总体内所有单位的合计数,主要用来说明总体本身规模的大小。总体标志总量是反映总体或总体各组标志值总和的总量指标。它是总体各单位某一标志值的总和,主要用来说明总体各单位某一标志值总量的大小。例如,调查了解全国工业企业的生产经营状况,全国工业企业数就是总体单位总量,全国工业企业的职工人数、工资总额、工业增加值和利税总额等,都是总体标志总量。

总体单位总量和总体标志总量不是固定不变的,而是随着研究目的和被研究对象的变化而变化。一个总量指标常常在一种情况下为总体标志总量,在另一种情况下则表现为总体单位总量。例如,上例的调查目的改为调查了解全国工业企业职工的工资水平,那么,全国工业企业的职工人数就不再是总体标志总量,而成了总体单位总量。明确总体单位总量和总体标志总量之间的差别,对计算与区分相对指标和平均指标具有重要的意义。

▶ 2. 时期指标和时点指标

这是按总量指标所反映时间状况的不同来区分的。

时期指标是反映现象在一定时期内发展过程的总量指标,如人口出生数、商品销售额、产品产量、产品产值等。时点指标是反映现象在某一时点(瞬间)上所处状况的总量指标,如年末人口数、季末设备台数、月末商品库存数等。

时期指标与时点指标的区别如下。

(1) 时期指标无重复计算,可以累加,说明较长时期内现象发生的总量,如年产值是月产值的累计数,表示年内各月产值的总和;而时点指标有重复计算,除了在空间上或计算过程中可相加外,一般相加无实际意义,如月末人口数之和不等于年末人口数。

(2) 时期指标数值的大小与时期长短有直接关系。在一般情况下,时期越长数值越大，如年产值必定大于年内某月产值。但有些现象如利润等若出现负数，则可能出现时期越长数值越小的情况。时点指标数值与时点间隔长短没有直接关系，如年末设备台数并不一定比年内某月月末设备台数多。

（3）时期指标的数值一般通过连续登记取得；时点指标的数值则通过间断登记取得。

时期指标与时点指标最根本的区别，还在于各自反映的现象在时间规定性上的不同。弄清时期指标与时点指标的区别，对于计算总量指标动态数列的序时平均数是很重要的。

时期指标与时点指标的联系也很紧密。时期指标与时点指标在经济上又常称为流量和存量，二者之间有密切关系。存量是以前流量的积累，而存量的变动又是流量的一种表现形式。有的流量有对应的存量，如产品产量是流量，其相应的存量是产品存货；有的流量没有对应的存量，如出口量是流量，但是没有对应的存量。但是无论哪种情况，流量和存量都有相互依存、相互制约的关系，存在如下的平衡关系：

期末存量＝期初存量＋（本期增加的流量－本期减少的流量）

▶ 3. 实物指标、价值指标和劳动指标

这是按总量指标所采用计量单位的不同来划分的。

（1）实物指标。实物指标是用实物单位计量的总量指标。实物单位是根据事物的属性和特点而采用的计量单位，主要有自然单位、度量衡单位和标准实物单位。

① 自然单位是按照被研究现象的自然状况来度量的一种计量单位，如人口以"人"为单位，汽车以"辆"为单位，牲畜以"头"为单位等。

② 度量衡单位是按照统一的度量衡制度的规定来度量其数量的一种计量单位，如煤炭以"吨"为单位，棉布以"尺"或"米"为单位，运输里程以"千米"为单位等。度量单位的采用主要是由于有些现象无法采用自然单位来表明其数量，如粮食、钢铁等；另外有些实物如鸡蛋等，虽然也可以采用自然单位，但不如用度量衡单位准确方便。

③ 标准实物单位是按照统一折算标准来度量，研究现象数量的一种计量单位。例如，将不同发热量的煤统一折合成 29.3 千焦/千克的标准煤单位计算其总量。在统计中为了准确地反映某些事物的具体数量和相应的效能，还有一种复合单位，即将两种计量单位结合在一起表示事物的数量，例如，货物周转量就是用"吨/千米"来表示铁路货运工作量的。

（2）价值指标。价值指标是用货币单位计量的总量指标。货币单位是用货币"元"来度量社会劳动成果或劳动消耗的计量单位，如国内生产总值、社会商品零售额、产品成本等，都是以"元"或扩大为"万元""亿元"来计量的。

价值指标从原则上说应是反映商品价值量的指标，而实际上是货币量指标。因为价值量不能计算，只能通过价格来体现，而价格围绕价值波动并不等于价值，价格只是价值的一种货币表现。因此，价值指标又称货币指标。

价值指标具有广泛的综合性和概括性。它能将不能直接相加的产品数量过渡到能够相加，用以综合说明具有不同使用价值的产品总量或商品销售量等的总规模或总水平。价值指标广泛应用于统计研究、计划管理和经济核算之中。但价值指标也有其局限性，综合的价值量容易掩盖具体的物质内容，比较抽象。因此，在实际工作中，应注意将价值指标与实物指标结合起来使用，以便全面认识客观事物。

（3）劳动量指标。劳动量指标是用劳动量单位计量的总量指标。劳动量单位是用劳动时间表示的计量单位，如"工日""工时"等。工时是指一个职工做一个小时的工作，工日通常指一个职工做 8 小时的工作。

这种统计指标虽然不多,但会经常遇到。例如,工厂考核职工出勤情况,每天要登记出勤人数,将一个月的出勤人数汇总就不能用"人"来计量而应用"工日"来计算。又如,工厂实行计件工资制,要对每个零部件在每道工序上都规定劳动定额,假设某零件规定 1 小时生产 60 件,则每 1 件就是 1 定额工分,某工人 1 天生产 600 件,即生产的产品为 600 定额工分,即 10 个定额工时。由于各企业的定额水平不同,劳动量指标不适宜在各企业间进行汇总,往往只限于企业内部的业务核算。

4.1.4 总量指标的计算方法

▶ 1. 直接计算法

它是指对研究对象用直接的计数、点数和测量等方法,登记各单位的具体数值加以汇总,得到总量指标的方法。例如,统计报表或普查中的总量资料,基本上都是用直接计算法计算出来的。

▶ 2. 间接推算法

它是指采用社会经济现象之间的平衡关系、因果关系、比例关系或利用非全面调查资料推算总量的方法。例如,利用样本资料推断某种农产品的产量,利用平衡关系推算某种商品的库存量等。

例如,国民经济中的重要总量指标如下:

(1) 国内生产总值。国内生产总值(GDP),是一个国家(或地区)所有常住单位在一定时期内的最终产品价值总量。最终产品是相对于中间产品而言的,是指本期生产、本期不再进一步加工的社会产品,其价值构成包括固定资本消耗的转移和新创造价值。

国内生产总值有 3 种计算方法:

生产法:国内生产总值=总产出-中间投入。

收入法:国内生产总值=固定资本折旧+劳动者报酬+生产税净额+营业盈余。

支出法:国内生产总值=最终消费+资本形成总额+净出口。

(2) 国民总收入。国民总收入是一国常住单位在一定时期内收入初次分配的结果。与国内生产总值不同,国民总收入是收入概念,而国内生产总值是生产概念。

$$国民总收入=国内生产总值+来自国外的要素收入净额$$

(3) 国民可支配总收入。国民可支配总收入是一国常住单位与非常住单位之间在初次分配总收入的基础上,通过经常转移的形式对初次分配总收入进行再次分配而获得的总收入。

$$国民可支配总收入=国民总收入+来自国外的经常转移收入净额$$

(4) 需要注意的问题。

① 明确规定每项指标的含义和范围。正确统计总量指标的首要问题就是要明确规定每项总量指标的含义和范围。例如,要计算国内生产总值、工业增加值等总量指标,首先应清楚这些指标的含义、性质,才能据以确定统计范围、统计方法。

② 注意现象的同质性。在计算实物指标的总量时,只有同质现象才能计算。同质性是由事物的性质或用途决定的,例如,我们可以把各种煤炭如无烟煤、烟煤、褐煤等看作一类产品来计算它们的总量,但不能把煤炭与钢铁混合起来计算。

③ 正确确定每项指标的计量单位。具体核算总量指标时，究竟采用哪一种计量单位，要根据被研究现象的性质、特点以及统计研究的目的而定，同时要注意与国家统一规定的计量单位一致，以便汇总并保证统计资料的准确性。

因此，为了使总量指标资料准确，在进行总量指标系统计时有如下要求。

第一，对总量指标的实质，如含义、范围等要做严格确定。因为总量指标的计算方法并不是单纯的汇总技术问题，有一些总量指标、如工业企业数，从表面上看是比较简单的，但只有在对"工业企业"的含义进行正确的界定后，才能统计出准确的工业企业数，由此才能正确计算工业增加值等指标。

第二，计算实物总量指标时，要注意现象的同类性。

第三，要有统一的计量单位。

4.2 相对指标

相对指标是指两个有联系的指标之比，其结果表现为相对数。通过相对指标既可以了解各种社会经济现象的结构、比例、强度、密度等，也可以了解计划完成情况，进行横向比较和纵向比较。

相对指标一般以倍数、系数、成数、百分数、千分数的形式表现出来，这些可统称为无名数；有时将相对指标中的分子和分母的指标计量单位同时使用，这就是有名数，如人均拥有的粮食量用"千克/人"，人均国内生产总值用"元/人"表现等。如果说利用总量指标可以了解总体数量特征的广度，那么利用相对指标则可以了解总体数量特征的深度。

根据不同的研究目的，可计算不同的相对指标。一般可将相对指标分为 6 种：结构相对指标、比例相对指标、强度相对指标、比较相对指标、动态相对指标和计划完成情况相对指标。以下详细介绍这 6 种相对指标的具体情况。

4.2.1 结构相对指标

计算结构相对指标时，应先将总体按某种标志划分成若干个组，然后将每个组的数据分别与总体的数据相对比，以计算出的比重来反映总体内部的构成状况。如果要下一个定义的话，那么结构相对指标是表明总体内部的各个组成部分在总体中所占比重的相对指标。其计算公式为

$$结构相对指标 = \frac{总体部分数值}{总体全部数值} \tag{4-1}$$

【例 4-1】

2022 年全国国内生产总值为 1 210 207 亿元，如按产业分组，则第一产业的增加值为 88 345 亿元，第二产业的增加值为 483 164 亿元，第三产业的增加值为 638 698 亿元，求结构相对指标。

第一产业、第二产业、第三产业的增加值在全国国内生产总值中所占的比重为：

第一产业：88 345÷1 210 207×100％＝7.3％

第二产业：483 164÷1 210 207×100％＝39.9％

第三产业：638 698÷1 210 207×100％＝52.8％

结构相对指标一般用百分数或系数表示，各部分比重之和等于100％或1。如例4-1，7.3％＋39.9％＋52.8％＝100％，从这些比重中可知道我国2022年的产业结构。如果掌握了动态的比重资料，就能了解现象发展的趋势和规律。

利用结构相对指标还可以反映人力、物力、财力的利用情况以及总体的质量和工作的质量，如职工出勤率、原材料利用率、固定资产利用程度、设备使用率、职工大专及以上学历的人数所占比重、产品的合格率等。

4.2.2 比例相对指标

计算比例相对指标时，先将总体按某种标志分组，然后将某组的数据与另一组的数据进行对比，以反映总体内部各部分之间的比例关系。计算公式为

$$比例相对指标=\frac{总体中某一部分数值}{总体中另一部分数值} \qquad (4-2)$$

比例相对指标一般用几比几或连比的形式表示。

【例4-2】

2021年我国出生人口总数为141 178万人，将其按性别分组，男性人数约为723 339 956人，女性人数约为688 438 768人，求人口比例的相对指标。

$$2021年我国出生人口性别比=\frac{男性人口数}{女性人口数}=\frac{723\ 339\ 956}{688\ 438\ 768}=1.05$$

从计算结果可以看出，我国2021年总人口性别比为105.07，与2010年基本持平，略有降低，我国人口的性别结构持续改善。在国民经济运行中，有很多比例关系都值得关注，如各产业之间的比例关系、投资和消费的比例关系、两大部类之间的比例关系等。只有各种比例关系协调，社会和经济才能有序地发展。

【例4-3】

延用例4-1的资料，其中2022年第一产业增加值88 345亿元，第二产业增加值483 164亿元，第三产业增加值638 698亿元。计算比例相对指标。

以第一产业增加值为对比基础的比例相对指标为：

483 164÷88 345＝5.47，即第二产业增加值/第一产业增加值。

638 698÷88 345＝7.23，即第三产业增加值/第一产业增加值。

即第一产业、第二产业、第三产业增加值之间的比例为1∶5.47∶7.23。当一个国家的第三产业比例最高时，则可说是一个高级的产业结构。从本例可看出，结构相对指标与比例相对指标都可用来反映现象的结构，只是计算方法不同而已。

4.2.3 强度相对指标

许多社会经济现象之间有着千丝万缕的联系，如人是生产的主体，人类的生存离不开土地，商业网点是为方便居民生活等。因此我们可将生产成果与人口数对比、人口数与国土面积对比、商业网点数与人口数对比（也可人口数与商业网点数对比）等，计算出的相对指标就是强度相对指标。如果要下一个定义的话，强度相对指标就是用两个性质不同但有一定联系的指标数值对比求得的比数，表明现象的强度、密度和普遍程度。其计算公

式为：

$$强度相对指标 = \frac{某一总体指标数值}{另一有联系的总体指标数值} \tag{4-3}$$

强度相对指标一般用有名数表示，有时也可用无名数表示，如流通费用率用百分数表示。

【例 4-4】

我国国土面积为 960 万平方公里，2021 年年末我国人口数为 141 178 万人，计算人口密度。

$$人口密度 = \frac{人口数}{国土面积} = \frac{141\ 178\ 万人}{960\ 万平方公里} = 147.06\ 人/平方公里$$

印度是世界第二人口大国，人口密度约为 464.1 人/平方公里；美国是世界上最发达的国家，也是人数第三大国，但是人口密度只有 36.2 人/平方公里。从这些数据中可看出各个国家的人口稠密状况。

【例 4-5】

我国 2021 年粮食产量为 68 285 万吨，钢材产量为 133 667 万吨，原油产量为 1.99 亿吨，国内生产总值为 1 149 237 亿元，年平均人口数为 141 178 万人，计算强度相对指标。

$$2021\ 年全国人均粮食产量 = \frac{粮食产量}{人口数} = \frac{68\ 285\ 万吨}{141\ 178\ 万人} = 0.48(吨/人)$$

$$2021\ 年全国人均钢材产量 = \frac{钢材产量}{人口数} = \frac{133\ 667\ 万吨}{141\ 178\ 万人} = 0.95(吨/人)$$

$$2021\ 年全国人均原油产量 = \frac{原油产量}{人口数} = \frac{19\ 900\ 万吨}{141\ 178\ 万人} = 0.14(吨/人)$$

$$2021\ 年全国人均国内生产总值 = \frac{国内生产总值}{人口数} = \frac{11\ 492\ 370\ 000\ 万元}{141\ 178\ 万人} = 81\ 403(元/人)$$

【例 4-6】

2021 年年末全国医院和卫生院床位为 9 448 448 万张，2021 年年末我国人口数为 141 178 万人，计算强度相对指标。

$$每万人拥有的病床数 = \frac{医院病床总数}{人口数} = \frac{9\ 448\ 448\ 万张}{141\ 178\ 万人} = 66.93(张/万人)$$

$$每张病床负担的人口数 = \frac{人口数}{医院病床总数} = \frac{141\ 178\ 万人}{9\ 448\ 448\ 万张} = 149.42(人/张)$$

通过上述的例子，我们可看出强度相对指标有如下的作用：第一，反映现象的密度或普遍程度，如例 4-4、例 4-6 中计算的数据。这里要说明一点，例 4-6 中计算的第一个数据可称之为正指标，数值越大，说明医疗服务条件越好，反之，则医疗服务条件不好。例 4-6 中计算的第二个数据可称为逆指标，数值越小，说明医疗服务条件越好，反之，则医疗服务条件不好。第二，反映一个国家或地区经济实力的强弱，如例 4-5 计算的数据，数值越大，说明经济实力越强。第三，反映社会生产条件或效果，如劳动者技术装备率、劳动者资金装备率、资金产值率和资金利税率等。

4.2.4 比较相对指标

在进行统计分析时，经常需要进行横向比较，如将不同国家、不同地区、不同部门之间同性质指标进行对比,以便发现彼此之间的差异程度。我们可将比较相对指标定义为将同一时间、不同空间、同性质指标对比求得的比数。其计算公式为

$$比较相对指标 = \frac{某条件下的某类指标数值}{另一条件下的同类指标数值} \tag{4-4}$$

比较相对指标,既可以用倍数表示,也可以用百分数表示.

【例 4-7】

中国 2021 年粗钢产量为 103 200 万吨,煤的产量为 413 000 万吨,汽车产量为 2 608.22 万辆;美国 2021 年粗钢产量为 8 500 万吨,煤的产量为 52 500 万吨,汽车产量为 916.72 万辆。计算比较相对指标。

如果以美国的指标作为对比的基础,则:

$$103\ 200 \div 8\ 500 = 12.14(倍)$$
$$413\ 000 \div 52\ 500 = 7.87(倍)$$
$$2\ 608.22 \div 916.72 = 2.85(倍)$$

上述 3 个计算结果说明我国的粗钢、煤、汽车产量分别是美国的 12.14 倍、7.87 倍和 2.85 倍。

如果以中国的指标作为对比的基础,则:

$$8\ 500 \div 103\ 200 = 82.36\%$$
$$52\ 500 \div 413\ 000 = 12.7\%$$
$$916.72 \div 2\ 608.22 = 35.15\%$$

上述 3 个计算结果说明美国的粗钢、煤、汽车产量分别是中国的 82.36%、12.7% 和 35.15%。

从例 4-7 可看出,计算比较相对指标时分子和分母的位置可以互换。另外,所用指标既可以是总量指标,也可以是相对指标或平均指标。比较相对指标既可用于不同国家、地区、单位的比较,也可用于先进与落后的比较,实际水平和标准水平或平均水平的比较。这些可根据研究的目的而定。

4.2.5 动态相对指标

在进行统计分析时,除需要进行横向比较外,还要经常进行纵向比较(即动态比较)。如将同一总体的报告期水平与基期水平进行比较,以说明社会经济现象随着时间的推移而发展和变化的情况。我们可以将动态相对指标定义为将不同时间、同一空间、同性质指标对比求得的比数。其计算公式为

$$动态相对指标 = \frac{报告期指标数值}{基期指标数值} \tag{4-5}$$

动态相对指标一般用百分数表示。

【例 4-8】

我国 2021 年固定资产投资额为 544 547 亿元,2020 年固定资产投资额为 518 907 亿元。计算动态相对指标。

$$544\ 547 \div 518\ 907 \times 100\% = 104.9\%$$

计算结果表明,我国固定资产投资额 2021 年比 2020 年增长了 4.9%。

通常把用来作为比较标准的时期称为"基期",而把同基期对比的时期称为"报告期"或"计算期"。

动态相对指标在统计分析中应用广泛,本书将在"时间序列"一章中详细介绍。

4.2.6 计划完成情况相对指标

从宏观来说,我国有国民经济和社会发展五年计划,从微观来说,各企业也有年计划、月计划等。如要检查计划的完成情况,就需要计算计划完成情况相对指标。其定义如下:将现象在某一段时期内实际完成数值与计划任务数进行对比,所得的结果即为计划完成情况相对指标。一般用百分数表示。其基本计算公式为

$$\text{计划完成情况相对指标} = \frac{\text{实际完成数}}{\text{计划数}} \tag{4-6}$$

计划完成情况相对指标的计算,要求分子、分母在指标含义、计算口径、计算方法、计量单位等方面一致,并且分子、分母的位置不得互换。

下达的计划任务数可以是3种形式:绝对数、相对数和平均数。以下分3种情况介绍计划完成情况相对指标的计算方法。

▶ **1. 计划数为绝对数**

其计算公式为

$$\text{计划完成情况相对指标} = \frac{\text{实际水平}}{\text{计划水平}} \tag{4-7}$$

【例 4-9】

假设某汽车制造厂为一个统计总体,2019年计划生产汽车 20 000 辆,实际生产 22 000 辆,计算计划完成情况相对指标。

$$22\ 000 \div 20\ 000 \times 100\% = 110\%$$

计算结果表明,该厂超额 10% 完成计划任务。

▶ **2. 计划数为相对数**

计算公式为

$$\text{计划完成情况相对指标(提高率)} = \frac{100\% + \text{实际提高百分数}}{100\% + \text{计划提高百分数}} \times 100\% \tag{4-8}$$

$$\text{计划完成情况相对指标(降低率)} = \frac{100\% - \text{实际降低百分数}}{100\% - \text{计划降低百分数}} \times 100\% \tag{4-9}$$

【例 4-10】

某工业企业 2019 年的工人劳动生产率计划提高 7%,实际提高了 10%;该企业 2019 年甲种产品的单位成本水平计划降低 5%,实际降低了 7%。计算计划完成情况相对指标。

$$(100+10)\% \div (100+7)\% \times 100\% = 102.80\%$$
$$(100-7)\% \div (100-5)\% \times 100\% = 97.89\%$$

计算结果表明,该企业劳动生产率计划完成程度为 102.8%,超额 2.8%;该企业甲种产品单位成本计划完成程度为 97.89%。

在实际统计工作中,计算相对指标的计划完成情况,还可用相减的方法求差率(实际数-计划数),用百分点表示。如例 4-10,该企业劳动生产率计划多完成 3 个百分点

（10%－7%）；成本降低率计划多完成2个百分点（7%－5%）。一个就是一个百分点。

百分数是用100做分母的分数。运用百分数时，还要注意有些数最多只能达到100%，如产品合格率、种子发芽率等；有些百分数只能小于100%，如粮食出粉率等；有些百分数却可以超过100%，如产品产量计划完成情况等。

百分点是指不同时间、空间或总体以百分数形式表示的相对指标（如速度、指数、构成等）的变动幅度。

▶ 3. 计划数为平均数

其计算公式为：

$$\text{计划完成情况相对指标} = \frac{\text{实际平均水平}}{\text{计划平均水平}} \tag{4-10}$$

【例 4-11】

某工业企业某种产品单位成本水平，计划为 1 000 元，实际为 990 元。计算计划完情况相对指标。

$$990 \div 1\,000 \times 100\% = 99\%$$

计算结果表明，该企业单位成本计划超额1%完成。

根据计算结果如何评价计划完成情况？这应视计划指标的性质而定，如果是正指标，则计算结果大于100%说明超额完成计划；如果是逆指标，则计算结果小于100%说明超额完成计划。

4.3 集中趋势的测度

集中趋势（central tendency）是指一组数据向某一中心值靠拢的程度，它反映了一组数据中心点的位置所在。数据分布集中趋势的测定就是寻找数据水平的代表值或中心值，在统计学中，这种有代表性的数值又通俗地被称为平均数。前面我们已经知道，变量分为数值型、顺序型和分类型，本节将针对不同类型的变量，介绍两种类型的平均数，分别是数值平均数和位置平均数，包括算术平均数、调和平均数、几何平均数及众数、中位数、四分位数等6个指标。这两类平均数的含义、计算方法、应用场合都不同。

4.3.1 数值型数据集中趋势的测度

▶ 1. 算术平均数

算术平均数在统计学中具有重要的地位，它是进行统计分析和统计推断的基础。算术平均数（arithmetic mean）也称为均值（mean），是全部数据算术平均的结果。算术平均法是计算平均指标最基本、最常用的方法。其计算公式为

$$\text{算术平均数} = \frac{\text{总体标志总量}}{\text{总体单位总量}} \tag{4-11}$$

总体标志总量常常是总体单位变量值的算术总和。例如，工人工资总额是总体中每个工人工资的总和，某地区小麦总产量是所有耕地小麦产量的总和。在总体标志总量和总体单位总量的基础上，就可以计算平均指标。

算术平均数在统计学中具有重要的地位，是集中趋势最主要的度量值，通常用 $\bar{x}$ 表示。根据所掌握数据形式的不同，算术平均数有简单算术平均数和加权算术平均数。

(1) 简单算术平均数(simple arithmetic mean)。未经分组整理的原始数据，其算术平均数的计算就是直接将一组数据的各个数值相加除以数值个数。设统计数据为 x_1，x_2，…，x_n，则算术平均数 $\bar{x}$ 的计算公式为：

$$\bar{x}=\frac{x_1+x_2+\cdots+x_n}{n}=\frac{\sum_{i=1}^{n}x_i}{n} \qquad (4-12)$$

【例 4-12】

某班级 40 名同学统计学的考试成绩原始资料如表 4-1 所示。

表 4-1　40 名同学统计学原始成绩

	A	B	C	D	E	F	G	H	I	J
1	64	70	89	64	56	95	98	79	88	88
2	78	89	60	78	68	79	79	95	68	60
3	78	89	99	36	75	84	78	64	78	85
4	85	79	70	84	68	75	89	75	78	75

该班 40 名同学统计学的平均成绩为：

$$\bar{x}=\frac{64+70+\cdots+78+75}{40}=\frac{3\,089}{40}=77.23（分）$$

(2) 加权算术平均数(weighted arithmetic mean)。经过分组整理的数据，则要以各组变量值出现的次数或频数为权数计算加权的算术平均数。设原始数据被分成 k 组，各组的变量值为 x_1，x_2，…，x_k，各组变量值的次数或频数分别为 f_1，f_2，…，f_k，则加权的算术平均数为：

$$\bar{x}=\frac{x_1f_1+x_2f_2+\cdots+x_kf_k}{f_1+f_2+\cdots+f_k}=\frac{\sum_{i=1}^{k}x_if_i}{\sum_{i=1}^{k}f_i} \qquad (4-13)$$

【例 4-13】

根据例 4-12 提供的 40 名同学的统计学成绩原始资料，分组整理如表 4-2 所示，根据此资料计算平均成绩。

表 4-2　40 名同学统计学成绩汇总

	A	B	C	D
1	成绩(分)	频数 f_i	组中值(x_i)	x_if_i
2	60 以下	2	55	110
3	60～70	8	65	520
4	70～80	16	75	1 200

续表

	A	B	C	D
5	80~90	10	85	850
6	90~100	4	95	380
7	合计	40	—	3 060

根据式(4-13)得

$$\bar{x}=\frac{\sum_{i=1}^{k}x_i f_i}{\sum_{i=1}^{k}f_i}=\frac{3\,060}{40}=76.5(\text{分})$$

根据式(4-12)计算的平均成绩是77.23分,而与根据式(4-13)计算的平均成绩76.5分,两者相差0.73分,显然77.23分是准确的平均成绩。因为式(4-12)所用的是原始数据的全部信息,而式(4-13)是用各组的组中值代表各组的实际数据,使用代表值时是假定各组数据在各组中是均匀分布的,但实际情况与这一假定会有一定的偏差,使得利用分组资料计算的平均数与实际的平均值会产生误差,它是实际平均值的近似值。

加权算术平均数其数值的大小,不仅受各组变量值(x_i)大小的影响,而且受各组变量值出现的频数即权数(f_i)大小的影响。如果某一组的权数大,说明该组的数据较多,那么该组数据的大小对算术平均数的影响就较大,反之,则较小。实际上,我们将式(4-12)变形为下面的形式,就更能清楚地看出这一点。

$$\bar{x}=\frac{\sum_{i=1}^{k}x_i f_i}{\sum_{i=1}^{k}f_i}=\sum_{i=1}^{k}x_i\frac{f_i}{\sum_{i=1}^{k}f_i} \qquad (4\text{-}14)$$

由式(4-14)可以清楚地看出,加权算术平均数受各组变量值(x_i)和各组权数即频率 $\dfrac{f_i}{\sum_{i=1}^{k}f_i}$ 大小的影响。频率越大,相应的变量值计入平均数的份额也越大,对平均数的影响就越大;反之,频率越小,相应的变量值计入平均数的份额也越小,对平均数的影响就越小。这就是权数权衡轻重作用的实质。

当我们掌握的权数不是各组变量值出现的频数,而是频率时,可直接根据式(4-14)计算算术平均数。例如表4-2,根据各组的频数计算的频率分别为0.05、0.2、0.4、0.25、0.1,各组频率之和为1,则用频率计算的加权算术平均数为:

$$\bar{x}=\sum_{i=1}^{k}x_i\frac{f_i}{\sum_{i=1}^{k}f_i}=55\times0.05+65\times0.2+75\times0.4+85\times0.25+95\times0.1=76.5(\text{分})$$

从计算结果看,用频率加权计算的结果与用频数加权计算的结果是一致的。

需要指出的是,当各组变量值出现的频数(f_i)或频率 $\dfrac{f_i}{\sum f_i}$ 相等时,权数的作用就消失了，这就意味着各组变量值对总平均的结果所起的作用是一样的，此时，加权算术平均数就等于简单算术平均数。

（3）由相对数求平均数。在实际生活中，我们也会经常遇到由相对数计算平均数的情况。一般地说，求相对数的平均数应采用加权平均的方法，此时，用于加权平均的权数不再是频数或频率，而应根据相对数的含义，选择适当的权数。以下举一个实例说明。

【例 4-14】

某公司所属 10 个企业资金利润率分组资料如表 4-3 所示，要求计算该公司 10 个企业的平均利润率。

表 4-3 某公司所属 10 个企业资金利润率分组资料

	A	B	C	D
1	资金利润率/%	企业数 n_i	资金总额/万元	利润总额/万元
2	x_i		f_i	$x_i f_i$
3	5	4	40	2
4	10	3	80	8
5	15	3	140	21
6	合计	10	260	31

该例子的平均对象是各企业的资金利润率，表中的企业数虽然是次数或频数，但不是合适的权数。若要正确计算公司 10 个企业的平均资金利润率，因为资金利润率＝利润总额/资金总额，所以计算平均资金利润率需要以资金总额为权数，才能符合该指标的性质。因此，该公司 10 个企业的平均资金利润率为：

$$\overline{x} = \frac{\sum\limits_{i=1}^{k} x_i f_i}{\sum\limits_{i=1}^{k} f_i} = \frac{5\% \times 40 + 10\% \times 80 + 15\% \times 140}{40 + 80 + 140} = \frac{31}{260} = 11.9\%$$

（4）算术平均数的性质。从统计思想看，算术平均数是一组数据的重心所在，它是消除了一些随机因素影响后或者数据误差相互抵消后的必然性的结果。例如每年分季度的观测数据、各年同季的数据，由于受一些偶然性随机因素的影响，其数值表现出一定的差异性，但将各年同季的数据加以平均，计算的算术平均数，就消除了一些随机因素的影响，从而反映出季节变动必然性的数量特征。再如，对同一事物进行多次测量，由于测量误差所致，或者其他因素的偶然影响，使得测量结果不一致，但利用算术平均数作为其代表值，则可以使误差相互抵消，反映出事物固有的数量特征。另外，算术平均数具有以下一些重要的数学性质，这些数学性质在实际生活生产中有着广泛的应用，同时也体现了算术平均数的统计思想。

① 总体单位数与其算术平均数的乘积等于总体标志总量。

② 各变量值与其算术平均数的离差之和等于零，即

$$\sum_{i=1}^{n}(x_i - \overline{x}) = 0 \quad \text{或} \quad \sum_{i=1}^{k}(x_i - \overline{x}) f_i = 0$$

③ 各变量值与其算术平均数的离差平方和最小，即

$$\sum_{i=1}^{n}(x_i-\overline{x})=\min$$

(5) 算术平均数的特点及应用。

① 算术平均数是根据所有变量值综合计算出来的，属于数值平均数。

② 有时为了提高算术平均数的代表性，通常先从数据中删除极大值和极小值，根据剩余的数据计算算术平均数，这样得到的平均数叫切尾平均数，又称为截尾平均数。

▶ 2. 调和平均数(harmonic mean)

在实际工作中，经常会遇到只有各组变量值和各组标志总量而缺少总体单位数的情况，这时就要用调和平均数法计算平均指标。

为了方便调和平均数的概念和计算方法的说明，我们先看一个简单的例子。

【例 4-15】

市场上早、中、晚蔬菜的价格分别是：早晨 0.67 元/公斤、中午 0.5 元/公斤、晚上 0.4 元/公斤。现在，我们按 4 种方法购买蔬菜，分别计算平均价格(不管按什么方法购买，平均价格都应该等于花费的现金除以所买蔬菜的数量)。

第一种买法：早、中、晚各买 1 公斤。

则蔬菜平均价格为

$$\overline{x}=\frac{\sum x}{n}=\frac{0.67+0.5+0.4}{3}=0.523(元/公斤)$$

第二种买法：早晨买 1 公斤，中午买 2 公斤，晚上买 3 公斤。

则蔬菜平均价格为：

$$\overline{x}=\frac{\sum xf}{\sum f}=\frac{0.67\times 1+0.5\times 2+0.4\times 3}{1+2+3}=0.523(元/公斤)$$

第三种买法：早、中、晚各买一元的蔬菜。

在这种情况下，计算蔬菜平均价格比上述两种方法稍微复杂一些，我们得先计算一元钱所购买蔬菜的数量，然后再计算蔬菜的平均价格。要计算蔬菜的平均价格，首先应该计算早、中、晚各花费 1 元钱所购蔬菜的数量。

早晨购买蔬菜的数量＝1/0.67＝1.5(公斤)

中午购买蔬菜的数量＝1/0.5＝2(公斤)

晚上购买蔬菜的数量＝1/0.4＝2.5(公斤)

蔬菜平均价格为

$$\overline{x}=\frac{1+1+1}{\frac{1}{0.67}+\frac{1}{0.5}+\frac{1}{0.4}}=\frac{3}{1.5+2+2.5}=0.5(元/公斤)$$

这种计算平均指标的方法同算术平均法有很大的不同，由于资料中缺乏总体单位总量，所以，就不可能直接用算术平均的方法计算平均指标。为了达到计算目的，首先要用变量值的倒数算出总体单位总量来，然后再计算平均指标，调和平均数法因此而得名，也正是由于这个原因，调和平均数又称为倒数平均数。

第四种买法，早晨买 1 元的，中午买 2 元的，晚上买 3 元的。

和第三种买法一样，我们还是得先计算早晨、中午和晚上所购买蔬菜的数量，然后再计算平均价格：

早晨购买蔬菜的数量＝1/0.67＝1.5（公斤）

中午购买蔬菜的数量＝2/0.5＝4（公斤）

晚上购买蔬菜的数量＝3/0.4＝7.5（公斤）

蔬菜平均价格为：

$$\bar{x} = \frac{1+2+3}{\frac{1}{0.67}+\frac{1}{0.5}+\frac{1}{0.4}} = \frac{6}{1.5+4+7.5} = 0.46(元/公斤)$$

在上述计算平均价格的过程中，早、中、晚3个时段购买蔬菜所花费的现金是计算平均价格的权数，这种方法我们称为加权调和平均法。

由以上分析过程可得出调和平均数的定义：调和平均数（harmonica mean）是算术平均数的另一种形式，是一组数据中各个变量值倒数的算术平均数的倒数，因而又称为倒数平均数，习惯上用（H）表示。计算公式如下。

简单调和平均数：

$$\bar{x} = \frac{1}{\frac{\frac{1}{x_1}+\frac{1}{x_2}+\cdots+\frac{1}{x_n}}{n}} = \frac{n}{\sum_{j=1}^{k} x_j} \tag{4-15}$$

加权调和平均数：

$$\bar{x} = \frac{m_1+m_2+\cdots+m_k}{\frac{m_1}{x_1}+\frac{m_2}{x_2}+\cdots+\frac{m_k}{x_k}} = \frac{\sum_{i=1}^{k} m_i}{\sum_{i=1}^{k} \frac{m_i}{x_i}} \tag{4-16}$$

在实际工作中，调和平均数通常是作为算术平均数的变形使用的，也就是说，由于受所掌握资料的限制，不能直接采用算术平均数的计算公式计算平均数时，就需要使用调和平均数的形式进行计算。为了更好地理解调和平均数的应用场合，我们看以下的例子。

【例4-16】

某商品有3种不同的规格，销售单价与销售量如表4-4所示，求这3种不同规格商品的平均销售单价。

表4-4　某商品3种规格的销售数据

A	B	C	D
商品规格	销售单价/元/件 x_i	销售量/件 f_i	销售额/元 $x_i f_i$
A型	45	60	2 700
B型	38	72	2 736
C型	22	88	1 926
合计	—	220	7 372

从平均价格的实际意义看，其计算公式为：

$$平均价格 = \frac{销售额}{销售量} \quad (4\text{-}17)$$

根据题中给出的原始数据(3种规格的销售单价和销售量)，可以求出销售额(xf)数据，因此计算平均价格在形式上采用的是加权算术平均数公式，即

$$\bar{x} = \frac{\sum_{i=1}^{k} x_i f_i}{\sum_{i=1}^{k} f_i} = \frac{7\,372}{220} = 33.51(元/件)$$

如果已知的不是销售量数据，而是销售额，如表4-5所示，就应改变计算方法。

表 4-5 某商品3种规格的销售数据

A	B	C	D
商品规格	销售单价/元/件 x_i	销售额/元 m_i	销售量/件 m_i/f_i
A 型	45	2 700	60
B 型	38	2 736	72
C 型	22	1 926	88
合计	—	7 372	220

根据表4-5给出的原始数据(3种规格的销售单价与销售额)计算平均价格时，就无法直接采用加权算术平均数形式。这时，需要根据销售单价和销售额数据先求出销售量数据，再用总销售额除以总销售量即得平均价格，即加权调和平均。根据表4-5的数据，代入式(4-16)得平均价格为：

$$H = \frac{\sum_{i=1}^{k} m_i}{\sum_{i=1}^{k} \frac{m_i}{x_i}} = \frac{7\,372}{220} = 33.51(元/件)$$

这与采用加权算术平均数公式的计算结果完全相等。事实上，式(4-16)只是加权算术平均数的另一种表现形式，式中 m_i(销售额)实际上是销售单价 x_i 与销售量 f_i 的乘积，即 $m_i = x_i f_i$，这从下列算式中可以清楚地看出来。

$$H = \frac{\sum_{i=1}^{k} m_i}{\sum_{i=1}^{k} \frac{m_i}{x_i}} = \frac{\sum_{i=1}^{k} x_i f_i}{\sum_{i=1}^{k} \frac{x_i f_i}{x_i}} = \frac{\sum_{i=1}^{k} x_i f_i}{\sum_{i=1}^{k} f_i} = \bar{x}$$

由此可见，调和平均数和算术平均数在本质上是一致的，唯一的区别是计算时使用了不同的数据。在实际应用时，可掌握这样的原则，当计算算术平均数其分子资料未知时，就采用加权算术平均数计算平均数，分母资料未知时，就采用加权调和平均数计算平均数。

▶ 3. 几何平均数(geometric mean)

几何平均数是 n 个变量值乘积的 n 次方根,用 G 表示。可分为简单几何平均数和加权几何平均数,计算公式分别为:

简单几何平均数:

$$G = \sqrt[n]{x_1 x_2 \cdots x_n} = \sqrt[n]{\prod_{i=1}^{n} x_i} \tag{4-18}$$

加权几何平均数:

$$G = \sqrt[\sum_{i=1}^{k} f_i]{x_1^{f_1} x_2^{f_2} \cdots x_k^{f_k}} = \sqrt[\sum_{i=1}^{k} f_i]{\prod_{i=1}^{k} x_i^{f_i}} \tag{4-19}$$

其中:Π 为连乘符号。

几何平均数是适应特殊数据的一种平均数,在实际生活中,通常用来计算平均比率和平均速度。当所掌握的变量值本身是比率的形式,而且各比率的乘积等于总的比率时,就应采用几何平均法计算平均比率。

【例 4-17】

某产品须经 3 个车间连续加工,已知 3 个车间制品的合格率分别为 95%、90%、98%,求这 3 个车间平均合格率。

由于产品是由 3 个车间连续加工完成的,第二个车间加工的是第一个车间完工的合格制品,第三车间加工的又是第二车间完工的合格制品,因此,3 个车间总合格率是 3 个车间相应合格率的连乘积,求平均合格率就不能采用算术平均法,而应当用几何平均法。这 3 个车间平均合格率为:

$$G = \sqrt[n]{\prod_{i=1}^{n} x_i} = \sqrt[3]{95\% \times 90\% \times 98\%} = 94.28\%$$

【例 4-18】

某地区 GDP 2012—2016 年平均发展速度为 106.7%,2017—2019 年平均发展速度为 105.84%,2020—2021 年平均发展速度为 106.2%,求该地区 2012—2021 年的平均发展速度。

由于总速度是各年发展速度连乘形成的,该资料提供的各时段的平均发展速度所代表的时间长度又有所不同,所以根据该资料求平均发展速度需用加权的几何平均法。所要求的平均发展速度为:

$$G = \sqrt[\sum_{i=1}^{k} f_i]{\prod_{i=1}^{k} x_i^{f_i}} = \sqrt[10]{1.067^5 \times 1.058^3 \times 1.062^2} = 1.064(或 106.4\%)$$

▶ 4. 算术平均数、调和平均数和几何平均数的关系

算术平均数、调和平均数和几何平均数都是数值平均数,即都是根据所有数据计算的。如果从纯数量关系上考察,这三种平均数的关系如下。

(1) 当一组数据中所有数据不尽相同时,据此计算的三种平均数的结果为:算术平均数最大,调和平均数最小,几何平均数居中。它们的关系用公式表示即为:$\overline{X} > G > H$。当一组数据中出现极端值时,通过这种关系不难看出,极端值对这 3 种平均数的影响程度是有差别的,它对算术平均数的影响最大,对几何平均数的影响次之,对调和平均数的影

响最小。

（2）当一组数据中所有的数据都相同时，据此计算的三种平均数相等，即 $\overline{X}=G=H$。

三种数值平均数的这种关系是纯数学意义上的。当然，在实际应用中，采用何种平均数应取决于现象的客观性质和研究目的。就是说，适宜用算术平均数计算的，就不能用调和平均数或几何平均数计算，反之亦然。算术平均数是应用最广泛的一种平均数，因为其计算方法是与许多社会经济现象的数量关系相符合的，即许多社会经济现象总体各单位的标志值之和等于总体的标志总量，且这种方法易理解并具有优良的数学性质。调和平均数在实际应用中，通常是作为算术平均数的变形使用的，即利用调和平均数的形式来计算算术平均数。几何平均数适合对一些特殊数据如比率、速度等的平均。

4.3.2 定类数据集中趋势的测度

众数（mode）是指一组数据中出现次数最多的变量值，用 M_0 表示。如图 4-3 所示，它主要用于测度分类数据的集中趋势，也适用于测度顺序数据和数值型数据的集中趋势。从变量分布的角度看，众数是具有明显集中趋势点的数值，在正态分布和一般的偏态分布中，分布最高峰点对应的数值即为众数。当然，若一组数据没有明显的集中趋势或最高峰点，众数也可以不存在；若有多个高峰点，也可以有多个众数。

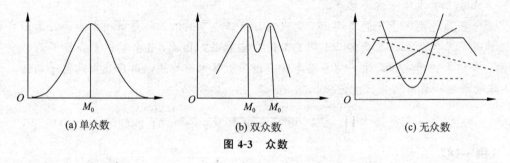

图 4-3 众数

▶ 1. 众数的特性

众数是英国统计学家皮尔逊（Karl Pearson，1857—1936）首先提出来的，它对数据等级的要求是所有集中趋势的代表值中最低的，从定类尺度开始的 4 种计量尺度测定的数据都适用，是集中趋势的测度值之一；出现次数最多的变量值，不受极端值的影响，可能没有众数或有几个众数的特性。在频数分布中，众数是频数或频率最大的指标值；从数据的分布层面上看，众数是分布数列中最常出现的标志值；在分配曲线图上，众数是曲线的最高峰所对应的标志值。因此，众数可以反映数列的一般水平，在实践中，就利用它来表明现象的一般水平，或者作为某些决策的参考依据。例如，服装厂在制订各种型号服装的生产计划时，计划产量最多的型号就是市场上销售量最大的型号。再如，在选举中，获得票数最多的当选者其实就是众数的应用。

▶ 2. 众数的计算

众数一般用于总体数据。由于未经整理的数据不知道哪个标志值出现次数最多，所以无法确定众数。因此为了确定众数，必须先将数据进行分组，编制分配数列。又由于数量变量的分组有单项式分组和组距式分组之分，而组距式分组又有等距分组和不等距分组之分，因此，各种不同数据条件确定众数的方法又有所不同。

(1) 通过未分组数据或单变量值分组数据确定众数时,只需找出次数最多的变量值即可。

【例 4-19】

金融学院某学年教师开课门数如表 4-6 所示。

表 4-6 教师开课门数

开课门数 x/门	1	2	3	4	合计
教师数 f	15	30	28	12	85

在表 4-6 所示的单项式数量数列中,教师开课门数最集中的是 2 门课,所以 2 就是众数,即 $M_0=2$。

(2) 通过组距式数列确定众数时,众数的数值与其相邻组的次数分布有一定关系,这种关系如图 4-4 所示。

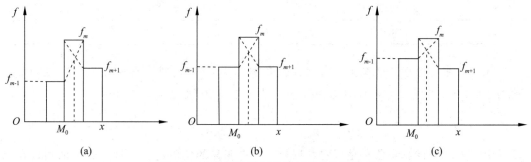

图 4-4 众数的数值与其相邻组的次数分布

设众数组的频数为 f_m,众数前一组的频数为 f_{m-1},众数后一组的频数为 f_{m+1}。当众数组后一组的频数多于众数组前一组的频数时见图 4-4(a)所示,即 $f_{m-1}<f_{m+1}$,则众数会向其后一组靠,众数大于其组中值。当众数相邻两组的频数相等时,如图 4-4(b)所示,即 $f_{m-1}=f_{m+1}$,众数组的组中值即为众数;当众数组的前一组的频数多于众数组后一组的频数时,如图 4-4(c)所示,即 $f_{m-1}>f_{m+1}$,则众数会向其前一组靠,众数小于其组中值。

根据几何图形导出的分组数据众数的计算公式为

下限公式:

$$M_0 = L + \frac{f_m - f_{m-1}}{(f_m - f_{m-1}) + (f_m - f_{m+1})} \times d = L + \frac{f_1}{f_1 + f_2} \times d \qquad (4-20)$$

上限公式:

$$M_0 = U + \frac{f_m - f_{m+1}}{(f_m - f_{m-1}) + (f_m - f_{m+1})} \times d = L + \frac{f_2}{f_1 + f_2} \times d \qquad (4-21)$$

式中:L 表示众数所在组的下限;U 表示众数所在组的上限;d 表示众数所在组的组距。

【例 4-20】

现根据表 4-7 的资料,计算 3 000 户农民家庭人均月收入的众数。

表 4-7 某地区农民家庭人均月收入资料

	A	B	C	D
1	按人均月收入分组/元	农民家庭数/户	向上累计频数	向下累计频数
2	X	F	S	S
3	1 000~1 200	240	240	3 000
4	1 000~1 200	480	720	2 760
5	1 000~1 200	1 050	1 770	2 280
6	1 000~1 200	600	2 370	1 230
7	1 000~1 200	270	2 640	630
8	1 000~1 200	210	2 850	360
9	1 000~1 200	120	2 970	150
10	2400~2 600	30	3 000	30
11	合计	3 000	—	—

从表 4-7 中的数据可以看出,出现频数最多的是 1 050,即众数组为 1 400~1 600 这一组 $f_m=1\,050$,$f_{m-1}=480$,$f_{m+1}=600$,根据式(4-20)可得众数为

$$M_0 = 1\,400 + \frac{1\,050-480}{(1\,050-480)+(1\,050-600)} \times 200 = 1\,511.8(元)$$

利用式(4-20)计算众数时是假定数据分布具有明显的集中趋势,且众数组的频数在该组内是均匀分布的,若这些假定不成立,则众数的代表性就会很差。从众数的计算公式可以看出,众数是根据众数组及相邻组的频率分布信息来确定数据中心点位置的,因此,众数是一个位置代表值,它不受数据中极端值的影响。

4.3.3 定序数据集中趋势的测度

▶ **1. 中位数(medians)**

中位数和众数一样,也是一种位置代表值,但是,它不能用于定类数据,而主要用于测度顺序及数值型数据的集中趋势,所以又称为次序统计量。中位数是将总体各单位标志值按大小顺序排列后,处于中间位置的那个数值,用 M_e 表示。

从中位数的概念可见,在总体中,小于中位数的数据占数据个数的一半,大于中位数的占数据个数的一半,即中位数是将数据按大小顺序排列后,位于二等分点上的那个数据值。用中位数代表总体中所有指标值的一半水平,可以避免极端值的影响,在有的情况下更具有代表性。例如,人口的平均年龄会受个别特别长寿人口年龄的影响,使计算结构偏大,而年龄中位数则可以较好地体现人口年龄结构的特征,国际上就使用人口的年龄中位数(30岁)作为人口老龄化的一个判断标准。

(1)中位数的特点。总体来看,中位数有着以下几个方面的特点。

① 是集中趋势的测度值之一。

② 排序后处于中间位置上的值。

③ 不受极端值的影响。
④ 主要用于定序数据，也可用于数值型数据，但不能用于定类数据。
⑤ 各变量值与中位数的离差绝对值之和最小，即

$$\sum_{i=1}^{n} \left| X_i - M_e \right| \min \tag{4-22}$$

(2) 中位数的计算。中位数的确定方法，根据所掌握的数据的不同而不同，通过未分组资料和分组资料都可确定中位数，有以下3种情况。

① 对于未分组的原始资料，首先必须将标志值按大小排序。设排序的结果为：$x_1 \leqslant x_2 \leqslant x_3 \leqslant \cdots x_n$。

则中位数就可以按以下公式确定：

$$M_e = \begin{cases} x_{\frac{n+1}{2}}, & \text{当 } n \text{ 为奇数} \\ \dfrac{x_{\frac{n}{2}} + x_{\frac{n}{2}+1}}{2}, & \text{当 } n \text{ 为偶数} \end{cases} \tag{4-23}$$

【例 4-21】

西安某高校一次对学生餐厅伙食满意度调查数据如表4-8所示。

表4-8 调查数据次数分布

回答类别	学生人数/人	学生累计（向上累计）
非常不满意	240	240
不满意	1 080	1 320
一般	930	2 250
满意	450	2 700
非常满意	300	3 000
合计	3 000	—

中位数的位置 = 3 000/2 = 1 500。

从学生累计数来看，中位数在第三组，所以 $M_e =$ 一般。

【例 4-22】

有8名工人，每人日产零件数按从低到高的顺序排列如下：17、19、20、22、23、23、24、25（件/人）。

则

$$M_e = \frac{1}{2}(22 + 23) = 22.5$$

中位数为22.5件/人，这个数字反映了工人总体日产零件的一般水平。

② 对于单项式变量数列资料，由于变量值已经序列化，故中位数可以直接按以下公式确定：

$$M_e = \begin{cases} x_{\frac{\sum f + 1}{2}}, & \text{当 } \sum f \text{ 为奇数} \\ \dfrac{x_{\frac{\sum f}{2}} + x_{\frac{\sum f}{2}+1}}{2}, & \text{当 } \sum f \text{ 为偶数} \end{cases} \tag{4-24}$$

表4-9为某学校教师开课门数统计表，频数 $\sum f$ 为奇数，因此选用式(4-23)中的第一个式子计算中位数 M_e。

表 4-9　教师开课门数累计频数

开课门数 x	教师数 f	向上累计数(人)	向下累计数(人)
1	15	15	85
2	30	45	70
3	28	73	40
4	12	85	12
合计	—	—	—

中位数的位置是 $85/2=42.5$，因此 $M_e=2$。

③ 对于组距式变量数列，确定中位数也需要分两步进行。

第一，从变量数列的累计频数栏中找出第 $\dfrac{\sum f}{2}$ 个单位所在的组，即"中位数组"，该组的上、下限就规定了中位数的可能取值范围。

第二，假定在中位数组内的各单位是均匀分布的，就可利用以下公式计算中位数的近似值：

$$M_e = L_{M_e} + \dfrac{\dfrac{\sum f}{2} - S_{M_e-1}}{f_{M_e}} \times d_{M_e} \quad (4\text{-}25)$$

$$= U_{M_e} - \dfrac{\dfrac{\sum f}{2} - S_{M_e+1}}{f_{M_e}} \times d_{M_e} \quad (4\text{-}26)$$

以上两式分别称作中位数的"下限公式"。其中，S_{M_e-1} 是到中位数组前面一组为止的向上累计频数，S_{M_e+1} 则是到中位数组后面一组为止的向下累计频数；$d_{M_e}=U_{M_e}-L_{M_e}$ 为中位数组的组距。

▶ **2. 四分位数**

中位数是从中间点将全部数据等分为两部分。与中位数类似的还有四分位数(quartile)、十分位数(decile)和百分位数(percentile)等。它们分别是用3个点、9个点和99个点将数据四等分、十等分和百等分后各分位点上的值。这里只介绍四分位数的计算，其他分位数与之类似。

一组数据排序后处于25%和75%位置上的值，称为四分位数，也称四分位点。

四分位数是通过3个点将全部数据等分为4部分，其中每部分包含25%的数据。很显然，中间的四分位数就是中位数，因此通常所说的四分位数是指处在25%位置上的数值(下四分位数)和处在75%位置上的数值(上四分位数)。与中位数的计算方法类似，根据未分组数据计算四分位数时，应首先对数据进行排序，然后确定四分位数所在的位置。

设下四分位数为 Q_L，上四分位数为 Q_U，对于未分组的原始数据，各四分位数的位置分别如下。

(1) 未分组数据

$$Q_L \text{ 位置} = \frac{n+1}{4} \qquad Q_U \text{ 位置} = \frac{3(n+1)}{4} \tag{4-27}$$

当四分位数的位置不在某一个位置上时，可根据四分位数的位置，按比例分摊四分位数两侧的差值。

【例 4-23】

在某城市中随机抽取 9 个家庭，调查得到每个家庭的人均月收入数据如下（单位：元），1 500、750、780、1 080、850、960、2 000、1 250、1 630，计算人均月收入的四分位数。

解：Q_L 的位置 $= \frac{n+1}{4} = \frac{9+1}{4} = 2.5$，即 Q_L 在第 2 个数值(780)和第 3 个数值(850)之间 0.5 的位置上，因此

$$Q_L = (780 + 850) \div 2 = 815(\text{元})$$

Q_U 的位置 $= \frac{3(n+1)}{4} = \frac{3 \times (9+1)}{4} = 7.5$，即 Q_U 在第 7 个数值(1 500)和第 8 个数值(1 630)之间 0.5 的位置上，因此

$$Q_U = (1\,500 + 1\,630) \div 2 = 1\,565(\text{元})$$

Q_L 和 Q_U 之间包含了 50% 的数据，因此，我们可以说有一半的家庭人均月收入在 815～1 565 元。

(2) 组距分组数据

$$Q_L \text{ 位置} = \frac{\sum f}{4}, \quad Q_U \text{ 位置} = \frac{3\sum f}{4}$$

数值型分组数据的四分位数的计算公式为：

下四分位数：
$$Q_L = L_L + \frac{\frac{\sum f}{4} - S_L}{f_L} \times i_L \tag{4-28}$$

上四分位数：
$$Q_U = L_U + \frac{\frac{3\sum f}{4} - S_U}{f_U} \times i_U \tag{4-29}$$

4.3.4 各种平均数的比较

▶ 1. 数值平均数与位置平均数的比较

(1) 数值平均数是根据一组数据的全部数值综合计算而得出的，概括反映了所有变量值的平均水平，位置平均数则是以一组数据中全部数值的某些特殊位置上的个别数值为总体的代表性数值。

(2) 数值平均数受一组数据中某些极端值的影响明显，位置平均数则几乎不受极端值变量值的影响。

(3) 数值平均数适合数值型变量，对变量值的量化尺度要求高；位置平均数不仅适合量化程度高的数值型变量，也适合量化程度较低的定性变量，其中众数适合各种类型的变量，包括顺序型变量和分类型变量，分位数更适合顺序型变量。这表明位置平均数的用途更广泛。

▶ 2. 众数、中位数与算术平均数的比较

如图 4-5 所示，如果次数分布是对称的，那么众数、中位数、算术平均数三者必然相等。

（1）如果次数分布向左偏时，说明数据中存在最小值，必然会拉动算术平均数向极小值一方靠，此时

$$\bar{x}<M_e<M_0$$

（2）如果次数分布是右偏时，说明数据中存在最大值，必然会拉动算术平均数向极大值一方靠，此时

$$\bar{x}>M_e>M_0$$

英国统计学家皮尔逊的研究提出，在存在轻微偏斜的情况下，众数、中位数和算术平均数的数量关系的经验公式为：算术平均数和众数的距离约等于算术平均数与中位数距离的 3 倍。

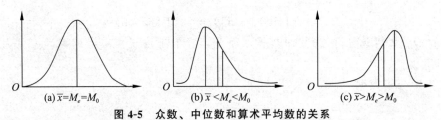

图 4-5　众数、中位数和算术平均数的关系

（3）从对众数、中位数和算术平均数三者之间关系的分析中，可得出如下启示。

在数量数据中，当数据呈现对称分布或近似对称分布时，以算术平均数作为集中趋势的代表值最好；当分布的偏斜程度较大时，算术平均最容易受极端值的影响，且不能很好地反映数据集中趋势，就有必要考虑使用中位数或众数。

（4）计算和应用集中趋势测定指标应注意以下问题。

① 集中趋势的测定指标只能应用于同质总体。集中趋势是指总体中的所有数据向中心靠拢的程度，位置平均数和数值平均数作为总体的特征值，反映的是总体的特征值，以及总体各单位的一般水平和集中趋势，只有在同质总体中应用才有意义，否则就会失真。

② 用组平均数和分配数列补充说明总平均数。平均数是一个高度概括的数值，它抽象了总体中各个数据的差异。为使总体信息既有综合性又能保真，可以用分配数列和各组的平均数来说明总体具体情况，以显示被平均数平均的各单位差异及其分布。

③ 集中趋势指标与离中趋势指标及具体分析相结合。总体除了集中趋势特征外，还具有与集中趋势相反的特征——离散趋势，研究中对总体的不同层面、不同方向的特征值都要进行剖析，相互补充，会使分析更透彻、全面。

4.4 离散程度的测度

4.4.1 测定离散趋势的主要指标及其作用

离散程度是指一组数据远离其中心值的程度,也称为"离中趋势",反映数据之间的变异程度。集中趋势的代表值——平均数,是对数据水平的概括性度量,但其代表性的优劣取决于离散程度的大小。一组数据离散程度越大,其平均数的代表性就越差;离散程度越小,其代表性就越好。因此,要全面描述数据的分布特征,除了要对数据集中趋势加以度量外,还要对数据的差异程度进行度量。因此,为了达到对总体的全面认识,必须从另一个角度,通过计算标准变动度指标,来反映总体各单位存在的数量差异。数据的差异程度就是各变量值远离其中心值的程度,因此也称为离中趋势。

离散程度又称标志变动度,是度量统计分布离散趋势的指标,同时反映了总体中各单位标志值的变异程度和平均数的代表水平。

描述离散程度时常用的测度值有极差、方差、标准差和离散系数等标志变异指标,在实践中有重大的作用。

反映现象总体中变量分布的离中趋势。总体各单位的指标值存在差异,标志变动程度表明总体各单位标志值的分散程度。变量值的差异越大,离中趋势也越大;反之,变量值越小,离中趋势也就越小。

衡量均值的代表性。均值作为总体数量标志的代表值,其代表性取决于总体各数据的差异程度。当总体中各数据的变异程度越大,均值的代表性就越小;反之,总体中各数据的变异程度越小,均值的代表性就越大。

测度现象变动的均匀性或稳定性程度。离散程度能够表明生产过程的节奏性和其他活动的均衡性,可作为企业生产产品质量控制和评价经济管理工作的依据。

4.4.2 极差

极差(range,R)又称全距,既是离散程度最简单的测度值,也是最大和最小观测值之间的距离,还是一组数据的最大值与最小值之差,用 R 表示。计算公式为

$$R = \max(X_i) - \min(X_i) \tag{4-30}$$

在式(4-30)中,$\max(X_i)$、$\min(X_i)$ 分别表示一组数据的最大值与最小值。由于全距是根据一组数据的两个极值表示的,所以全距表明了一组数据数值的变动范围。R 越大,表明数值变动的范围越大,即数列中各变量值差异大;反之,R 越小,表明数值变动的范围越小,即数列中各变量值差异小。

【例 4-24】

根据表 4-1 给出的 40 个同学统计学的考试成绩,其最高成绩为 99 分,最低成绩为 36,则全距为:

$$R = 99 - 36 = 63(分)$$

如果资料经过整理,并形成组距分配数列,全距可近似表示为:

$$R \approx 最高组上限值 - 最低组下限值$$

极差是描述离散程度的最简单度量值,计算简单直观,易于理解,但它仅仅测度了两个端点数值,没有考虑数据的分布特征,不能反映观察值的整个离散程度,特别是当总体存在极端数值时,极差就完全受到极端数值的影响,缺乏全面性。

4.4.3 定类数据离散趋势的测度——异众比率

异众比率(variation ratio)是指非众数组的频数占总频数的比率,用 V_r 表示。其计算公式为:

$$V_r = \frac{\sum f_i - f_m}{\sum f_i} = 1 - \frac{f_m}{\sum f_i} \tag{4-31}$$

其中:$\sum f_i$ 为变量值的总频数;f_m 为众数组的频数。

异众比率的作用是衡量众数对一组数据的代表性程度。异众比率越大,说明非众数组的频数占总频数的比重就越大,众数的代表性就越差;反之,异众比率越小,众数的代表性就越好。异众比率主要用于测度分类数据的离散程度,当然,对于顺序数据也可以计算异众比率。

【例 4-25】

一家市场调查公司为研究不同品牌饮料的市场占有率,对随机抽取的一家超市进行了调查。调查员在某天对 50 名顾客购买饮料的品牌进行了记录,通过整理得到不同品牌饮料的频数分布资料,如表 4-10 所示,要求根据资料计算异众比率。

表 4-10 50 名顾客购买饮料品牌的频数分布

	A	B	C	D
1	饮料品牌	频数	比例	百分比/%
2	可口可乐	15	0.30	30
3	旭日升冰茶	11	0.22	22
4	百事可乐	9	0.18	18
5	汇源果汁	6	0.12	12
6	露露	9	0.18	18
7	合计	50	1.00	100

解:

$$V_r = \frac{\sum f_i - f_m}{\sum f_i} = 1 - \frac{f_m}{\sum f_i} = \frac{50 - 15}{50} = 0.7 \times 100\% = 70\%$$

计算结果说明,在所调查的 50 人当中,购买其他品牌饮料的人数占 70%,异众比率比较大。因此,用"可口可乐"来代表消费者购买饮料品牌的状况,其代表性不是很好。

此外,利用异众比率还可以对不同总体或样本的离散程度进行比较。假定我们在另一个超市对统一问题抽查了 100 人,购买可口可乐的人数为 40 人,则异众比率为 60%。通过比较可知,本次调查的异众比率小于上一次调查,因此,用"可口可乐"作为消费者购买饮料品牌的代表值比上一次调查要好些。

4.4.4 定序数据离散趋势的测度——四分位差

分位差是极差的一种改进,它是从分配数中剔除了一部分极端数值后确定的,反映数据之间差异情况的指标。经常使用的分位差有四分位差(quartile deviation)、八分位差、十六分位差、三十二分位差以及百分位差等,以四分位差最为常见,用 Q_d 表示。

四分位差是在数列中剔除最大和最小各1/4的数据,是第一个和第三个四分位数之间距离的1/2,表明中位数到这两个四分位数的平均距离,说明中位数代表性高低的测量值。四分位差的计算公式为

$$Q_d = Q_U - Q_L \tag{4-32}$$

四分位差反映了中间50%数据的离散程度,其数值越小,说明中间的数据越集中;数值越大,说明中间的数据越分散。此外,由于中位数处于数据的中间位置,因此,四分位差的大小在一定程度上也说明了中位数对一组数据的代表程度。

四分位差主要用于测度顺序数据的离散程度。当然,对于数值型数据也可以计算四分位差,但不适合于分类数据。

【例 4-26】
根据表 4-7 的资料,计算上下四分位数,那么家庭人均月收入的四分位差为:
$$Q_d = Q_U - Q_L = 1\ 565 - 815 = 750$$

4.4.5 数值型数据——方差和标准差

▶ **1. 平均差(mean deviation)**

平均差是各变量值与其算术平均数离差绝对值的平均数,用 M_d 表示。平均差有以下两种计算方法。

(1) 简单平均法

对于未分组资料,采用简单平均法。其计算公式为

$$M_d = \frac{\sum_{i=1}^{n} |x_i - \overline{x}|}{n} \tag{4-33}$$

【例 4-27】
某厂甲、乙两组工人生产某种产品的产量资料,如表 4-11 所示。

表 4-11 平均差计算表

甲 组			乙 组		
生产件数 x	离差 $x-\overline{x}$	离差绝对值 $|x-\overline{x}|$	生产件数 x	离差 $x-\overline{x}$	离差绝对值 $|x-\overline{x}|$
73	−2	2	50	−25	25
74	−1	1	65	−10	10
75	0	0	75	−5	5
76	1	1	85	15	15

续表

甲	组		乙	组	
77	2	2	100	25	25
Σ	0	6	Σ	0	80

根据表 4-11 资料可得

$$\overline{x}_{甲}=\frac{\sum_{i=1}^{n}x_i}{n}=\frac{375}{5}=75(件) \quad M_{D甲}=\frac{\sum_{i=1}^{n}|x_i-\overline{x}|}{n}=\frac{6}{5}=1.2(件)$$

$$\overline{x}_{乙}=\frac{\sum_{i=1}^{n}x_i}{n}=\frac{375}{5}=75(件) \quad M_{D乙}=\frac{\sum_{i=1}^{n}|x_i-\overline{x}|}{n}=\frac{70}{5}=14(件)$$

从计算结果看，甲、乙两组平均生产件数相等，但由于甲组的平均差(1.2件)小于乙组的平均差(16件)，因而其平均数的代表性比乙组大。

(2) 加权平均法

在资料分组的情况下，应采用加权平均法：

$$M_d=\frac{\sum_{i=1}^{k}|x_i-\overline{x}|f_i}{\sum_{i=1}^{k}f_i} \tag{4-34}$$

【例 4-28】

某企业 105 名工人的月工资资料，如表 4-12 所示。

表 4-12 平均差计算表

按月工资分组/元	工人数 f_i	组中值 x_i	离差 $x_i-\overline{x}$	离差绝对值 $|x_i-\overline{x}|$	离差绝对值×权数 $|x_i-\overline{x}|f_i$
400~500	10	450	−181	181	1 810
500~600	30	550	−81	81	2 429
600~700	40	650	19	19	762
700~800	20	750	119	119	2 381
800~900	5	850	219	219	1 095
Σ	105	—			8 476

根据表 4-12 资料可得该企业的月平均工资和平均差为

$$\overline{X}=\frac{450\times10+550\times30+650\times40+750\times20+850\times5}{105}=\frac{66\ 250}{105}=631(元)$$

$$M_d=\frac{8\ 476}{105}=80.7(元)$$

计算结果表明，该企业 105 名工人的月工资水平差异程度平均为 80.7 元。

平均差计算简便，意义明确，而且平均差是根据所有变量值计算的，因此它能够准确地、全面地反映一组数值的变异程度。但是，由于平均差是用绝对值进行运算的，它不适宜于代数形式处理，所以在实际应用中受到很大的限制。

▶ 2. 方差和标准差（variance，standard deviation）

方差是各变量值与其算术平均数离差平方的算术平均数。标准差是方差的平方根。

方差和标准差同平均差一样，也是根据全部数据计算的，反映每个数据与其算术平均数相比平均相差的数值，因此它能准确地反映数据的差异程度。但与平均差不同之处是，计算时的处理方法不同，平均差是取离差的绝对值消除正负号，而方差、标准差是取离差的平方消除正负号，这更便于数学上的处理。因此，方差、标准差是在实际中应用最广泛的离中程度度量值。由于总体的方差、标准差与样本的方差、标准差在计算上有所区别，因此以下分别加以介绍。

（1）总体的方差和标准差。

设总体的方差为 σ^2，标准差为 σ，对于未分组整理的原始资料，方差和标准差的计算公式分别为

$$\sigma^2 = \frac{\sum_{i=1}^{N}(x_i - \overline{x})^2}{n} \tag{4-35}$$

$$\sigma = \sqrt{\frac{\sum_{i=1}^{N}(x_i - \overline{x})^2}{n}} \tag{4-36}$$

对于分组数据，方差和标准差的计算公式分别为

$$\sigma^2 = \frac{\sum_{i=1}^{k}(x_i - \overline{x})^2 f_i}{\sum_{i=1}^{k} f_i} \tag{4-37}$$

$$\sigma = \sqrt{\frac{\sum_{i=1}^{k}(x_i - \overline{x})^2 f_i}{\sum_{i=1}^{k} f_i}} \tag{4-38}$$

【例 4-29】

仍根据表 4-12 所示资料计算方差和标准差，计算过程如表 4-13 所示。

表 4-13 方差和标准差计算表

按月工资分组/元	工人数 f_i	组中值 x_i	离差 $x_i - \overline{x}$	离差平方 $(x_i - \overline{x})^2$	离差平方×权数 $(x_i - \overline{x})^2 f_i$
400～500	10	450	−181	32 761	327 610
500～600	30	550	−81	6 561	196 830
600～700	40	650	19	361	14 440
700～800	20	750	119	14 161	283 220

续表

按月工资分组/元	工人数 f_i	组中值 x_i	离差 $x_i - \overline{x}$	离差平方 $(x_i - \overline{x})^2$	离差平方×权数 $(x_i - \overline{x})^2 f_i$
800～900	5	850	219	47 961	239 805
Σ	105	—	—	—	1 061 905

$$\sigma^2 = \frac{\sum_{i=1}^{k}(x_i - \overline{x})^2 F_i}{\sum_{i=1}^{k} F_i} = \frac{1\ 061\ 905}{105} = 10\ 113.38$$

$$\sigma = \sqrt{\sigma^2} = \sqrt{10\ 113.38} = 100.57(\text{元})$$

(2) 样本的方差和标准差。

样本的方差、标准差与总体的方差、标准差在计算上有所差别。总体的方差和标准差在对各个离差平方平均时是除以数据个数或总频数,而样本的方差和标准差在对各个离差平方平均时是用样本数据个数或总频数减1去除总离差平方和。

设样本的方差为 s^2,标准差为 s,对于未分组整理的原始资料,方差和标准差的计算公式为

$$s^2 = \frac{\sum_{i=1}^{n}(x_i - \overline{x})^2}{n-1} \tag{4-39}$$

$$s = \sqrt{\frac{\sum_{i=1}^{n}(x_i - \overline{x})^2}{n-1}} \tag{4-40}$$

对于分组数据,方差和标准差的计算公式为

$$s^2 = \frac{\sum_{i=1}^{k}(x_i - \overline{x})^2 f_i}{(\sum_{i=1}^{k} f_i) - 1} \tag{4-41}$$

$$s = \sqrt{\frac{\sum_{i=1}^{k}(x_i - \overline{x})^2 f_i}{(\sum_{i=1}^{k} f_i) - 1}} \tag{4-42}$$

【例 4-30】

如果以表 4-12 的数据为样本资料,则计算的样本方差和标准差为

$$s^2 = \frac{\sum_{i=1}^{k}(x_i - \overline{x})^2 f_i}{(\sum_{i=1}^{k} f_i) - 1} = \frac{1\ 061\ 905}{105 - 1} = 10\ 210.63$$

$$s = \sqrt{10\ 210.63} = 101.05(\text{元})$$

这与根据总体的方差和标准差计算公式计算的结果相差不大。当 n 很大时，样本方差 s^2 与总体的方差 σ^2 的计算结果相差很小，这时样本方差也可以用总体方差的公式来计算。

4.4.6 相对离散程度：离散系数

上述介绍的极差(全距)、平均差、方差和标准差都是反映一组数值变异程度的绝对值，其数值的大小，不仅取决于数值的变异程度，而且还与变量值水平的高低、计量单位的不同有关。所以不宜直接利用上述变异指标对不同水平、不同计量单位的现象进行比较，应当先做无量纲化处理，即将上述反映数据的绝对差异程度的变异指标转化为反映相对差异程度的指标，然后再进行对比。

离散系数是反映一组数据相对差异程度的指标，是各变异指标与其算术平均数的比值。例如，将极差与其平均数对比，得到极差系数；将平均差与其平均数对比，得到平均差系数；将标准差与其平均数对比，得到标准差系数。

离散系数是一个无名数，可以用于比较不同数列的变异程度。离散系数通常用 V 表示，常用的离散系数有平均差系数和标准差系数，其计算公式分别为

$$V_M = \frac{M_d}{\bar{x}} \times 100\% \tag{4-43}$$

$$V_\sigma = \frac{\sigma}{\bar{x}} \times 100\% \tag{4-44}$$

【例 4-31】

甲乙两组工人的平均工资分别为 138.14 元、176 元，标准差分别为 21.32 元、24.67 元。两组工人工资水平离散系数计算如下：

$$V_{\sigma甲} = \frac{21.32}{138.14} \times 100\% = 15.43\%$$

$$V_{\sigma乙} = \frac{24.67}{176} \times 100\% = 14.02\%$$

从标准差来看，乙组工人工资水平的标准差比甲组的大，但不能断言，乙组平均工资的代表性小。这是因为两组工人的工资水平处在不同的水平上，所以不能直接根据标准差的大小得出结论。而正确的方法要用消除了数列水平的离散系数比较。从两组的离散系数可以看出，甲组相对的变异程度大于乙组，因而乙组平均工资的代表性要大。

4.5 数据分布偏度与峰度的测定

偏度是对数据分布在偏移方向和程度所作的进一步描述；峰度是用来对数据分布的扁平程度所作的描述。

对于偏斜程度的描述用偏态系数，扁平程度的描述用峰度系数。

集中趋势和离中趋势是数据分布的两个重要特征，但要全面了解数据分布的特点，还需要知道数据分布的形状、偏斜的程度以及分布的扁平程度等。偏态和峰度就是对这些分布特征的描述。

4.5.1 偏态的度量

偏态是对分布偏斜方向及程度的度量。从前面的内容中我们已经知道，频数分布既有对称的，也有不对称的即偏态的。在偏态的分布中，又有两种不同的形态，即左偏和右偏。我们可以利用众数、中位数和算术平均数之间的关系判断分布是左偏还是右偏，但要度量分布偏斜的程度，就需要计算偏态系数了。偏态系数的计算方法很多，这里仅介绍两种。

▶ 1. 由算术平均数与众数之间的关系求偏态系数

任何一个频数分布的算术平均数与众数之间的差异情况，与这个频数分布的形态有固定的关系。若频数分布是对称的，则算术平均数等于众数；若频数分布为右偏，则算术平均数大于众数；若频数分布为左偏，则算术平均数小于众数。用其二者的差量除以标准差，即可求得偏态系数，计算公式为

$$SK = \frac{\overline{X} - M_0}{\sigma} \tag{4-45}$$

当时 $\overline{X} = M_0$ 时，$SK = 0$，大体表明频数分布是对称的；当时 $\overline{X} > M_0$ 时，$SK > 0$，表明频数分布右偏，偏态系数越大，表明右偏程度越大；若 $\overline{X} < M_0$，$SK < 0$，表明频数分布左偏，偏态系数越小，表示左偏程度越大。

▶ 2. 动差法

动差又称矩，原是物理学上用以表示力与力臂对重心关系的术语，这个关系和统计学中变量与权数对平均数的关系在性质上很类似，所以统计学也用动差来说明频数分布的性质。

一般地说，取变量的 a 值为中点，所有变量值与 a 之差的 k 次方的平均数称为变量 X 关于 a 的 K 阶动差。用式子表示为

$$\frac{(x-a)^k}{N}$$

当 $a = 0$ 时，即变量以原点为中心，上式称为 k 阶原点动差，用大写英文字母 M 表示。

一阶原点动差：$M_1 = \dfrac{\sum x}{N}$，即算术平均数

二阶原点动差：$M_2 = \dfrac{\sum x^2}{N}$，即平方平均数

三阶原点动差：$M_3 = \dfrac{\sum x^3}{N}$

……

当 $a = \overline{x}$ 时，即变量以算术平均数为中心，上式称为 k 阶中心动差，用小写英文字母 m 表示。

一阶中心动差：$m_1 = \dfrac{\sum (x - \overline{x})}{N} = 0$

二阶中心动差：$m_2 = \dfrac{\sum(x-\overline{x})^2}{N} = \sigma^2$

三阶中心动差：$m_3 = \dfrac{\sum(x-\overline{x})^3}{N}$

……

需要注意的是，计算各阶原点动差和各阶中心动差，如果依据的资料是分组资料，则应用各组的频数或频率加权平均。由于中心动差计算起来比较繁杂，而计算原点动差相对比较简单，通常多从原点动差来推算中心动差。只要展开中心动差的各项，就容易求得它与原点动差的关系。

$$m_1 = M_1 - M_1 = 0$$
$$m_2 = M_2 - M_1^2$$
$$m_3 = M_3 - 3M_2M_1 + 2M_1^3$$
$$m_4 = M_4 - 4M_3M_1 + 6M_2M_1^2 - 3M_1^4$$

……

采用动差法计算偏态系数是用变量的三阶中心动差 m_3 与 σ^3 进行对比，其计算公式为：

$$\alpha = \dfrac{m_3}{\sigma^3} \tag{4-46}$$

当分布对称时，变量的三阶中心动差 m_3 由于离差三次方后正负相互抵消而取得 0 值，则 $\alpha = 0$；当分布不对称时，正负离差不能抵消，就形成正的或负的三阶中心动差 m_3。当 m_3 为正值时，表示正偏离差值比负偏离差值要大，可以判断为正偏或右偏；反之，当 m_3 为负值时，表示负偏离差值比正偏离差值要大，可以判断为负偏或左偏。$|m_3|$ 越大，表示偏斜的程度就越大。由于三阶中心动差 m_3 含有计量单位，为消除计量单位的影响，就用 σ^3 去除 m_3，使其转化为相对数。同样的，α 的绝对值越大，表示偏斜的程度就越大。

表 4-14 为某地区农民家庭月人均收入数据偏态计算表。

表 4-14　某地区农民家庭月人均收入数据偏态计算表

	A	B	C	D	E	F
1	按月人均收入分组/元	组中值 x_i	户数比重 p_i	$x_i p_i$	$(x_i - \overline{x})^3 p_i$	$(x_i - \overline{x})^4 p_i$
2	1 000～1 200	1 100	0.08	88	−9 761 914.9	4 841 909 780.0
3	1 000～1 200	1 300	0.16	208	−4 149 493.8	1 228 250 153.0
4	1 000～1 200	1 500	0.35	525	−309 657.6	29 727 120.6
5	1 000～1 200	1 700	0.2	340	224 972.8	23 397 171.2
6	1 000～1 200	1 900	0.09	171	2 528 501.8	768 664 535.0
7	1 000～1 200	2 100	0.07	147	8 961 684.5	4 516 688 978.0

续表

	A	B	C	D	E	F
8	1 000~1 200	2 300	0.04	92	13 956 546.6	9 825 408 778.0
9	2 400~2 600	2 500	0.01	25	7 387 632.6	6 678 419 907.0
10	合计	—	1	1 596	18 838 272.0	27 912 466 432.0

注：如表 4-14 所示，表中 p_i 为各组户数在总户数中所占比重，即频率。

根据表 4-14 所示的数据计算：

$$\bar{x} = \sum_{i=1}^{k} x_i \frac{f_i}{\sum_{k=1}^{k} f_i} = \sum_{i=1}^{k} x_i p_i = 1\ 596(元)$$

$$\sigma = \sqrt{\sum_{i=1}^{k}(x_i-\bar{x})^2 \frac{f_i}{\sum_{i=1}^{k} f_i}} = \sqrt{\sum_{i=1}^{k}(x_i-\bar{x})^2 p_i} = 305.26(元)$$

$$m_3 = \sum_{i=1}^{k}(x_i-\bar{x})^3 \frac{f_i}{\sum_{i=1}^{k} f_i} = \sum_{i=1}^{k}(x_i-\bar{x})^3 p_i = 18\ 838\ 272$$

将计算结果代入式(4-46)得：$\alpha = \frac{m_3}{\sigma^3} = \frac{18\ 838\ 272}{(305.26)^3} = 0.662$

从计算结果可以看出，偏态系数为正值，并且数值较大，说明该地区农民家庭月人均收入的分布为右偏分布，即月人均收入较少的家庭占据多数，而月人均收入较高的家庭则占少数，而且偏斜的程度较大。

4.5.2 峰度的度量

峰度是用来衡量分布的集中程度或分布曲线的尖峭程度的指标。其计算公式为

$$\beta = \frac{m_4}{\sigma^4} - 3 \tag{4-47}$$

分布曲线的尖峭程度与偶数阶中心动差的数值大小有直接的关系，m_2 是方差，于是就以四阶中心动差 m_4 来度量分布曲线的尖峭程度。m_4 是个绝对数，含有计量单位，为消除计量单位的影响，将 m_4 除以 σ^4，就得到无量纲的相对数。衡量分布的集中程度或分布曲线的尖峭程度往往是以正态分布的峰度作为比较标准的。在正态分布条件下，$\frac{m_4}{\sigma^4} = 3$，将各种不同分布的尖峭程度与正态分布比较，即 $\frac{m_4}{\sigma^4}$ 减 3，就得到峰度 β 的测定公式。

当峰度 $\beta > 0$ 时，表示分布的形状比正态分布更瘦更高，这意味着分布比正态分布更集中在平均数周围，这样的分布称为尖峰分布，如图 4-6(a)所示；$\beta = 0$ 时，分布为正态分布；$\beta < 0$，表示分布比正态分布更矮更胖，意味着分布比正态分布更分散，这样的分布称为平峰分布如图 4-6(b)所示。

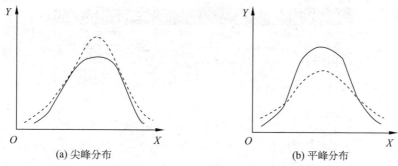

图 4-6　尖峰分布与平峰分布

【例 4-32】

根据例 4-9 中的数据，计算农民家庭月人均收入分布的峰度系数。

根据表 4-7 的计算结果得

$$m_4 = \sum_{i=1}^{k}(x_i-\overline{x})^4 \frac{f_i}{\sum_{i=1}^{k}f_i} = \sum_{i=1}^{k}(x_i-\overline{x})^4 p_i = 27\,912\,466\,431.8$$

$$\beta = \frac{m_4}{\sigma^4} - 3 = \frac{27\,912\,466\,431.8}{(305.26)^4} = 0.21$$

由于 $\beta=0.21>0$，说明该地区农民家庭月人均收入的分布为尖峰分布，说明低收入家庭占有较大的比重。

4.6　Excel 在统计指标计算中的应用

4.6.1　未分组数据统计指标计算

根据表 4-1 提供的某班级 40 名同学统计学的考试成绩，利用 Excel 计算下列指标。

(1) 描述集中趋势的统计指标：算术平均数、中位数、众数。

(2) 描述离散趋势的统计指标：极差、方差、标准差、离散系数。

(3) 描述形态分布的统计指标：偏度系数、峰度系数。

解：

(1) 输入数据

把 40 名学生的考试成绩资料输入工作表"A2：B41"单元格中，在单元格"A1"中输入"序号"，在单元格"B1"中输入"成绩"。

(2) 利用"描述统计"工具计算描述统计指标

第一步，调用"描述统计"工具。单击"数据"|"数据分析"命令，打开"分析工具库"工具，在打开的"描述统计"对话框中进行设置，如图 4-7 所示。

第二步，显示描述统计结果。按下"Enter"键，可得到输出结果，如图 4-8 所示。

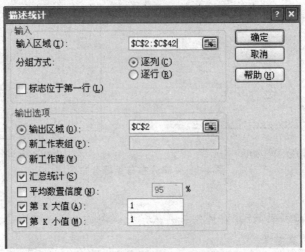

图4-7 "描述统计"对话框

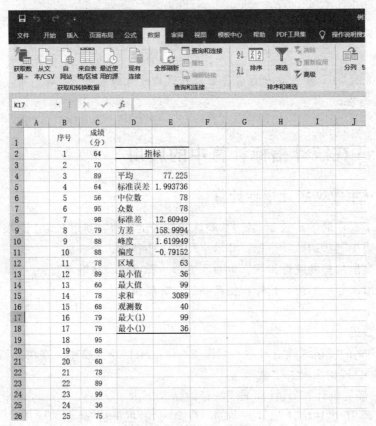

图4-8 描述统计输出结果

4.6.2 已分组数据统计指标计算

根据表4-2提供的40名同学的统计学成绩汇总资料,利用Excel计算平均数、中位数、标准差。

解：

（1）将表 4-2 中的数据输入 Excel 工作表"A1～D8"单元格中，再在单元格"B10"输入公式"＝D8/B8"，按下"Enter"键，即可得到平均值 76.5 分。

（2）由表 4-2 的数据可得，中位数为第 40/2＝20 个标志值，位于第三组，所以在单元格"B11"输入公式"＝70＋((B8/2－H4))/B5＊10"，即可得到中位数 76.25 分。

（3）在单元格"E3""F3""G3"中分别输入"＝C3－\$B\$10""＝E3^2""＝F3＊B3"，按下"Enter"键并将结果填充至单元格"E7""F7""G7"中，即可得到各组的离差、离差平方及离差平方乘以次数，对"G3"到"G7"求和，得到数值 4 110，在单元格"B12"中输入公式"＝(G8/B8)^0.5"，按下 Enter 键，即可得到标准差 10.136 567 分。所得结果及过程如图 4-9 所示。

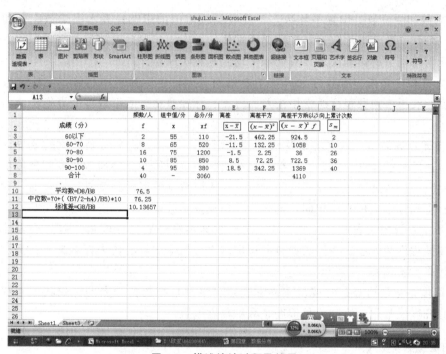

图 4-9　描述统计过程及结果

导入案例分析

用什么样的统计量反映投资的风险

一项投资的预期收益率的变化通常用该项投资的风险来衡量。预期收益率的变化越小，投资风险越低，也就是说，预期收益的标准差或标准差系数越小，则风险越小，反之，亦然。因此，有以下分析结果。

（1）用标准差或者标准系数反映投资的风险大小，当标准差或者标准系数越大时风险越大。

（2）如果选择风险小的股票进行投资，则应该选择商业类股。通过案例中的直方图可以直观地看出，商业股的收益较集中，因此商业股的收益率离散系数小，则选择商业股票。

(3) 如果进行股票投资，考虑高收益，则选择高科技股票；考虑风险，则选择商业股票。对于不同偏好的投资者，他们的选择不同，风险偏好型的投资者就选择高科技股，稳健型的投资者可以选择商业股。

本章小结

本章从三个方面介绍了统计数据分布特征的测度和描述：一是数据分布的集中趋势，二是数据分布的离散程度，三是数据分布的偏度和峰度。

1. 集中趋势是指一组数据向某一中心值靠拢的倾向，它反映了数据聚集的中心所在。集中趋势通常用众数、中位数、算术平均数、调和平均数和几何平均数指标进行描述和测度。

2. 众数和中位数是位置平均数，不受数据极端值的影响；算术平均数、调和平均数与几何平均数是数值平均数，易受数据极端值的影响。其中，极端值对算术平均数影响最大，对几何平均数的影响次之，对调和平均数的影响最小。

3. 离散程度是指一组数据远离其中心值的程度，也称为离中趋势，反映了数据之间变异程度的大小。离散程度通常用极差、方差、标准差和离散系数等变异指标进行描述和测度。

4. 极差计算简单，但它容易受极端值的影响，且不反映中间变量值的差异，因而不能描述数据的离散程度。方差和标准差是在实际中应用最广泛的离散程度的测度值。离散系数是反映一组数据相对变异程度的指标，对不同数据的离散程度进行比较时，如果它们的平均水平和计量单位不尽相同，则需要采用离散系数来比较它们的离散程度。

5. 集中趋势的代表值——平均数，是对数据水平的概括性度量，但其代表性的优劣取决于离散程度的大小。一组数据离散程度越大，其平均数的代表性就越差；离散程度越小，其代表性就越好。

6. 偏度是指数据分布的偏斜方向和程度；峰度是指数据分布的尖峭状况和程度。描述偏度和峰度时常用的测度值是偏度系数和峰度系数。

复习与思考

1. 简答题

(1) 一组数据的分布特征可以从哪几个方面进行测度？
(2) 简述算术平均数、调和平均数与几何平均数的不同。
(3) 简述众数、中位数和算术平均数的特点与应用场合。
(4) 简述极差、方差和标准差、离散系数的应用场合。

2. 计算题

(1) 某公司 50 个企业，生产同种产品，2023 年 1 月对产品质量进行调查，得资料如表 4-15 所示。

计算该产品的平均合格率。

(2) 某公司 50 个企业，生产同种产品，2023 年 1 月对产品质量进行调查，得资料如表 4-16 所示。

表 4-15　某公司 2023 年 1 月对产品质量的调查

合格率/%	企业数/个	实际产量/件
70～80	10	34 000
80～90	25	70 000
90～100	15	36 000
合计	50	140 000

表 4-16　某公司 2023 年 1 月对产品质量的调查

合格率/%	企业数/个	实际产量/件
70～80	10	25 500
80～90	25	59 500
90～100	15	34 200
合计	50	119 200

计算该产品的平均合格率。

(3) 2022 年某月甲、乙两个市场所销售的商品价格、销售量和销售额资料如表 4-17 所示。

表 4-17　甲、乙市场所销售的商品价格、销售量、销售额

商品名称	价格/(元/件)	甲市场销售量/件	乙市场销售额/元
A	105	700	126 000
B	120	900	96 000
C	137	1 100	95 900
合计	—	2 700	317 900

试分别计算各商品在两个市场上的平均价格。

(4) 2022 年某月甲、乙两个市场所销售的商品价格、销售量和销售额资料如表 4-18 所示。

表 4-18　甲、乙市场所销售的商品价格、销售量、销售额

商品名称	价格/(元/件)	甲市场销售额/元	乙市场销售量/件
A	105	73 500	1 200
B	120	108 000	800
C	137	150 700	700
合计	—	332 200	2 700

试分别计算各商品在两个市场上的平均价格。

3. 实训题

(1) 甲、乙两班同时对统计学课程进行测试,甲班平均成绩为 81 分,标准差为 9.5 分;乙班的成绩分组资料如表 4-19 所示。

表 4-19　乙班成绩分组资料

按成绩分组/分	学生人数/人
60 分以下	4
60～70	10
70～80	25
80～90	14
90～100	2

比较甲、乙两班哪个班的平均成绩更有代表性。

(2) 有甲、乙两个品种的粮食作物,经播种实验后得知甲品种的平均产量为 998 斤,标准差为 162.7 斤;乙品种实验的资料如表 4-20 所示。

表 4-20　乙品种的实验资料

亩产量/(斤/亩)	播种面积/亩
900	1.1
950	0.9
1 000	0.8
1 050	1.2
1 100	1.0

试研究两个品种的平均亩产量,以确定哪一品种具有较大稳定性,更有推广价值。

(3) 对 10 名成年人和 10 名幼儿的身高(单位:cm)进行抽样调查,数据如表 4-21 所示。

表 4-21　身高抽样调查数据　　　　　　　　　　　　　单位:cm

成年组	166	169	172	177	180	170	172	174	168	173
幼儿组	68	69	68	70	71	73	72	73	74	75

① 比较成年组和幼儿组的身高差异,你会采用什么的指标测度?为什么?

② 比较分析哪一组的身高差异大。

在线课堂

在线自测

拓展知识:同比与环比

第5章 参数估计

> **学习目标**
>
> 1. 理解统计量与总体参数的关系；
> 2. 理解点估计和区间估计；
> 3. 了解衡量估计量好坏的标准；
> 4. 熟悉几种抽样分布以及中心极限定理；
> 5. 理解置信区间的概念；
> 6. 能够进行总体均值及总体比例的区间估计；
> 7. 能够确定合适的样本量；
> 8. 能利用 Excel 软件进行随机抽样。

案例导入

扇 贝

美国鱼类和野生动物管理局(US Fisheries and Wildlife Service)要求对于任何一次"捕捞"，每只扇贝的平均重量至少为 0.027 8 磅，该要求旨在保护小扇贝。

一艘渔船抵达马萨诸塞州一个港口，船上装着 11 000 袋扇贝，港口负责人随机挑选了 100 袋检查重量。港口员工从每一袋中取出一大勺扇贝，然后用这一大勺扇贝的重量除以扇贝的数量，以此估算袋子中每只扇贝的平均重量。根据用这种方法产生的 100 个样本统计量，港口负责人估算该渔船的每只扇贝平均重量为 0.025 6 磅(也就是说，这些扇贝的平均重量比要求的最低重量大约轻 7%)，样本标准差是 0.02。

联邦政府认定这是违反重量标准的确凿证据，立刻没收了该渔船 95% 的扇贝并随后将其拍卖。

渔船主对美国政府非常不满。船长宣称渔船完全遵守了重量标准，并对政府提出诉讼。他聘请了波士顿一家律师事务所为代表，该律师事务所想请你来评定该渔船主是否有理由对联邦政府提出诉讼。

通过本章的学习，我们将学会如何在日常生活中很好地使用参数估计方法，尤其是区间估计方法。

资料来源：扇贝抽样案例——统计方法的误区[EB/OL].[2023-05-20]. https://wenku.baidu.com/view/a6394d8630126edb6f1aff00bed5b9f3f90f72b4.html?_wkts_=1695104064874&bdQuery=Arnold+Bennett. %E6%89%87%E8%B4%9D%E6%8A%BD%E6%A0%B7%E6%A1%88%E4%BE%8B%E2%80%94%E7%BB%9F%E8%AE%A1%E6%96%B9%E6%B3%95%E7%9A%84%E8%AF%AF%E5%8C%BA.

思考：

(1) 美国鱼类和野生动物管理局采用了什么方法来调查扇贝的重量？

(2) 当扇贝平均重量低于 $\frac{1}{36}$ 磅时，政府就将其没收，这一规定是否存在缺陷？

(3) 是否有更好的程序来确定船长是否违反了重量限制？

章节导言

从数据中提取与研究问题有关的信息，并利用它得到关于现实世界的结论的过程称作统计推断。参数估计是统计推断的重要内容之一。统计推断的另一个主要内容是下一章要介绍的假设检验。

尽管样本中的信息并不完全，来自样本的结果一般不等于总体真实值，但我们还是经常采用样本数据。之所以用样本代替总体进行研究，原因在于在通常情况下对总体进行全面调查是不可行的，或者对总体进行调查过于费时，费用过高，或者检验可能是破坏性的。本章将介绍基于抽样调查的总体参数估计方法，包括点估计和区间估计。在抽样调查的实际应用中，究竟要检查多少件产品才能够确信一批产品的质量达到了某个水平呢？一个公司到底需要了解多少位顾客的意见才能准确了解顾客的满意度呢？我们需要确定一个合适的样本量，本章也将介绍确定样本量的一些方法。

课程思政

科学思维养成

科学思维，也叫科学逻辑，包括理论思维、实验思维和计算思维。科学思维是运用于科学认识活动，对感性认识材料进行加工处理的方式与途径的理论体系；它是真理在认识的统一过程中对各种科学的思维方法的有机整合，是人类实践活动的产物。

在科学认识活动中，科学思维必须遵守3个基本原则：在逻辑上要求严密的逻辑性，达到归纳和演绎的统一；在方法上要求辩证地分析和综合两种思维方法；在体系上实现逻辑与历史的一致，达到理论与实践的具体的历史的统一。

在参数估计的学习过程中，在认识抽样方法的基础上，理解重复抽样和不重复抽样条件下样本的抽样分布和抽样误差，进而掌握参数估计的实现方法，在抽丝剥茧过程中逐步把握参数估计的本质和规律，通过将分析和综合相结合，逐步养成科学的思维方法。

5.1 参数估计的基本原理

交通拥堵已经成为西安市一个令人头痛的问题，有关部门想了很多办法，比如对机动车限行。若想了解西安市民对机动车限行的办法是赞同还是反对，就需要进行调查，调查对象是所有西安市民，调查目的是希望知道市民对机动车限行持赞同或反对意见者所占的比例。如果采取对1 300多万名西安市民逐个访问的形式来实现也没有必要，但可以抽取一部分市民来了解他们的看法，测算这些市民赞同或反对机动车限行的比例，借此对全体市民的态度做出判断。这个例子涉及的是参数估计问题。

参数估计是统计推断的重要内容之一。它是在抽样调查的基础上，根据样本统计量推断总体的参数的一种统计方法。参数估计涉及以下几个概念。

5.1.1 总体和样本

总体也称全及总体，它是我们要认识研究对象的全体。我们想要知道西安市民对机动车限行持有的态度，西安市的全体市民就是总体。总体中的单位数通常是很大的，甚至是无限的，一般用 N 表示总体的单位数。

样本又称子样，它是从全及总体中随机抽取的一个总体的代表团。上例中，从全体西安市民中抽取的一部分市民就称作样本。样本的单位数是有限的，通常用 n 表示。需要指出的是，总体是确定的、唯一的，但总体中可供抽取的样本不只一个，它属于随机变量，在没有抽中之前，任何一个待选样本都有被抽到的可能。

5.1.2 参数和统计量

参数又称总体参数，是总体的数量特征。在西安市民中，赞成机动车限行的市民占全体市民百分比就是一个参数。需要指出的是，总体参数是确定的值，但它是未知数。我们知道在全体市民中有一部分市民是赞成机动车限行的，赞成限行的市民占全体市民的百分比是一个确定的真实值，但这个值具体是多少，我们不知道，这就需要通过样本数据对其进行估计。一个总体常常有多个未知的参数，这些参数从各个不同的角度反映总体分布的基本情况和特征，我们通常最关心的有两个参数：一个是反映总体各单位分布的集中趋势值，另一个是反映总体分布的离散趋势值，这两个参数就是总体的均值和方差。

统计量是样本的数量特征。在样本中，赞成机动车限行的西安市民所占百分比就是一个统计量。样本统计量是根据样本数据测算出来的，它随样本的不同而变化，因此是随机变量。比如，我们随机抽取一个 1 300 名市民的样本，其中赞成机动车限行的市民占 60%，如果我们碰巧抽取的是另一个 1 300 名市民的样本，那么其中赞成机动车限行的市民就是 40%。样本统计量一方面表示样本本身的分布状况和特征，另一方面也表示总体参数的估计量。

常用的总体参数和样本统计量如表 5-1 所示。

表 5-1 常用的总体参数和样本统计量

	总 体 参 数	样 本 统 计 量
平均数	$\mu = \dfrac{\sum X}{N}$ 或 $\dfrac{\sum XF}{\sum F}$	$\bar{x} = \dfrac{\sum x}{n}$ 或 $\dfrac{\sum xf}{\sum f}$
比例	$P = \dfrac{N_1}{N}$ $Q = 1 - P$	$p = \dfrac{n_1}{n}$ $q = 1 - p$
方差	$\sigma^2 = \dfrac{\sum(X-\bar{X})^2}{N}$ 或 $\dfrac{\sum(X-\bar{X})^2 F}{\sum F}$ $\sigma_P^2 = PQ = P(1-P)$	$s^2 = \dfrac{\sum(x-\bar{x})^2}{n-1}$ 或 $\dfrac{\sum(x-\bar{x})^2 f}{\sum f}$ $\sigma_p^2 = pq = p(1-p)$

5.1.3 样本容量和样本数目

样本容量是一个样本包含的单位数,一般用 n 表示。比如我们抽取一个 1 300 名西安市民的样本,样本容量为 1 300。通常认为 $n \geq 30$ 为大样本,$n < 30$ 为小样本。

样本数目又称样本个数,是指按照一定的抽样方法和抽样组织形式,从总体中随机抽取样本容量为 n 的样本时,总体中可供选择的样本的数量,比如从西安市全体市民中抽取一个 1 300 名市民的样本,总体中每 1 300 人的一个组合都是一个待选样本,这样的 1 300 人组合可以有多个,样本数目一般用 M 表示。

一个总体有多少个待选样本,则样本某个统计量就有多少个取值。比如我们要统计样本中赞成机动车限行的比例是多少,每个 1 300 人组合的样本中,赞成机动车限行的比例都不会是完全一样的,有的大,有的小,大大小小的统计量的值形成该统计量的分布,此分布是抽样推断的基础。

5.1.4 重复抽样与不重复抽样

重复抽样又称重置抽样或有放回抽样,它是指在抽取样本时,从总体中随机抽取一个单位,把结果记录下来,将其放回参加下一次抽取,下次抽取是在完全相同的条件下进行,同一单位也有被重复抽取的可能性。重复抽样条件下总体中的每个单位被抽取的机会完全相等。从 N 个单位中随机抽取 n 个单位组成样本有 N^n 种抽法。

不重复抽样又称不重置抽样或无放回抽样,它是指在抽取样本时,从总体中随机抽取一个单位,观察记录以后就不再放回总体中,下一次是从剩下的 $N-1$ 个单位中抽取第二个单位,依此类推,最后从剩下的 $N-n+1$ 个单位中抽取第 n 个单位为止。不重复抽样每次抽取的结果影响下一次抽取,因而每个单位的中选机会在各次抽取中是不同的。从 N 个单位中随机抽取 n 个单位组成样本,如果不考虑顺序共有 C_N^n 种抽法。

5.1.5 点估计和区间估计

点估计是指用样本统计量的取值直接作为总体参数的估计值。比如,用样本均值直接作为总体均值的估计值,用样本比例直接作为总体比例的估计值,用样本方差直接作为总体方差的估计值等。假如从西安市民中抽取 1 300 人做样本,测得赞成机动车限行的市民占 55%,就将 55% 直接作为全体西安市民赞成机动车限行的估计值。

虽然在重复抽样条件下,点估计的均值可望等于总体真值,但由于样本的抽取是随机的,抽出一个具体的样本得到的估计值很可能不同于总体真值,这就存在估计值是否可靠的问题。而可靠性是由抽样标准误差来衡量的,这表明一个具体的点估计值无法给出估计的可靠性,因此就不能完全依赖一个点估计值,而是围绕点估计值构造总体参数的一个区间,进行区间估计。

区间估计是指在点估计的基础上,给出总体参数值一个区间范围,该区间范围通常由样本统计量加减估计误差得到。与点估计不同,进行区间估计时,要根据样本统计量的分布对样本统计量与总体参数的接近程度给出一个概率度量。

5.1.6 抽样估计的理论依据

抽样估计是指通过样本统计量对总体参数进行推算,这样,统计量与被估算的总体参数之间的关系，就是推算的关键。抽样推断是以概率论的基本理论之一的极限定理为基础的，极限定理就是采用极限的方法得出随机变量概率分布一系列定理的总称，其内容广泛，其中的大数定律和中心极限定理为抽样估计提供了主要的数学依据。

▶ 1. 大数定律

大数定律是指一切关于大量随机现象平均结果稳定性的定理，包含马尔可夫定理、辛钦定理、切比雪夫定理、伯努利定理、泊松定理等，它为均值稳定性的存在及整个抽样估计提供了最基本的理论依据。

大数定律的本质是尽管单个随机现象的具体表现不可避免地引起随机偏差，然而在大量随机现象共同作用时，由于这些随机偏差互相抵消，致使总的平均结果趋于稳定。

▶ 2. 中心极限定理

中心极限定理是指在一定的条件下，大量相互独立的随机现象的概率分布以正态分布为极限的定理。因正态分布在概率论中占有中心地位，所以把以正态分布为极限的定理叫作中心极限定理。

中心极限定理表明，在实际问题中，随机变量不论来自什么样分布的总体，都可用正态分布的理论来说明和估计平均数的问题。当然原分布与正态分布的差异越大，抽样数目就越多，这样才能保证平均数的分布接近正态分布。

大数定律揭示了大量随机变量的平均结果，但并没有涉及随机变量的分布规律。而中心极限定理则说明了许多随机变量的分布是正态或近似正态的，这就可以简化抽样估计中许多统计量的分布问题，所以它是统计学中的重要工具之一。

5.2 抽样分布

5.2.1 抽样分布的概念

样本统计量的所有可能取值及其概率所形成的概率分布称为抽样分布。某个样本统计量(如均值、比例、方差等)的抽样分布，从理论上说就是在重复选取容量为 n 的样本时，由每一个样本算出的该统计量数值的相对频数分布或概率分布。

5.2.2 样本均值的抽样分布

▶ 1. 在重复抽样下样本均值的抽样分布

若总体服从均值为 μ，方差 σ^2 为的正态分布，则从总体中抽取的样本均值仍然服从正态分布，如果总体不是正态分布，根据中心极限定理，随着样本容量的增加，$\overline{X}$ 的抽样分布近似服从正态分布。

【例 5-1】

2022 年 1 月，有 5 名销售员 A、B、C、D、E 的销售额分别为 20 万元、25 万元、30 万元、35 万元、40 万元。若以该 5 名销售员为总体，可算出这一总体的均值 $\mu=30$ 万元，方差 $\sigma^2=50$ 万元。

现假设总体参数未知，采取重复抽样方式，随机抽取 2 人为样本，求样本均值的平均数及样本平均数的方差。

解：采取重复抽样方法，从 5 人中抽取 2 人，可以组成 25 个待选的样本，每个样本被抽取的概率为 1/25。将各个样本均值及其相应的抽中概率依次排列，便形成了样本均值的抽样分布，如表 5-2 所示。

表 5-2 人均月销售额 $\bar{x}_i$ 重复抽样分布

样 本	样本均值 $\bar{x}_i$/万元	次数 f_i
(A，A)	20	1
(A，B)(B，A)	22.5	2
(A，C)(B，B)(C，A)	25	3
(A，D)(B，C)(C，B)(D，A)	27.5	4
(A，E)(B，D)(C，C)(D，B)(E，A)	30	5
(B，E)(C，D)(D，C)(E，B)	32.5	4
(C，E)(D，D)(E，C)	35	3
(D，E)(E，D)	37.5	2
(E，E)	40	1
合计	—	25

样本均值的均值 $\bar{\bar{x}} = \dfrac{\sum_{i=1}^{n} x_i f_i}{\sum_{i=1}^{n} f_i} = 30$（万元）

样本均值的方差 $\sigma_{\bar{x}}^2 = \dfrac{\sum_{i=1}^{n}(\bar{x} - \bar{\bar{x}})^2 f_i}{\sum_{i=1}^{n} f_i} = 25$（万元）

样本均值的标准差 $\sigma_{\bar{x}} = 5$（万元）

由计算可知，样本均值的均值正好等于总体均值，样本均值的方差为总体方差的 $\dfrac{1}{n}$，即 $\sigma_{\bar{x}} = \dfrac{\sigma^2}{n} = \dfrac{50}{2} = 25$。

上述计算表明，总体均值 μ 与样本均值 $\bar{x}$，总体方差 σ^2 与样本均值的方差 $\sigma_{\bar{x}}^2$ 之间存在一定的数量关系。

（1）样本均值的数学期望等于总体均值，或者说，样本平均数的平均数等于总体平均数，即

$$\bar{\bar{x}} = \mu \tag{5-1}$$

这说明样本平均数在平均的意义上等于总体的平均数。如果总体的平均数未知时，可以考虑用样本平均数代表总体平均数。

（2）样本均值的方差是总体方差的 $\dfrac{1}{n}$，即

$$\sigma_{\bar{x}}^2 = \frac{\sigma^2}{n} \qquad (5\text{-}2)$$

当我们用样本均值去估计总体均值时，必然产生抽样误差，若总体方差 σ^2 是已知的，则可以度量以样本均值 $\bar{x}$ 估计总体均值 μ 而产生的抽样误差。

▶ 2. 在不重复抽样下样本均值的抽样分布

在不重复抽样下，每次抽样的条件发生了变化，使得样本中 $x_1, x_2, \cdots, x_n$ 各变量不相互独立。

【例 5-2】

有 5 名售货员 A、B、C、D、E 的销售额分别为 20 万元、25 万元、30 万元、35 万元、40 万元。若以这 5 名售货员为总体，可算出这一总体的均值 $\mu=30$ 万元，方差 $\sigma^2=50$ 万元。

现用不重复抽样方法抽取两名销售员构成样本，共有 $5 \times 4 = 20$ 个样本，如表 5-3 所示。求样本平均数的平均数、样本平均数的方差和标准差。

表 5-3 人均月销售额 $(\bar{x}_i)$ 不重复抽样分布

样　　本	样本均值 $\bar{x}_i$/万元	次数 f_i/次
(A，B)(B，A)	20	2
(A，C)(C，A)	25	2
(A，D)(B，C)(C，B)(D，A)	27.5	4
(A，E)(B，D)(D，B)(E，A)	30	4
(B，E)(C，D)(D，C)(E，B)	32.5	4
(C，E)(E，C)	35	2
(D，E)(E，D)	37.5	2
合计	—	20

解： 样本均值的均值 $\bar{\bar{x}} = \dfrac{\sum\limits_{i=1}^{n} x_i f_i}{\sum\limits_{i=1}^{n} f_i} = 30$（万元）

样本均值的方差 $\sigma_{\bar{x}}^2 = \dfrac{\sum\limits_{i=1}^{n} (\bar{x}_i - \bar{\bar{x}})^2 f_i}{\sum\limits_{i=1}^{n} f_i} = 18.75$（万元）

样本均值的标准差 $\sigma_{\bar{x}} = 4.33$（万元）

以上计算结果表明：

(1) 在不重复抽样中，样本平均数的平均数仍然等于总体平均数。

(2) 不重复抽样时，样本平均数的方差等于重复抽样的样本平均数的方差乘修正因子 $\dfrac{N-n}{N-1}$，即在不重复抽样的情况下，样本平均数的方差为

$$\sigma_{\bar{x}}^2 = \frac{\sigma^2}{n} \times \left(\frac{N-n}{N-1}\right) \tag{5-3}$$

将例 5-2 数据代入式(5-3)，则 $\sigma_{\bar{x}}^2 = \frac{50}{2} \times \left(\frac{5-2}{5-1}\right) = 18.75$（万元）。

修正因子 $\frac{N-n}{N-1}$ 也称为有限总体的校正系数，在通常情况下，N 很大，$N-1$ 几乎等于 N，所以修正因子可简化为 $1 - \frac{n}{N}$，$\frac{n}{N}$ 称为抽样比，若样本容量 n 相对于 N 很小，则抽样比就很小，这时每次抽样的条件仅仅发生微小的变化，这微小的变化可以忽略不计。在实际工作中，当抽样比小于 5% 时，$1 - \frac{n}{N}$ 也近似为 1。

（3）若从有限总体中不重复抽样，只要样本容量足够大（如 $n \geq 30$），样本均值的抽样分布就近似地服从均值为 μ，方差为 $\frac{\sigma^2}{n} \times \left(\frac{N-n}{N-1}\right)$ 的正态分布。

5.2.3 样本比例的抽样分布

▶ 1. 在重复抽样下样本比例的抽样分布

在统计实践中，需要调查的变量不仅有平均数，还有比例（成数），如调查产品中的废品率、工人出勤率、工时利用率等，还需要对这种总体中具有某种特征或标志的单位在总体中所占比例做出推断，这个比例称为总体比例或成数，记作 P，总体成数的方差为 $P(1-P)$。

由样本平均数的抽样分布性质可以推广到样本比例的分布。根据中心极限定理，当样本容量足够大时，样本比例的抽样分布近似为正态分布。在重复抽样下，样本比例的抽样分布的平均数和方差分别为

$$\bar{\bar{p}} = P \tag{5-4}$$

$$\sigma_p^2 = \frac{P(1-P)}{n} \tag{5-5}$$

可见，样本比例的平均数等于总体比例，样本比例的方差是总体方差的 $\frac{1}{n}$。

▶ 2. 在不重复抽样下样本比例的抽样分布

我们已经知道在重复抽样和不重复抽样情况下样本平均数的抽样分布，样本比例的抽样分布情况与平均数类似，两者的区别仅在于方差的计算公式不同，即在不重复抽样下，样本比例抽样分布的均值和方差分别为

$$\bar{p} = P \qquad \sigma_p^2 = \frac{P(1-P)}{n}\left(\frac{N-n}{N-1}\right) \tag{5-6}$$

以上公式表明：

（1）在不重复抽样中，样本比例的平均数等于总体比例。

（2）不重复抽样的样本比例的方差等于重复抽样的样本比例方差乘修正因子 $\frac{N-n}{N-1}$。

通过对上述两种不同的抽样方法及其抽样分布的讨论，将所得结果列表，如表 5-4 所示。

表 5-4 在重复抽样和不重复抽样下样本统计量计算公式

抽样方法	样本平均数		样本比例	
	平 均 数	方 差	平 均 数	方 差
重复抽样	$\overline{\overline{x}} = \mu$	$\sigma_{\overline{x}}^2 = \dfrac{\sigma^2}{n}$	$\overline{\overline{p}} = P$	$\sigma_p^2 = \dfrac{P(1-P)}{n}$
不重复抽样	$\overline{\overline{x}} = \mu$	$\sigma_{\overline{x}}^2 = \dfrac{\sigma^2}{n}\left(\dfrac{N-n}{N-1}\right)$	$\overline{\overline{p}} = P$	$\sigma_p^2 = \dfrac{P(1-P)}{n}\left(\dfrac{N-n}{N-1}\right)$

5.3 抽样误差

5.3.1 抽样误差的概念

抽样误差是指由于抽取样本的随机性而导致的样本结构与总体结构不一致，从而产生的样本指标与总体指标之间的绝对离差。表示如下：

$$\overline{x} - \mu = \Delta \overline{x}, \quad p - P = \Delta p$$

其中：μ 为总体平均值；P 为总体成数。

抽样误差又可分为抽样实际误差与抽样平均误差。

▶ 1. 抽样实际误差

抽样实际误差是指每次抽样所得的样本指标与总体指标之间的离差，它随着样本的不同而不同，是一个随机变量，即有多少种可能的样本就有多少种可能的实际抽样误差。因此，在抽样估计中要结合所有可能的样本来研究所有可能的实际抽样误差。但是在现实的抽样估计中，抽样实际误差是不可能得到的，因为总体参数 μ 或 P 是未知数。

▶ 2. 抽样平均误差

抽样平均误差是指所有可能出现的样本统计量的标准差。抽样平均误差既反映了样本统计量与总体参数的平均离差程度，也反映了样本统计量对总体参数的代表性的大小。平均误差越大，样本对总体的代表程度越低；反之，平均误差越小，样本对总体的代表程度越高。由于实际误差不可能得到，我们只能用抽样平均误差代表抽样误差，本章后面提到的抽样误差均指抽样平均误差。

5.3.2 抽样平均误差的计算

▶ 1. 抽样平均误差的定义公式

根据抽样平均误差的定义，我们可列出抽样平均误差的定义公式。

抽样平均数的抽样误差：

$$\mu_{\overline{x}} = \sqrt{\dfrac{\sum_{i=1}^{m}(\overline{x}_i - \mu)^2}{M}} \tag{5-7}$$

抽样成数的抽样误差：

$$\mu_p = \sqrt{\frac{\sum_{i=1}^{m}(p_i - P)^2}{M}} \tag{5-8}$$

其中：M 为可供选择样本数目。

该公式仅仅表明了抽样平均误差的含义。由于总体参数 μ、P 未知，也由于不可能把所有的待选样本的统计量全都算出来，所以抽样平均误差不可能也没必要按照定义公式来计算，在实际工作中都是根据概率论和数理统计的有关理论来推导其计算公式的。

▶ 2. 抽样平均误差的应用公式

根据概率论和数理统计的有关理论，经证明发现抽样平均误差与总体方差之间存在一定的数量关系，根据这种数量关系所构造的抽样平均误差应用公式如下：

(1) 样本平均数的抽样平均误差

① 重复抽样：

$$\mu_{\bar{x}} = \sqrt{\frac{\sigma^2}{n}} = \frac{\sigma}{\sqrt{n}} \tag{5-9}$$

② 不重复抽样：

$$\mu_{\bar{x}} = \sqrt{\frac{\sigma^2}{n}\left(\frac{N-n}{N-1}\right)} \tag{5-10}$$

在大样本情况下，公式中的修正因子 $\frac{N-n}{N-1}$ 可简化为 $1-\frac{n}{N}$，式(5-10)可写成下面公式：

$$\mu_{\bar{x}} = \sqrt{\frac{\sigma^2}{n}\left(1-\frac{n}{N}\right)} \tag{5-11}$$

注意：在实际计算抽样平均误差时，当总体标准差 σ 未知时，可以用样本标准差 s 来代替 σ。

以下以总体平均数的估计为例，验证定义公式和应用公式计算结果的一致性。

【例 5-3】

5 名销售员 2022 年 1 月份销售额分别为 20 万元、25 万元、30 万元、35 万元、40 万元，若分别按重复和不重复抽样方法从 5 人中随机抽取 2 人组成一个样本，用样本平均销售额估计总体销售额。试计算样本平均数的抽样平均误差。

解： 这一总体的平均数和标准差分别为

$$\mu = \frac{\sum X}{N} = \frac{150}{5} = 30(万元)$$

$$\sigma = \sqrt{\frac{\sum(X-\mu)^2}{N}} = \sqrt{\frac{250}{5}} = 7.07(万元)$$

① 在重复抽样条件下，($N=5$，$n=2$，$M=25$) 所有可能的样本及样本平均销售额及其抽样平均误差如表 5-5 和表 5-6 所示。

表 5-5　重复抽样可能的样本及样本平均销售额　　　　　单位：万元

销售额/万元	20	25	30	35	40
20	20	22.5	25	27.5	30
25	22.5	25	27.5	30	32.5
30	25	27.5	30	32.5	35
35	27.5	30	32.5	35	37.5
40	30	32.5	35	37.5	40

表 5-6　重复抽样样本平均数的抽样平均误差

样本序号	$\overline{x}_i$/万元	f_i	$\overline{x}-\mu$/万元	$(\overline{x}_i-\mu)^2 f_i$
1	20	1	−10	100
2	22.5	2	−7.5	112.5
3	25	3	−5	75
4	27.5	4	−2.5	25
5	30	5	0	0
6	32.5	4	2.5	25
7	35	3	5	75
8	37.5	2	7.5	112.5
9	40	1	10	100
合计	—	25	—	625

样本平均数的抽样平均误差为

$$\mu_{\overline{x}} = \sqrt{\frac{\sum_{i=1}^{m}(\overline{x}_i-\mu)^2 f_i}{\sum_{i=1}^{m} f_i}} = \sqrt{\frac{625}{25}} = 5(\text{万元}) \quad \text{（用定义公式计算）}$$

$$\mu_{\overline{x}} = \sqrt{\frac{\sigma^2}{n}} = \frac{\sigma}{\sqrt{n}} = \frac{7.07}{\sqrt{2}} = 5(\text{万元}) \quad \text{（应用公式计算）}$$

② 在不重复抽样条件下，($N=5$，$n=2$，$M=20$) 所有可能的样本与样本平均销售额及其抽样平均误差如表 5-7 和表 5-8 所示。

表 5-7　不重复抽样可能的样本与样本平均销售额　　　　　单位：万元

销售额/万元	20	25	30	35	40
20	—	22.5	25	27.5	30
25	22.5	—	27.5	30	32.5
30	25	27.5	—	32.5	35

续表

销售额/万元	20	25	30	35	40
35	27.5	30	32.5	—	37.5
40	30	32.5	35	37.5	—

表 5-8 不重复抽样样本平均数的抽样平均误差

样本序号	$\overline{x}_i$/万元	f_i	$\overline{x}_i - \mu$/万元	$(\overline{x}_i - \mu)^2 f_i$
1	22.5	2	−7.5	112.5
2	25	2	−5	50
3	27.5	4	−2.5	25
4	30	4	0	0
5	32.5	4	2.5	25
6	35	2	5	50
7	37.5	2	7.5	112.5
合计	—	20	—	375

$$\mu_{\overline{x}} = \sqrt{\frac{\sum_{i=1}^{m}(\overline{x}_i - \mu)^2 f_i}{\sum_{i=1}^{m} f_i}} = \sqrt{\frac{375}{20}} = 4.33 \quad (\text{用定义公式计算})$$

$$\mu_{\overline{x}} = \sqrt{\frac{\sigma^2}{n}\left(\frac{N-n}{N-1}\right)} = \sqrt{\frac{7.07^2}{2}\left(\frac{5-2}{5-1}\right)} = \sqrt{\frac{49.98 \times 3}{2 \times 4}} = 4.33 \quad (\text{应用公式计算})$$

比较上述计算过程可以看出，运用定义公式和应用公式计算的抽样平均误差结果一样，但是在实际工作中用定义公式计算抽样平均误差是不可能的，因为总体均值 μ 是未知数，另外我们也不可能像例子中那样把所有可供选择的样本一一全都抽出来。定义公式的作用只有一个，那就是阐明抽样平均误差的概念，即抽样平均误差是所有实际误差的平均数，是所有实际误差的代表值。今后我们都用应用公式计算抽样平均误差。

（2）样本比例的抽样平均误差

① 重复抽样：

$$\mu_p = \sqrt{\frac{P(1-P)}{n}} \tag{5-12}$$

② 不重复抽样：

$$\mu_p = \sqrt{\frac{P(1-P)}{n}\left(1 - \frac{n}{N}\right)} \tag{5-13}$$

在实际计算抽样平均误差时，当总体比例 P 未知时，可用样本比例 p 来代替 P。

【例 5-4】

要估计某高校 10 000 名在校生的近视率，现随机从中抽取 400 名，检查有近视眼的学生 320 名，试计算样本近视率的抽样平均误差。

解： 根据已知条件：

$$p = \frac{n_1}{n} = \frac{320}{400} = 80\%$$

① 在重复抽样条件下，样本近视率的抽样平均误差：

$$\mu_p = \sqrt{\frac{P(1-P)}{n}} = \sqrt{\frac{p(1-p)}{n}} = \sqrt{\frac{0.8 \times 0.2}{400}} = 2\%$$

② 在不重复抽样条件下，样本近视率的抽样平均误差：

$$\mu_p = \sqrt{\frac{p(1-p)}{n}\left(1-\frac{n}{N}\right)} = \sqrt{\frac{0.8 \times 0.2}{400}\left(1-\frac{400}{10\,000}\right)} = 1.96\%$$

计算结果表明，用样本的近视率来估计总体的近视率其抽样平均误差为 2% 左右。

(3) 影响抽样（平均）误差的因素。

① 总体标志变异程度的大小。总体变异程度与抽样误差大小成正比关系，即总体各单位之间差异越大，抽样误差越大；反之，总体差异程度越小，抽样误差就越小。可以设想，若总体各单位之间无差异时，无论随机抽取哪一个样本，其样本指标和总体指标都是一样的，抽样误差为 0。

② 样本容量的大小。在其他条件不变时，样本容量越大，其对总体的代表性越高，抽样误差越小；样本容量与抽样误差成反比关系。例如，要使抽样误差减少为原来的一半，则样本容量为原来的 4 倍。

③ 抽样方法的不同。在重复抽样条件下的抽样误差大于在不重复抽样的条件下的抽样误差，因为在重复抽样时，同一总体单位存在再次被抽中的可能性，若该单位的标志值极大或极小时，则会影响样本指标的水平。

④ 抽样的组织形式。抽样的组织形式不同，抽样误差也不同。可以证明在类型抽样和等距抽样条件下的抽样误差一般小于在简单随机抽样和整群抽样条件下的抽样误差。

5.3.3 抽样极限误差

我们知道，以样本统计量来估计总体参数，要做到完全准确几乎是不可能的。用样本统计量估计总体参数，必须考虑抽样误差的大小，误差越大，抽样估计的价值越小。但误差也不是越小越好，因为在一定限度之后减少抽样误差势必增加很多成本。因此在做估计时，需要确定一个可允许的误差范围，这种在一定概率下抽样误差的可能范围，即为抽样极限误差（又称为允许误差或抽样误差范围）。一般用 Δ 表示抽样极限误差。

样本平均数的抽样极限误差：

$$\Delta_{\overline{x}} = |\overline{x} - \mu| \tag{5-14}$$

样本比例的抽样极限误差：

$$\Delta_p = |p - P| \tag{5-15}$$

式(5-14)和式(5-15)可改写成以下两个不等式，即

$$\overline{x} - \Delta_{\overline{x}} \leqslant \mu \leqslant \overline{x} + \Delta_{\overline{x}}，\text{或}(\overline{x} - \Delta_{\overline{x}}, \overline{x} + \Delta_{\overline{x}}) \tag{5-16}$$

为总体平均数的区间估计（置信区间）；

$$p - \Delta_p \leqslant P \leqslant p + \Delta_p，\text{或}(p - \Delta_p, p + \Delta_p) \tag{5-17}$$

为总体比例的区间估计(置信区间)。

【例 5-5】

要估计某乡粮食亩产量和总产量,从该乡 2 万亩粮食作物中抽取 400 亩,求得其平均亩产量为 400 公斤。如果确定抽样极限误差为 5 公斤,试估计该乡粮食亩产量和总产量所在的置信区间。

$$\bar{x}=400 \quad \Delta_{\bar{x}}=5$$

即该乡粮食亩产量的区间落在 400±5 公斤的范围内,即 395~405 公斤。

粮食总产量在 20 000×(400±5)公斤,即 790 万~810 万公斤。

【例 5-6】

要估计某高校 10 000 名在校生的近视率,现随机从中抽取 400 名,计算的近视率为 80%,如果确定允许误差范围为 4%,试估计该高校在校生近视率所在的置信区间。

$$p=80\% \quad \Delta_p=4\%$$

该校学生近视率的区间落在 80%±4%的范围内,即 76%~84%。

5.3.4 概率度

基于理论上的要求,抽样极限误差需要用抽样平均误差 $\mu_{\bar{x}}$ 或 μ_p 为标准单位来衡量,即用抽样极限误差 $\Delta_{\bar{x}}$ 或 Δ_p 除以 $\mu_{\bar{x}}$ 或 μ_p,得出抽样平均误差的倍数 t,t 称为抽样误差的概率度。于是有

$$\Delta_{\bar{x}}=t\mu_{\bar{x}}$$
$$\Delta_p=t\mu_p$$

概率度 t 决定了抽样误差范围的大小,在抽样平均误差一定的情况下,t 越大,极限误差 Δ 越大,抽样误差的范围越大,总体参数落在估计区间内的可能性也越大。

【例 5-7】

已知某乡粮食亩产量的标准差为 $\sigma=80$ 公斤,总体单位数 $N=20\,000$ 亩,样本单位数 $n=400$ 亩,求得其抽样平均误差为 $\mu_{\bar{x}}=\dfrac{s}{\sqrt{n}}=\dfrac{80}{\sqrt{400}}=4$(公斤),如果确定抽样极限误差为 5 公斤,则我们可以用概率度 $t=\dfrac{\Delta_{\bar{x}}}{\mu_{\bar{x}}}=\dfrac{5}{4}=1.25$ 表示抽样极限的误差范围,即估计区间的半径为 $\mu_{\bar{x}}$ 的 1.25 倍。

5.3.5 置信度

抽样估计的置信度是样本指标与总体指标的误差不超过一定范围的概率,用 $F(t)$ 表示,又称抽样估计的概率保证程度。

▶ **1. 总体平均数抽样估计的置信度**

$$P(|\bar{x}-\mu| \leqslant \Delta_{\bar{x}}=t\mu_{\bar{x}})=F(t) \tag{5-18}$$

$$P(\bar{x}-t\mu_{\bar{x}} \leqslant \mu \leqslant \bar{x}+t\mu_{\bar{x}})=F(t) \tag{5-19}$$

▶ **2. 总体比例抽样估计的置信度**

$$P(|p-P| \leqslant \Delta_p=t\mu_p)=F(t) \tag{5-20}$$

$$P(p-t\mu_p \leqslant P \leqslant p+t\mu_p)=F(t) \tag{5-21}$$

若反复抽样多次,就会遇到多个不同的样本,每个样本值确定一个区间$[\underline{\theta},\overline{\theta}]$,每个这样的区间要么包含$\theta$的真值,要么不包含$\theta$的真值。据伯努利大数定律,在这么多的区间中,包含$\theta$真值的约占$1-\alpha$,不包含$\theta$真值的仅约占$\alpha$,比如,$\alpha=0.005$,反复抽样1 000次,则得到的1 000个区间中不包含θ真值的区间仅为5个。

置信度$1-\alpha$越大,对应的估计区间就越大,估计区间越大,总体的真值落在估计区间的可能性越大,估计区间的精度就越低;反之,置信度越小,则区间精度就越高。在样本容量一定时,估计的精度和置信度是彼此矛盾的,提高精度(即缩小区间)就降低了置信度;而提高置信度,往往需要扩大置信区间,从而又降低了估计的精度。统计学家尼曼提出的原则是:先保证可靠性,以接近1的概率来确定估计区间,然后再尽可能地提高精度。所以人们常给α以较小的概率值(如0.01或0.05),使置信度$1-\alpha$较高。

$$P(\overline{x}-t\mu_{\overline{x}}\leqslant\mu\leqslant\overline{x}+t\mu_{\overline{x}})=F(t)$$

置信区间 　　　　　　　　　置信度

当$t=1$　　$\Delta_{\overline{x}}=\mu_{\overline{x}}$,　　　$P(\overline{x}-\mu_{\overline{x}}\leqslant\mu\leqslant\overline{x}+\mu_{\overline{x}})=68.27\%$

当$t=2$　　$\Delta_{\overline{x}}=2\mu_{\overline{x}}$,　　$P(\overline{x}-2\mu_{\overline{x}}\leqslant\mu\leqslant\overline{x}+2\mu_{\overline{x}})=95.45\%$

当$t=3$　　$\Delta_{\overline{x}}=3\mu_{\overline{x}}$,　　$P(\overline{x}-3\mu_{\overline{x}}\leqslant\mu\leqslant\overline{x}+3\mu_{\overline{x}})=99.73\%$

抽样极限误差越大,抽样估计的置信度就越大(概率度越大),抽样估计的准确性也越小;反之亦然。

5.4　参数估计的方法

根据样本数据,我们可以求得平均数、百分率、标准差等统计指标以概括说明样本数据的特征,称为样本统计量。而统计研究所要探索的是总体特征值,即总体的平均数、百分率、标准差等,总体的特征值一般称为参数。在抽样调查过程中,我们首先得到的是样本统计量,然后用样本统计量对总体参数进行估计或推断,用样本统计量估计或推断总体参数的过程叫参数估计。

参数估计分为总体参数(总体指标)的点估计和区间估计。

5.4.1　总体参数的点估计

用样本统计量的值直接作为总体参数估计值的过程就是点估计,又称为定值估计。即
$$\overline{x}=\mu,\quad p=P$$

由于样本的抽取是随机的,所以,要估计总体的某一指标,可能有多个样本指标可供选择,即对同一总体参数,可能会有不同的估计量。在对总体特征做出估计时,并非所有估计量都是优良的,从而产生了评价估计量是否优良的标准。一个好的估计量,必须符合以下三条标准。

▶ 1. 无偏性

样本统计量的平均数等于被估计的总体参数。设θ为总体参数的真值,$\hat{\theta}$为样本统计

量，如果 $E(\hat{\theta})=\theta$，则称 $\hat{\theta}$ 为 θ 的无偏估计量。

▶ 2. 有效性

好的统计量应具有较小的方差。在用样本统计量作为估计量 $\hat{\theta}$ 来估计总体的某个参数 θ 时，如果一个估计量 $\hat{\theta}$ 比其他所有估计量 $\tilde{\theta}$ 的方差都小，即 $\text{var}(\hat{\theta}) \leqslant \text{var}(\tilde{\theta})$，那么，这个估计量就是总体参数 θ 的有效估计量。

▶ 3. 一致性

好的样本对总体的代表性足够高，如果我们选取的某个样本结构和总体的结构基本一致，那么，伴随样本容量的增大，该样本对总体参数的估计量 $\hat{\theta}_n$ 会越来越接近被估计的总体参数 θ。为此引入一致性概念，如果 $\hat{\theta}_n$ 满足 $\lim\limits_{n\to\infty}\hat{\theta}_n=\theta$，则称 $\hat{\theta}_n$ 为总体参数 θ 的一致估计量。

点估计的方法一般有矩估计法、极大似然估计法等。可以证明，样本均值、样本比例、样本方差作为总体相应参数的点估计是无偏、有效、一致的。

由于点估计量与总体的未知参数之间并不完全相等，存在一定的误差，所以，在对总体参数进行估计时，更多的是采用区间估计的方法。

5.4.2 总体参数的区间估计

▶ 1. 区间估计的概念

我们知道，点估计值 $\hat{\theta}$ 仅仅是总体参数 θ 的一个近似值，点估计的结果无法反映这个近似值的误差范围，这对统计分析是不方便的，而区间估计正好弥补了点估计的这一缺陷。

在统计分析中，我们常常用一个区间及其对应的概率来估计总体参数。这种估计总体参数的方法称为区间估计。例如，某城市调查显示，消费者每周在麦当劳餐馆的消费额在35.4元至50.2元之间，其概率保证程度为90%。换句话说，区间估计是用估计量 $\bar{x}$ 或 p 所构成的区间来估计总体参数，并以一定的概率保证总体参数将落在所估计的区间内。

▶ 2. 区间估计的方法及要素

(1) 总体平均数的区间估计。
$$P(|\bar{x}-\mu|\leqslant \Delta_{\bar{x}}=t\mu_{\bar{x}})=F(t) \text{ 或 } P(\bar{x}-t\mu_{\bar{x}}\leqslant \mu \leqslant \bar{x}+t\mu_{\bar{x}})=F(t) \quad (5\text{-}22)$$

(2) 总体比例的区间估计。
$$P(|p-P|\leqslant \Delta_p=t\mu_p)=F(t) \text{ 或 } P(p-t\mu_p\leqslant P \leqslant p+t\mu_p)=F(t) \quad (5\text{-}23)$$

(3) 区间估计的要素

由式(5-22)和式(5-23)可概括出区间估计的基本要素如下。

① 估计值 $\bar{x}$ 或 p。

② 抽样极限误差 $\Delta_{\bar{x}}=t\mu_{\bar{x}}$ 或 $\Delta_p=t\mu_p$。

③ 置信度(概率保证程度) $F(t)$。

▶ 3. 区间估计的步骤

(1) 置信度约束下的区间估计步骤。根据抽样估计原理从总体中抽取容量为 n 的样本，在置信度一定的情况下，可以采取如下步骤进行区间估计。

① 明确置信水平 $1-\alpha$ 或 $F(t)$。常用的置信水平主要有 95%、95.45%、99.73% 等。

② 确定概率度 t（即临界值水平）。根据置信度，查标准正态概率双侧临界值表确定概率度（临界值）$\pm t$。

③ 计算统计量的值。对总体平均数 $\overline{X}$ 进行估计时，要计算样本平均数 $\overline{x}$ 及抽样平均误差 $\mu_{\overline{x}}$ 和允许误差 $\Delta_{\overline{x}}$；对总体比例（比重）进行估计时，要计算样本比例 p 和抽样平均误差 μ_p 及允许误差 Δ_p；对总体方差进行估计时，要计算样本修正方差及其抽样误差和允许误差。

④ 构造置信区间。置信区间是优良的统计量±允许误差构成的，对于总体平均数在某置信度约束下的置信区间就是样本平均数±允许误差。

【例 5-8】

为了解某银行 2021 年年末的居民户均存款数，从一家营业网点的 20 000 名客户中，随机不重复抽取 100 名，对其存款余额进行统计，统计结果如表 5-9 所示。

表 5-9 某银行营业网点居民存款余额统计

存款余额/万元	组中值 x_i/万元	客户数 f_i	存款总额 $x_i f_i$/万元	离差 $(x_i-\overline{x})$/万元	$(x_i-\overline{x})^2 f_i$
5 以下	2.5	4	10	−14.5	841
5～10	7.5	16	120	−9.5	1 444
10～20	15	50	750	−2	200
20～30	25	23	575	8	1 472
30 以上	35	7	245	18	2 268
合计	—	100	1 700	—	6 225

（1）按不重复抽样方法，以 95.45% 的概率保证程度估计该网点居民的平均存款余额。

（2）样本中，5 万元以上的存款额均是定期存款，以 68.27% 的置信度估计该网点存款中定期存款所占比例。

解：

① $N=20\,000$ $n=100$ $F(t)=95.45\%$ $t=2$

样本平均数：

$$\overline{x}=\frac{\sum_{i=1}^{n}x_i f_i}{\sum_{i=1}^{n}f_i}=\frac{1\,700}{100}=17(万元)$$

样本标准差：

$$s=\sqrt{\frac{\sum_{i=1}^{n}(x_i-\overline{x})^2 f_i}{\sum_{i=1}^{n}f_i}}=\sqrt{\frac{6\,225}{100}}=7.89(万元)$$

样本平均数的抽样平均误差：

$$\mu_{\bar{x}} = \sqrt{\frac{s^2}{n}\left(1-\frac{n}{N}\right)} = \sqrt{\frac{7.89^2}{2}\left(1-\frac{100}{20\,000}\right)} = 0.79(万元)$$

抽样极限误差 $\Delta_{\bar{x}} = t\mu_{\bar{x}} = 2 \times 0.79 = 1.58$（万元）

总体平均数所在的置信区间为

下限：$17 - 1.58 = 15.42$（万元）

上限：$17 + 1.58 = 18.58$（万元）

即可以 95.45% 的概率保证程度估计该营业网点居民平均存款额在 15.42 万～18.58 万元。

② $n_1 = 96$ $n = 100$ $F(t) = 68.27\%$ $t = 1$

定期存款比例：

$$p = \frac{n_1}{n} = \frac{96}{100} = 96\%$$

样本定期存款的抽样平均误差：

$$\mu_p = \sqrt{\frac{P(1-P)}{n}\left(1-\frac{n}{N}\right)} = \sqrt{\frac{0.96 \times 0.04}{100}\left(1-\frac{100}{20\,000}\right)} = 1.95\%$$

抽样极限误差：

$$\Delta_p = t\mu_p = 1 \times 1.95\% = 1.95\%$$

总体定期存款的置信区间为

下限：$p - t\mu_p = 96\% - 1.95\% = 94.05\%$

上限：$p + t\mu_p = 96\% + 1.95\% = 97.95\%$

即可以 68.27% 的概率保证程度估计该营业网点定期存款额占全部存款额的比例在 94.05%～97.95%。

(2) 允许误差约束下的区间估计步骤。如果在区间估计中，先给定允许误差，我们也可以根据上述原理，推算置信区间和置信度，具体步骤如下。

① 明确极限误差（允许误差）。

② 计算样本统计量。根据样本统计量与允许误差构成估计（置信）区间，即区间为[统计量±允许误差]。

③ 计算抽样平均误差。根据允许误差和抽样平均误差的关系求得临界值，如平均数的临界值为

$$t = \frac{\Delta_{\bar{x}}}{\mu_{\bar{x}}} \tag{5-24}$$

④ 确定置信度。查标准正态概率双侧临界值表，确定置信区间所对应的置信概率 $1-\alpha$ 水平。

【例 5-9】

一家保险公司需要了解投保人的平均年龄，从投保人的数据库中随机抽取 36 人，测得平均年龄为 39.5 岁，标准差为 9 岁。现要求以最大误差不超过 3 岁的限度，估计全体投保人的平均年龄。

解：

由 $\Delta_{\bar{x}} = 3$ 岁，$\bar{x} = 39.5$ 岁，得估计的区间为：[36.5, 42.5]。

又由 $s=9$，$n=36$，得 $\mu_{\bar{x}}=\dfrac{\sigma}{\sqrt{n}}=1.5$ 岁。

则
$$t=\Delta_{\bar{x}}/\mu_{\bar{x}}=3/1.5=2$$

查正态概率双侧临界值表有 $1-\alpha=0.9545$。可见，该保险公司投保人的年龄在 33.5 岁～45.5 岁之间的可能性有 95.45%。

5.5 样本的组织方式

样本组织方式是指在从总体抽取样本时，基于提高样本的代表性，或者提高抽样的工作效率的目的而设计的对总体进行预处理以及从总体中获取样本的方式方法。常见的样本组织方式包括简单随机抽样、类型抽样、等距抽样、整群抽样和多阶段抽样等。

5.5.1 简单随机抽样

简单随机抽样又称为纯随机抽样，它是不对总体作任何加工整理，直接从总体中随机抽取调查单位的抽样调查方法。简单随机抽样在理论上最符合随机抽样的原则，也是实践中最基本、最常用的抽样方式，在前面讲解中我们所使用抽样概念都是简单随机抽样，在以后的学习中如果不说明抽样的形式，则都是指简单随机抽样。简单随机抽样适用于均匀总体，即具有某种特征的单位均匀地分布于总体的各个部分。

简单随机抽样抽选样本单位数的方法有抽签法、随机数字表法等。

简单重复随机抽样的平均误差：

$$\mu_{\bar{x}}=\sqrt{\dfrac{\sigma^2}{n}} \tag{5-25}$$

$$\mu_p=\sqrt{\dfrac{p(1-p)}{n}} \tag{5-26}$$

简单不重复随机抽样的平均误差：

$$\mu_{\bar{x}}=\sqrt{\dfrac{\sigma^2}{n}\left(1-\dfrac{n}{N}\right)} \tag{5-27}$$

$$\mu_p=\sqrt{\dfrac{p(1-p)}{n}\left(1-\dfrac{n}{N}\right)} \tag{5-28}$$

5.5.2 类型抽样

类型抽样又称分层抽样，它是先将总体各单位按某一标志划分为若干个类型组，然后按照随机原则从各个类型组中抽取样本单位，最后组成含有各个类型单位的样本。

类型抽样适用于总体各单位在被研究标志上有明显差别或差别悬殊的情况。例如：研究农作物产量时，耕地有平原、丘陵和山地等，不同地形的亩产量有明显的不同；研究职工的工资水平时，不同行业之间有明显的差别；研究居民家庭收支情况时，高、中、低家庭的收支情况会有明显的不同。类型抽样实质上是将统计分组和抽样原理结合起来，使样本包含各个不同类型组的信息，从而可以缩小抽样误差，提高样本的代表性。类型抽样应掌握的原则是：分组时使组内差异尽可能小，使组间差异尽可能大。

由于各个类型组的单位数是不相等的，从各类型组中抽取样本单位的数量存在两种不同的方法：等比例抽样和不等比例抽样。

等比例抽样是指按同样的抽样比 $\frac{n}{N}$，从各类型组中抽取样本单位数。例如，某县有 20 万亩耕地，其中山地 2 万亩、丘陵 6 万亩、平原 12 亩。若抽样比为 1%，则样本容量为 2 000 亩，其中从山地、丘陵、平原分别抽取 200 亩、丘陵 600 亩、1 200 亩。等比例抽样可以使样本的构成和总体保持一致，从而提高样本的代表性。

不等比例抽样多指某类型组的单位数在总体中占的比重过小，按比例抽不到或只能抽到很少单位，为了保证样本中各类型组的代表性而采取不等比例抽样的方法。

在类型抽样条件下，抽样平均数和抽样平均误差的计算公式为

样本平均数：

$$\bar{x} = \frac{\sum n_i \bar{x}_i}{\sum n_i} \tag{5-29}$$

其中：$\bar{x}_i$ 是各类型组的平均数。

样本方差：

$$\overline{s_i^2} = \frac{\sum s_i^2 n_i}{\sum n_i} \tag{5-30}$$

其中：s_i^2 是各类型组的方差。

重复抽样的平均误差：

$$\mu_{\bar{x}} = \sqrt{\frac{\overline{s_i^2}}{n}} \tag{5-31}$$

不重复抽样的平均误差：

$$\mu_{\bar{x}} = \sqrt{\frac{\overline{s_i^2}}{n}\left(1 - \frac{n}{N}\right)} \tag{5-32}$$

如果进行比例估计，则样本比例为 $\bar{p} = \frac{\sum p_i n_i}{\sum n_i}$，其中：$p_i$ 是各类型组的比例；样本方差为 $\bar{p}(1-\bar{P})$。

重复抽样的平均误差：

$$\mu_p = \sqrt{\frac{p(1-P)}{n}} \tag{5-33}$$

不重复抽样的平均误差：

$$\mu_p = \sqrt{\frac{p(1-P)}{n}\left(1 - \frac{n}{N}\right)} \tag{5-34}$$

【例 5-10】

某乡某种粮食播种面积 20 000 亩，按平原和山区面积等比例抽取 400 亩组成样本，各

组平均亩产和各组方差如表 5-10 所示，求抽样平均亩产和抽样平均误差，并以 95% 的概率估计该乡全部播种面积平均亩产的置信区间。

表 5-10 某乡某种粮食播种表

类　　型	播种面积 N_i/亩	抽样面积 n_i/亩	样本平均亩产 $\bar{x}_i$/千克	亩产方差 σ_i^2/千克
平原	14 000	280	560	6 400
山区	6 000	120	350	22 500
合计	20 000	400	—	—

解：

$N = N_1 + N_2 \qquad n = n_1 + n_2$

$\bar{x} = \dfrac{\sum n_i \bar{x}_i}{\sum n_i} = 497 \qquad \overline{s_i^2} = \dfrac{\sum s_i^2 n_i}{\sum n_i} = 11\,236 \qquad \mu_{\bar{x}} = \sqrt{\dfrac{\overline{s_i^2}}{n}\left(1 - \dfrac{n}{N}\right)} = 5.25$

$\Delta_{\bar{x}} = t\mu_{\bar{x}} = 1.96 \times 5.25 = 10.29$

$\bar{x} \pm \Delta_{\bar{x}} = 497 \pm 10.29$

即以 95% 的概率保证该乡农作物的平均亩产在 486.71～507.29 千克。

5.5.3 等距抽样

等距抽样又称机械抽样或系统抽样，它是先将总体单位按某一标志排序，然后按照固定的顺序和相同的间隔逐一抽选样本单位的抽样组织形式。

例如，某城市有 280 家超市，若要抽取 40 家超市作为样本了解该城市超市的年度营业额，先将这 280 家超市按工商注册号进行排序，再测算抽样的间隔，即 $N = 280$，$n = 40$，抽样间隔 $k = \dfrac{N}{n} = \dfrac{280}{40} = 7$。

具体实施方法是，先从排序最前的 7 家超市中随机抽取 1 家作为样本的首个单位，然后每隔 7 家抽一家，直到抽取的超市达到 40 个为止。等距抽样可以分为无关标志排序抽样和有关标志排序抽样两类。

按无关标志抽样是指排序的标志与研究的标志无关。如观察学生考试成绩，用学号排序；观察产品的质量，按产品的加工时间排序；观察超市的营业额，按工商注册号排序等。无关标志排序可以保证抽样的随机性。它实质上相当于简单随机抽样。

按有关标志排序抽样是指排序的标志与被研究标志相关。例如，调查农产品产量时，将地块按过去连续几年的亩产排序；调查家庭消费水平时，按收入额排序等。按有关标志排序可以利用辅助的信息，使抽样估计的效率提高，但必须采用科学的方法，避免由于抽样间隔与排序标志的周期性变化的重合所产生的系统性误差。

按等距抽样组织形式抽取样本单位，能够使抽出的样本单位更均匀地分布在总体中，等距抽样的误差一般较简单随机抽样的误差小，特别是当研究的现象标志变异程度较大时，更能显示等距抽样的优越性。

等距抽样均为不重复抽样，其平均误差的计算可分为两类：一是按无关标志排序时，可用简单随机不重复抽样的平均误差公式计算；二是按有关标志排序时，可用类型抽样的平均误差公式计算。

5.5.4 整群抽样

整群抽样也叫集团抽样，是将总体所有单位先划分为若干群，然后以群为单位从中随机抽取部分群，对抽中的群内所有单位进行全面调查的抽样组织方式。例如，要了解某学院学生选修课的学习效果，该学院1 700名学生分成35个班，采取整群抽样的方法从中随机抽取5个班，这5个班的学生便构成一个样本。调查时，要了解这5个班中的每一位学生的学习效果。

在实际工作中，采取整群抽样主要基于以下理由：一是当缺少调查单位的必要信息时，无法对其直接编制抽样框实施概率抽样，而由调查单位组成的群是现成的或者很容易划分，从而采取整群抽样；二是为了使调查实施便利、节省费用；三是对某些由特殊结构的群组成的总体实施整群抽样能使精度有较大提高。例如，在人口统计中估计性别比例，由于一个家庭本身就具有一个性别结构，因此以家庭为群实施整群抽样要比直接对每个人进行抽样的精度高得多。

整群抽样中的群，主要是自然形成的，如按行政区域、地理区域等。由于整群抽样的样本单位的分布集中于群内，所以在同样条件下，较简单随机抽样的样本代表性差。

整群抽样时，由于对抽中的群进行全面调查，所以抽样误差不受群内方差的影响，而受群间方差的影响。以总体平均数估计为例，设总体中的全部单位划为 R 群，每群中所包含单位数为 m，现从群中随机抽取 r 群组成样本，则：

样本中各群的平均数：

$$\overline{x}_i = \frac{\sum_{j=1}^{m} x_{ij}}{m} \quad (i=1, 2, 3, \cdots, r) \tag{5-35}$$

样本平均数：

$$\overline{x} = \frac{\sum_{i=1}^{r} \overline{x}_i}{r} \tag{5-36}$$

群间方差：

$$\sigma^2 = \frac{\sum (\overline{x}_i - \overline{x})^2}{r} \tag{5-37}$$

整群抽样一般为不重复抽样，其抽样平均误差为

$$\mu = \sqrt{\frac{\sigma^2}{r}\left(\frac{R-r}{R-1}\right)} \tag{5-38}$$

5.5.5 多阶段抽样

上述介绍的几种抽样方式都是从总体中进行一次抽样就产生一个完整样本的抽样方法，通常称为单阶段抽样。但是在实践中，总体通常包括的单位数很多，分布很广，要通过一次抽样就选出有代表性的样本是很困难的。此时我们可将整个抽样过程分为几个阶段，然后逐阶段进行抽样，最终得到所需要的有代表性的样本，这种抽样方法称为多阶段抽样。

多阶段抽样时的阶段数不宜过多,一般采用二、三个阶段,至多四个阶段为宜,否则,手续烦琐,效果也不一定好。多阶段抽样时前几个阶段的抽样都是以整群抽样的方式进行的。为保证抽样结果的代表性,抽取的群数和抽样的方式都要注意样本单位分布的均匀性。为此,在第一阶段抽样时通常多抽一些群数。对于群间差异大的阶段,则应当多抽一些,反之,可以少抽一些。在每一阶段抽取群体时,可以采用简单随机抽样法或等距抽样法。不同的阶段既可以用同一种抽样方式,也可以用不同的抽样方式。

5.6 样本容量的确定

5.6.1 必要样本容量的概念

必要样本容量是指能够保证抽样推断的把握程度和精确程度的尽量小的样本容量。样本容量越大,样本对总体的代表性越高,抽样误差就越小;反之,抽样误差就越大。然而,抽样数目越多,抽样调查的费用也越高,并且还会影响抽样调查的时效性。因此,在确定样本容量时,应在保证满足抽样调查对数据的估计精确度和概率把握程度下,尽量缩小抽样数目,既不浪费人力、物力、财力,又能取得较好的效果。

5.6.2 影响样本容量的因素

影响必要样本容量的因素主要有以下几点。

(1)总体各单位标志值的差异程度。在其他条件不变的情况下,总体各单位之间标志值的差异程度越大,样本对总体的代表性就越小,就需要多抽取一些样本单位来满足调查的需要;反之,如果总体各单位之间被研究标志的差异程度小,则可抽取较少的样本单位。

(2)允许的误差范围。要求的抽样误差越小,说明要求的精确度越高,这时,就需要多抽取一些样本单位;反之,则可取较少的样本单位。但两者并不是保持等比例的变化,就重复抽样而言,在其他条件不变的情况下,当误差范围缩小 1/2 倍时,样本单位数必须增加 4 倍;而误差范围扩大 1 倍,则样本单位数只需要原来的 1/4。

(3)抽样推断的置信度。抽样推断要求的置信度越高,需要抽取的样本单位数目就越多;反之,如果要求的置信度低,抽样单位数目则可以少一些。

(4)抽样的组织方式和方法。对同一总体,在相同的精确度和置信度的要求下,重复抽样情形下抽取的样本容量要大于不重复抽样情形下的样本容量;在不同组织形式下,以机械抽样和类型抽样抽取的样本单位数可少些,以纯随机抽样和整群抽样抽取的样本单位数要多些。

5.6.3 简单随机抽样的样本容量

计算样本容量的公式,可以根据抽样极限误差和抽样平均误差计算公式的关系推出。

▶ 1. 平均数估计的样本容量

(1)重复抽样时,由 $\Delta_x = t\mu_x = t\sqrt{\dfrac{\sigma^2}{n}}$,可得

$$n = \frac{t^2 \sigma^2}{\Delta_{\bar{x}}^2} \qquad (5-39)$$

(2) 不重复抽样时，由 $\Delta_{\bar{x}} = t\mu_{\bar{x}} = t\sqrt{\dfrac{\sigma^2}{n}\left(1-\dfrac{n}{N}\right)}$，可得

$$n = \frac{Nt^2 \sigma^2}{N\Delta_{\bar{x}}^2 + t^2 \sigma^2} \qquad (5-40)$$

▶ 2. 比例估计的样本容量

(1) 重复抽样时，由 $\Delta_p = t\mu_p = t\sqrt{\dfrac{P(1-P)}{n}}$，可得

$$n = \frac{t^2 P(1-P)}{\Delta_p^2} \qquad (5-41)$$

(2) 不重复抽样时，由 $\Delta_p = t\mu_p = t\sqrt{\dfrac{P(1-P)}{n}\left(1-\dfrac{n}{N}\right)}$，可得

$$n = \frac{Nt^2 P(1-P)}{N\Delta_p^2 + t^2 P(1-P)} \qquad (5-42)$$

【例 5-11】

某市开展职工家计调查，根据历史资料该市职工家庭平均每人年收入的标准差为 250 元，而家庭消费的恩格尔系数（即家庭食品支出占消费总支出的比重）为 65%。现在用重复抽样的方法，要求在 95.45% 的概率保证下，平均收入的极限误差不超过 20 元，恩格尔格系数的极限误差不超过 4%，求必要的样本单位数。

解：$F(t) = 95.45\%$ $\quad t = 2 \quad \Delta_{\bar{x}} = 20 \quad \sigma = 250 \quad \Delta_p = 4\%$

$$n_{\bar{x}} = \frac{t^2 \sigma^2}{\Delta_{\bar{x}}^2} = \frac{2^2 \times 250^2}{20^2} \approx 625(户)$$

$$n_p = \frac{t^2 p(1-p)}{\Delta_p^2} = \frac{2^2 \times 0.65 \times 0.35}{0.04^2} \approx 569(户)$$

即应抽取 625 户家庭进行调查。

在同一总体中，如果同时需要进行平均数估计和比例估计，抽样数目按两个公式计算结果不同时，为满足两种估计共同需要，应选择最大的抽样数目。

▶ 3. 其他抽样组织方式的样本容量

简单随机抽样是最基本的抽样方法，其样本容量的确定方法说明了样本容量确定的一般原理，其他抽样组织形式样本容量的确定方式与之相同。

5.7 在 Excel 中实现抽样

5.7.1 用 Excel 产生随机数

在某些情况下，需要根据随机数表来安排随机抽样，Excel 中的随机函数 RAND 和随机数发生器可以很方便地产生随机数。

▶ 1. 利用随机函数 RAND 生成随机数表

利用 Excel 提供的统计函数"RAND"，可以生成位于 0~1 的均匀分布随机数。利用

"RANDBETWEEN"函数可以生成位于任意两个指定数之间的一个随机数。比如,要生成 1~100 的一个随机数,可按下列步骤操作。

第一步,在 Excel 表格界面中,直接单击 fx 命令。

第二步,在复选框"函数分类"中单击"全部"选项,并在"函数名"中单击 RANDBETWEEN 选项,如图 5-1 所示,然后单击"确定"按钮。

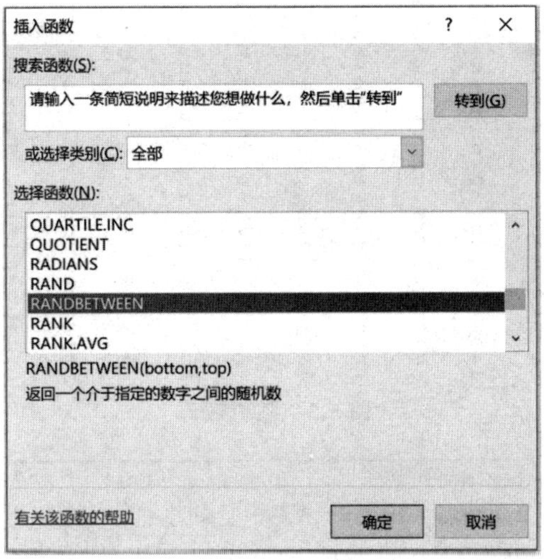

图 5-1 函数选择

第三步,在 Bottom 输入要返回的最小整数(本例为"1"),在 Top 输入要返回的最大整数(本例为"100"),如图 5-2 所示。

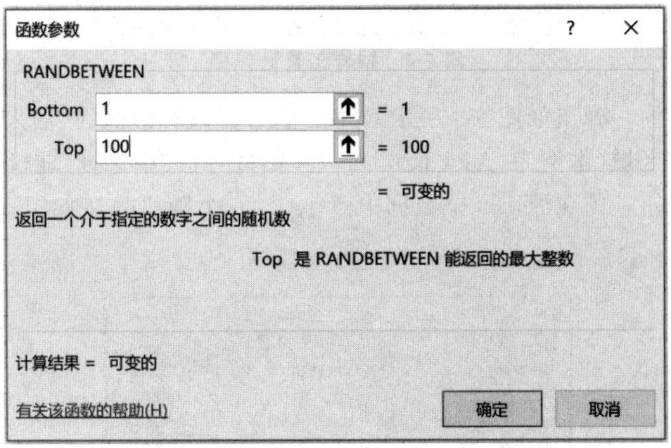

图 5-2 函数参数输入

单击如图 5-2 所示的"确定"按钮,即可得到一个随机数,将鼠标指向该随机数所在单元格右下角,出现一个"+",然后拖动鼠标向下、向右复制即可得到一张随机数表,如图 5-3 所示。按"F9"键,可刷新随机数。

▶ 2. 利用 Excel 中的随机数发生器实现抽样

假设要从 120 名工人中抽取 20 人调查其生产量。首先选择"数据"—"分析"—"数据分析"选项,在弹出的对话框中选择"抽样"选项,如图 5-4 所示。

	A	B	C	D	E	F	G	H	I	J	K	L	M	N	O
1	18	46	74	91	4	98	11	50	47	9	64	98	19	3	24
2	83	40	79	1	74	2	83	3	13	90	35	59	21	64	48
3	88	97	68	83	50	8	27	22	39	17	49	97	39	92	74
4	73	61	25	36	6	18	87	35	63	91	63	29	43	12	46
5	23	75	90	65	15	36	95	73	23	97	17	40	51	89	60
6	26	100	59	11	89	56	85	73	1	3	66	1	78	9	30
7	71	80	59	12	25	61	77	26	95	94	8	93	2	75	74
8	11	8	76	16	34	77	52	66	98	37	8	16	80	94	43
9	18	100	8	23	20	7	72	97	55	43	80	63	75	80	99
10	62	13	89	30	65	45	75	45	97	75	98	15	51	96	62
11	19	56	44	28	76	100	47	85	50	42	49	79	22	48	47
12	24	65	89	94	100	45	31	38	30	96	60	50	94	7	78
13	62	90	87	70	79	21	64	79	59	1	19	11	9	20	70
14	95	87	86	36	40	21	94	24	36	61	16	2	62	98	99
15	17	36	57	54	27	93	40	42	11	55	22	55	12	53	42
16	50	73	43	28	70	21	73	18	9	30	94	35	89	21	47
17	44	97	29	38	54	24	96	24	37	94	78	93	47	84	32
18	8	89	81	32	92	68	58	51	78	25	79	97	84	33	39
19	86	81	32	15	23	30	74	50	5	50	59	100	64	71	37
20	86	83	70	43	89	7	30	8	74	9	49	70	93	71	44
21	7	37	19	81	93	78	59	85	86	51	9	17	71	13	49
22	26	38	81	83	7	40	51	90	89	58	90	89	66	48	83
23	3	73	82	6	93	22	56	56	83	42	54	87	91	93	89
24	9	2	3	63	13	20	74	64	77	90	28	14	72	87	64
25	82	30	74	50	5	11	51	90	74	91	98	51	81	55	96
26	24	34	44	94	64	82	12	11	35	56	55	99	45	6	82
27	66	50	75	19	34	15	61	38	89	86	19	86	26	70	89
28	63	97	95	66	24	38	88	97	48	91	68	56	71	76	67
29	5	47	76	36	21	56	54	55	63	41	100	69	23	21	26
30	97	45	3	52	98	87	15	1	93	82	45	100	64	97	23
31	78	99	80	39	20	62	43	54	99	58	17	82	75	78	21
32	23	34	20	38	45	83	80	40	42	37	76	29	40	98	65
33	36	59	57	59	69	16	16	74	67	5	64	70	66	60	39
34	31	30	52	50	82	92	45	1	30	94	41	53	57	77	39
35	20	51	16	75	70	73	39	10	27	59	37	49	71	71	5
36	18	65	24	93	65	16	28	15	99	4	100	33	61	15	89

图 5-3 随机数表

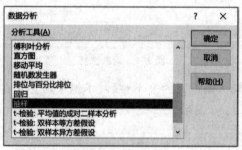

图 5-4 抽样工具选择图

单击"确定"按钮，弹出如图 5-5 所示的对话框。在该对话框的"输入区域"中输入所需要进行抽样的数据区域(本例为"A1：F20")，在"抽样方法"中选择"随机"选项。

单击"确定"按钮，则在原 120 个数据中产生了 20 个随机数，如图 5-6 所示的第 H 列所示。

图 5-5 数据区域输入

第5章 参数估计

图 5-6 随机数

5.7.2 利用 Excel 进行参数估计

在 Excel 中，可使用公式和函数结合的方法进行参数估计。结合上例从 120 名工人中随机抽取 20 人调查其生产量，并以 95％的置信度对该 120 名工人的日产量进行区间估计。

第一步，把数据输入 Excel 中。本例总体数据位置为"A1：F20"，样本数据位置为"H1：H20"，如图 5-7 所示。

第二步，计算样本容量。在 K2 单元格中输入"＝COUNT(H1：H20)"，按回车键。

第三步，计算样本均值。在 K3 单元格中输入"＝AVERAGE(H1：H20)"，按回车键。

第四步，计算样本标准差。在 K4 单元格中输入"＝STDEV(H1：H20)"，按回车键。

第五步，计算抽样平均误差。在 K5 单元格中输入"＝K4/SQRT(K2)"，即公式 $S/\sqrt{n}$。

第六步，计算抽样极限误差。在 K6 单元格输入概率度"1.96"，在 K7 单元格中输入"＝K5*K6"，按回车键。

第七步，计算置信区间下限。在 K8 单元格中输入"＝K3－K7"，按回车键。

第八步，计算置信区间上限。在 K9 单元格中输入"＝K3＋K7"，按回车键。

参数估计结果，如图 5-7 所示。

导入案例分析

在本章案例导入中，我们提出的问题如下。

（1）美国鱼类和野生动物管理局采用了什么方法来调查扇贝的重量？

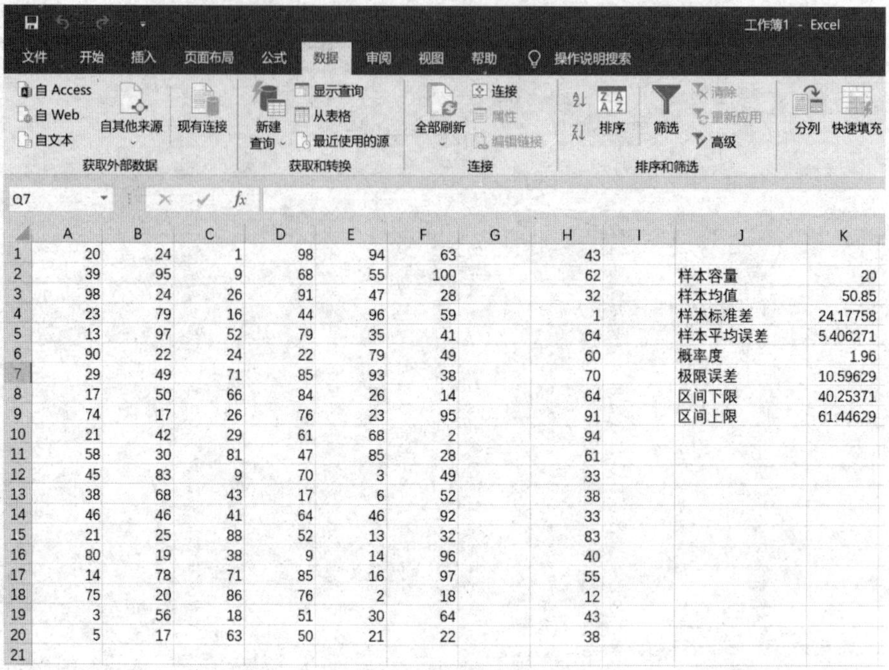

	A	B	C	D	E	F	G	H	I	J	K
1	20	24	1	98	94	63		43			
2	39	95	9	68	55	100		62		样本容量	20
3	98	24	26	91	47	28		32		样本均值	50.85
4	23	79	16	44	96	59		1		样本标准差	24.17758
5	13	97	52	79	35	41		64		样本平均误差	5.406271
6	90	22	24	22	79	49		60		概率度	1.96
7	29	49	71	85	93	38		70		极限误差	10.59629
8	17	50	66	84	26	14		64		区间下限	40.25371
9	74	17	26	76	23	95		91		区间上限	61.44629
10	21	42	29	61	68	2		94			
11	58	30	81	47	85	28		61			
12	45	83	9	70	3	49		33			
13	38	68	43	17	6	52		38			
14	46	46	41	64	46	92		33			
15	21	25	88	52	13	32		83			
16	80	19	38	9	14	96		40			
17	14	78	71	85	16	97		55			
18	75	20	86	76	2	18		12			
19	3	56	18	51	30	64		43			
20	5	17	63	50	21	22		38			
21											

图 5-7 参数估计结果

（2）当扇贝平均重量低于$\frac{1}{36}$磅时，政府就将其没收，这一规定是否存在缺陷？

（3）是否有更好的程序来确定船长是否违反了重量限制？

分析

（1）美国鱼类和野生动物管理局从 11 000 袋扇贝中随机抽选 100 袋检查重量，并用 100 袋扇贝样本的平均重量做出没收该批扇贝的决定，此方法属于参数估计。

（2）当这 100 袋扇贝平均重量低于$\frac{1}{36}$磅时，政府就将其没收，此方法存在一定缺陷，因为样本是随机抽取的，样本均值并非完全等于总体均值，存在一定的误差。

（3）美国鱼类和野生动物管理局用样本指标直接作为总体指标的估计值，该方法属于点估计，点估计不考虑抽样误差的大小，也没有给出一定的概率置信度。如果结合抽样极限误差和概率置信度的要求对该批扇贝的重量进行区间估计，则可信度会更高，也更容易令人信服。

本章小结

参数估计是指样本统计量对总体的参数值进行估计或推断。参数估计可以分为点估计和区间估计。本章主要介绍了参数的点估计和区间估计的概念与评价标准，介绍了总体均值、总体比例的参数估计方法及样本容量的确定方法。

（1）点估计就是用样本统计量的值 $\hat{\theta}$ 直接作为总体参数的 θ 估计值。点估计的关键是选择合适的统计量。优良统计量的标准包括无偏性、一致性和有效性。

（2）样本均值与样本方差是总体均值和总体方差的点估计量，且满足无偏性、有效性和一致性要求。

（3）区间估计是在点估计的基础上，给出总体参数估计的一个区间范围 $[\hat{\theta}_1, \hat{\theta}_2]$。评价区间估计优劣的标准有精度和可靠性，在样本容量确定的条件下精度与可靠性是一对矛盾，要想同时提高精度和可靠性，只有扩大样本容量。

（4）在大样本的条件下，无论总体服从什么分布，在 $1-\alpha$ 的置信度下的总体均值置信区间为

$$\bar{x} - t \frac{\sigma}{\sqrt{n}} \leqslant \bar{X} \leqslant \bar{x} + t \frac{\sigma}{\sqrt{n}}$$

$$p - t \sqrt{\frac{P(1-P)}{n}} \leqslant \bar{X} \leqslant p + t \sqrt{\frac{P(1-P)}{n}}$$

如果总体标准差未知，可以用样本标准差 s 代替计算，即

$$\bar{x} - t \frac{s}{\sqrt{n}} \leqslant \bar{X} \leqslant \bar{x} + t \frac{s}{\sqrt{n}}$$

$$p - t \sqrt{\frac{p(1-p)}{n}} \leqslant \bar{X} \leqslant p + t \sqrt{\frac{p(1-p)}{n}}$$

（5）抽样前需要确定样本容量，精度和费用是影响样本容量的主要因素，并且它们对样本容量的影响是矛盾的，常用的准则是在使精度得到保证的前提下寻求使费用最省的样本容量。在估计总体均值和总体比例时，常用的样本容量确定公式分别为：

$$n = \frac{t^2 \sigma^2}{\Delta_{\bar{x}}^2}, \quad n = \frac{t^2 p(1-p)}{\Delta_p^2}$$

复习与思考

1. 简答题

（1）对比一般推算，统计抽样推断具有哪些特点？

（2）在抽样推断中，参数和统计量之间有何区别？

（3）什么是抽样误差？影响其大小的因素主要有哪些？

2. 计算题

（1）对一批成品按重复抽样方法抽选 100 件，其中废品 4 件，当概率为 95.45%（$t=2$）时，可否认为这批产品的废品率不超过 6%？

（2）某乡有 5 000 农户，按随机原则重复抽取 100 户调查，得平均每户年纯收入 12 000 元，标准差 2 000 元。

要求：① 以 95% 的概率（$t=1.96$）估计全乡平均每户年纯收入的区间。

② 以同样概率估计全乡农户年纯收入总额的区间范围。

（3）某企业生产一种新的电子元件，用简单随机重复抽样方法抽取 100 只作耐用时间试验，测试结果：平均寿命 6 000 小时，标准差 300 小时。试在 95.45%（$t=2$）概率保证下，估计这种新电子元件平均寿命区间。

（4）从某年级学生中按简单随机抽样方式抽取 50 名学生，对邓小平理论课的考试成绩进行检查，得知其平均分数为 75.6 分，样本标准差 10 分。试以 95.45% 的概率保证程度推断全年级学生考试成绩的区间范围。如果其他条件不变，将允许误差缩小一半，应抽

取多少名学生?

(5)假定某统计总体被研究标志的标准差为30,若要求抽样极限误差不超过3,概率保证程度为99.73%。试问采用重复抽样应抽取多少样本单位?若抽样极限误差缩小一半,在同样的条件下应抽取多少样本单位?

(6)某汽车配件厂生产一种配件,多次测试的一等品率稳定在90%左右。用简单随机抽样形式进行检验,要求误差范围在3%以内,可靠程度99.73%,在重复抽样下,必要的样本单位数是多少?

在线课堂

在线自测

拓展知识：
常用的抽样分布定理

第6章 假设检验

学习目标

1. 了解假设检验的含义和基本任务；
2. 掌握假设检验的基本原理和步骤；
3. 掌握总体均值、成数和方差的假设检验；
4. 了解假设检验中需要注意的问题；
5. 熟练运用 Excel 进行 Z 检验和 t 检验的方法；
6. 学会在统计实践工作中使用假设检验进行统计推断。

案例导入

联合航空公司新方案的抉择

联合航空公司设计了往返班机，以便参与短程航线的竞争，尤其是洛杉矶—旧金山航线。在这些航线上，成本低廉的航空公司如西南航空公司及西部航空公司已稳步获得了市场份额，并将联合航空公司这样的成本高昂的航空公司挤出了市场。

联合航空公司采取针锋相对的措施，力图开发一种能与西南航空公司及其他主要航空公司相抗衡的新的服务手段。联合航空公司认识到只有在原有的经营方式上实现较大的突破，才能取得成功。联合航空公司的目标是在与西南航空公司的价格相差无几的同时，还要盈利。这意味着要保持飞机高速周转、减少地面停留时间。飞机在地面停留时间的减少意味着可以减少入口和地面装置，从而提高飞机的利用效率，并增加收入。

飞机在地面上花费的时间包括旅客下机时间、上机时间、行李处理时间及其他服务时间。联合公司以往的做法是，乘客买票时即给他们分配好座位，让带有小孩和需特殊帮助的人先登机，接下来登机的是头等舱乘客和因经常搭乘该公司航班而享受优惠价的乘客，最后是包厢乘客登机，包厢乘客先上后3个包厢，再是中间3个，最后是前3个。

联合航空公司原来采用的是预定登机方法，此后联合航空公司注意到在公路运输中卡车装载时是按由外到里的顺序，于是该公司推出按区登机法。在此法中，乘客挑选好座位后，就给他们指定一个区号，该区号印在他们的登机证上。区号1的座位是飞机右边靠窗座位，区号2的座位是飞机左边靠窗座位，区号3为右边小间座位，区号4为左边中间座位，区号5为右边靠通道的座位，区号6为左边靠通道的座位。

为了减少往返航班的地面停留时间，还对操作规则和程序做了许多改进。一切就绪后，对新的登机程序做了一次测试，大致结果如表6-1所示。

表 6-1　联合航空公司与西南航空公司的登机时间　　　　　　　　单位：分钟

统计班次	西南航空不对号入座登机所需时间	联合预定登机方法所需时间	联合按区登机方法所需时间
1	10.0	13.9	11.3
2	16.7	12.6	13.3
3	14.8	18.0	13.3
4	11.8	14.7	12.4
5	11.6	13.9	13.3
6	15.0	13.8	9.6
7	13.8	14.0	13.3
8	10.2	12.7	8.8
9	12.3	—	10.9
10	11.7	—	10.5
11	12.3	—	—
12	12.9	—	—
13	10.1	—	—
14	12.3	—	—
15	12.6	—	—

资料来源：联合航空公司的往返班机[EB/OL].[2023-05-20]. https：//wenku.baidu.com/view/b62af44fe45c3b3567ec8b4f.html？_wkts_=1695105289027&bdQuery=％E5％93％88％E4％BD％9B％E7％BB％8F％E5％85％B8％E6％A1％88％E4％BE％8B.％E8％81％94％E5％90％88％E8％88％AA％E7％A9％BA％E5％85％AC％E5％8F％B8％E7％9A％84％E5％BE％80％E8％BF％94％E7％8F％AD％E6％9C％BA.

思考：

联合航空公司采用按区登机法后是否比西南航空公司登机时间缩短了？

📖 章节导言

假设检验是统计推断的另外一种方法。它和参数估计的原理相类似，但推断的角度不同。参数估计是直接利用样本信息推断总体参数；而假设检验是先对总体参数提出一个假设值，然后根据样本的信息来判断这一假设是否成立，从而达到推断的目的。

假设检验可分为参数检验和非参数检验两种。参数检验是对总体参数进行检验，可进一步区分为单总体参数检验和多总体参数检验；而非参数检验是对总体的分布形式、随机变量独立性等方面进行检验。本章只讨论单总体参数检验。

课程思政

辩证唯物主义教育——矛盾的对立统一思想

辩证唯物主义是马克思主义的一种哲学理论，它是把唯物主义和辩证法有机统一起来的科学世界观。辩证唯物主义认为事物发展的根本原因在于事物内部的矛盾性，事物矛盾规律是物质世界运动、变化和发展的最根本的规律。

任何事物以及事物之间都包含矛盾性，对立和统一是矛盾的两个根本属性。对立统一是物质的根本规律，也称对立面的统一和斗争的规律或矛盾规律。矛盾的对立性是绝对的，对立是指矛盾双方质的相互排斥，不相容。矛盾的统一性是相对的，包括两种情况，一是双方相互依存相互影响，二是在一定条件下相互转化。

统计假设是成对出现的，包括一个原假设和一个备择假设，两个假设是一对矛盾，并且覆盖研究中所有可能的结果。原假设和备择假设双方相互依存，互为条件，共处于一个统一体中，根据研究者的研究目的不同，二者在一定条件下可以相互转化，体现了矛盾的对立统一思想。

6.1 假设检验的一般问题

6.1.1 假设检验的含义和基本任务

在现实中，常常会遇到一些问题，需要对其做出是或否的回答。例如，生命是否是从无生命的物质中自动产生的，某台机器生产的产品的规格是否合乎标准，某种创新的治疗方法是否比旧的治疗方法更有效，家电下乡政策是否刺激了农村居民家电产品的消费，小班授课是否比大班授课的教学效果更好等。

为了回答上述问题，需要进行实验或者统计调查，再根据样本数据得出结论，这种依据样本信息对问题做出是与否回答的过程称为假设检验，待检验的假设称为统计假设。

统计假设是成对出现的，即一个原假设一个备择假设，两个假设应当是对立的，并且覆盖研究中所有可能的结果。通常将原假设记为 H_0，将备择假设记为 H_1。原假设一般是一个明确的语句，从数学运算关系来说，原假设的阐述中包含等符号，如未知的总体参数等于，或大于等于，或小于等于某个特定的常数；备择假设是关于未知的总体参数的不同的假设，从数学关系来说，备择假设的阐述中不包含等号，如未知的总体参数不等于，或大于，或小于某个特定的常数。

常见的形式有

$$H_0: \mu = \mu_0, \quad H_1: \mu \neq \mu_0 \tag{6-1}$$

或

$$H_0: \mu \geq \mu_0, \quad H_1: \mu < \mu_0 \tag{6-2}$$

或

$$H_0: \mu \leq \mu_0, \quad H_1: \mu > \mu_0 \tag{6-3}$$

其中：对式(6-1)的检验称为双侧检验；对式(6-2)的检验称为左侧检验；对式(6-3)的检验称为右侧检验。

6.1.2 假设检验的基本原理

如果怀疑原假设是错误的，那么只要有可能，就可以收集样本数据去检验假设。这里应注意，样本是客观存在的，是不容置疑的，而原假设是主观设定的，可能对也可能错。假如样本数据与原假设一致，那么就没有充分理由推翻原假设；反之，如果样本数据与原假设矛盾，那么就可以推翻原假设。这就是假设检验的基本原理。

在假设检验中，通常根据样本数据确定一个统计量，然后对该统计量进行某种变换，以便检查该统计量的观察值是否与原假设一致，称变换后的统计量为检验统计量。例如，假定总体服从正态分布且方差已知,则对 $H_0: \mu=\mu_0$, $H_1: \mu \neq \mu_0$ 的检验中使用的统计量是样本均值 $\overline{X}$,对 $\overline{X}$ 进行标准化变换后得到的统计量 $\dfrac{\overline{x}-\mu_0}{\dfrac{\sigma}{\sqrt{n}}}$ 是检验统计量。由于样本数据含有随机性,所以统计量与原假设可能不完全一致。以总体均值的假设检验为例。对于如下的统计假设:

$$H_0: \mu=\mu_0, \qquad H_1: \mu \neq \mu_0$$

如果样本均值的观察值 $\overline{x}$ 刚好等于 μ_0,就可以判断样本与原假设一致,结论就是不能拒绝原假设。反之,如果 $\overline{x}$ 不等于 μ_0,是否可以肯定样本与原假设不一致呢?其实是不能肯定的。因为样本均值是随机变量,其数学期望是总体均值,所以其取值围绕总体均值波动。换言之,样本均值不等于总体均值的概率大于零。那么什么时候可以判断样本与原假设不一致,从而推翻原假设呢?这里需要一个类似反证法的推理:如果在一次抽样中观察到 $\overline{x}$,那么一个合理的想法是 $\overline{X}=\overline{x}$ 的概率应该较大。如果原假设为真,则 $\overline{X} \sim N\left(\mu_0, \dfrac{\sigma^2}{n}\right)$,从而可以计算 $\overline{X}$ 取得观察值 $\overline{x}$ 以及比该观察值更极端的数值的概率 $P(|\overline{X}| \geqslant |\overline{x}| \mid \mu=\mu_0)$,易知该概率等于 $P\left\{\left|\dfrac{\overline{X}-\mu_0}{\dfrac{\sigma}{\sqrt{n}}}\right| \geqslant \left|\dfrac{\overline{x}-\mu_0}{\dfrac{\sigma}{\sqrt{n}}}\right|\right\}$。在假设检验中,通常称在原假设成立的条件下,检验统计量的观察值以及比其更极端的情况出现的概率为 P-value。如果 P-value 较大,那么可视为与原假设无明显矛盾;反之,P-value 较小,则可视为与原假设明显不一致。这个推理过程如图 6-1 所示。

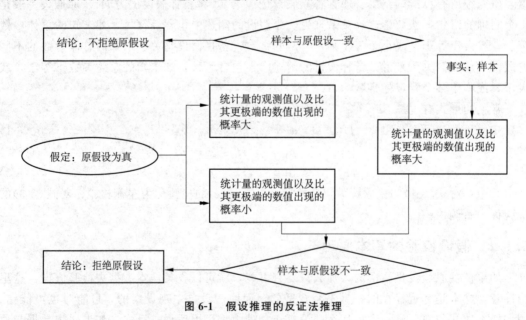

图 6-1 假设推理的反证法推理

接下来的问题就是如何判定 P-value 是大还是小,通常采用 0.10、0.05 或 0.01 等作为确认小概率的标准,这些用来衡量假设检验中 P-value 是否足够小的标准被称为显著性水平,记为 α。如果 P-value $\leqslant \alpha$,则拒绝原假设;否则不能拒绝原假设。显著性水平没有一定的规定,研究者可以根据研究背景和研究目的自行确定。由于在假设检验过程中,利用 P-value 来判断原假设是否成立,所以假设检验的原理可以概括为"小概率事件不可能发生"。这句话的意思是,如果在原假设为真的条件下,样本观察值或比其更极端的情况出现的概率很小,就拒绝原假设。

在很多情况下,P-value 很小等价于检验统计量的观察值(或其绝对值)很大。这意味着:如果检验统计量(或其绝对值)的观察值是否足够大,需要引入一个数值作为"足够大"的标准,如果检验统计量(或其绝对值)的观察值大于该数值,则拒绝原假设。在假设检验中,称这个"足够大"的标准为临界值,称检验统计量的观察值(或其绝对值)大于等于临界值的区域为拒绝域。

以下通过对 $H_0: \mu \leqslant 0, H_1: \mu > 0$ 的检验来演示临界值与显著性水平的等价关系,如图 6-2 所示。

在图 6-2 中,$f(x)$ 曲线是在原假设成立的条件下,检验统计量 $\dfrac{\overline{x} - \mu_0}{\dfrac{\sigma}{\sqrt{n}}}$ 的分布密度函数,即标准正态分布。α_1 的几何意义是 $x = c_1$ 与 $f(x)$ 曲线的右尾以及横轴围成的图形的面积,同理可知 α_2 和 α_3 的几何意义。如果给定的显著性水平为 α_1,则当检验统计量的取值大于 c_1 时,P-value 小于 α_1,此时可以拒绝原假设,从而 c_1 为拒绝原假设所要求的临界值。同理,如果给定的显著性水平为 α_2 或 α_3,则拒绝原假设所要求的临界值分别为 c_2 和 c_3。可以看到,每一个显著性水平都唯一地对应一个临界值,两者具有等价关系,且显著性水平越小,临界值越大。如图 6-2 所示,$\alpha_1 > \alpha_2 > \alpha_3$,而 $c_1 < c_2 < c_3$。

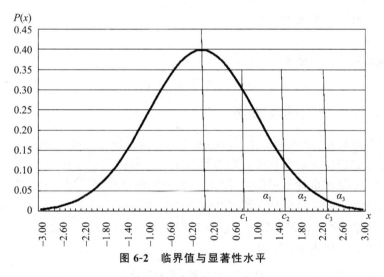

图 6-2　临界值与显著性水平

简言之,在假设检验中,有两种等价的检验法则:一是利用比较 P-value 和显著性水平的方法作决策;二是利用比较检验统计量观察值和临界值的方法作决策。

6.1.3　假设检验的基本步骤

根据假设检验的原理,可将假设检验的主要步骤概括如下。

第一步,建立统计假设。

第二步，构造一个合适的检验统计量U，并根据样本观察值计算出U的观察值μ或者计算P-value。

第三步，规定一个显著性水平α或求出临界值μ_0，从而确定拒绝域。比较μ和μ_0，如果μ落入拒绝域，则拒绝原假设；否则，不能拒绝原假设。也可以比较P-value和α，如果P-value$\leqslant\alpha$，则拒绝原假设；否则，不能拒绝原假设。

需要注意的是，在假设检验中，根据检验是双侧还是单侧，第一步计算的P-value或第三步求解的临界值并不相同。以下以检验统计量服从标准正态分布的情形对此进行简单的说明。

在双侧检验中，只要检验统计量显著偏离于原假设，无论是高还是低，都可以拒绝原假设，因此拒绝域在两侧，即$\mu\geqslant\mu_0$或$\mu\leqslant\mu_0$都可以拒绝原假设。在单侧检验中，拒绝域只在某一侧：对于左侧检验，拒绝域在左侧，即只有$\mu\leqslant\mu_0$才能拒绝原假设；对于右侧检验，拒绝域则在右侧，即只有$\mu\geqslant\mu_0$才能拒绝原假设。用公式表达如下。

(1) 在双侧检验中，P-value$=P\{|U|\geqslant\mu\}$，临界值是使$P\{|U|\geqslant\mu\}\leqslant\alpha$成立的$\mu_0$。

(2) 在左侧检验中，P-value$=P\{|U|\leqslant\mu\}$，临界值是使$P\{|U|\geqslant\mu\}\leqslant\alpha$成立的$\mu_0$。

(3) 在右侧检验中，P-value$=P\{|U|\geqslant\mu\}$，临界值是使$P\{|U|\geqslant\mu\}\leqslant\alpha$成立的$\mu_0$。

在双侧检验中，μ_0是标准正态分布的上$\alpha/2$分位数$z_{\frac{\alpha}{2}}$。换言之，在双侧检验中，有两个临界值，分别是上$\alpha/2$分位数$z_{\frac{\alpha}{2}}$和下$\alpha/2$分位数$z_{1-\frac{\alpha}{2}}$。在左侧检验中，μ_0是检验统计量分布的下α分位数$z_{1-\alpha}$；在右侧检验中，μ_0是检验统计量分布的上α分位数z_α。

一般的，记检验统计量分布的上α分位数为q_0，则对于双侧检验，拒绝域为

$$\mu\geqslant q_{\frac{\alpha}{2}}\text{ 或 }\mu\geqslant q_{1-\frac{\alpha}{2}} \tag{6-4}$$

对于左侧检验，拒绝域为

$$\mu\geqslant q_{1-\alpha} \tag{6-5}$$

对于右侧检验，拒绝域为

$$\mu\geqslant q_\alpha \tag{6-6}$$

6.1.4 假设检验中的两类错误

假设检验的原理是"小概率事件不可能发生"，然而严格来讲，小概率事件并非不可能发生。也就是说，即使原假设正确，也有可能出现很极端的样本观察值，使得P-value$\leqslant\alpha$。此时，根据"小概率事件不可能发生"的原理应拒绝原假设，但这种推断是错误的。相反，即使原假设并不成立，但是在假定其成立的条件下计算的P-value也可能大于规定的显著性水平α，此时不能拒绝原假设，同样这样决策也是错误的。由此，引出了假设检验中两类错误的概念，如表6-2所示。

表6-2 假设检验的两类错误

真实情况	检验决策	
	原假设为真	原假设为假
原假设为真	决策正确	第一类错误
原假设为假	第二类错误	决策正确

如果原假设本来正确，但是假设检验的结果却拒绝了原假设，则称这种决策错误为第一类错误，也称为弃真错误或 α 错误；反之，如果原假设本来错误，但是假设检验的结果却没有拒绝原假设，则称这种决策错误为第二类错误，也称为取伪错误或 β 错误。

理想的检验是两类错误都为零，但只要是随机试验，这就是不可能的。事实上，如果样本容量一定，假设检验中犯两类错误的概率呈此消彼长的关系，以总体均值的右侧检验为例，如图 6-3 所示。

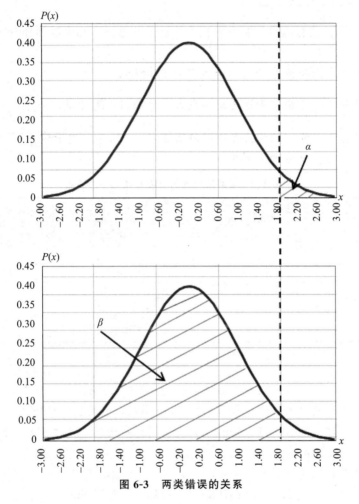

图 6-3　两类错误的关系

对于 $H_0: \mu \leqslant 0, H_1: \mu > 0$ 的统计假设，拒绝域在右侧，图 6-3 中的虚线就是拒绝域所对应的临界值。在图 6-3 中，上图是假定原假设成立条件下检验统计量的分布，下图则是假定 $\mu=1$，成立的条件下检验统计量的分布。如果原假设为真，则上图阴影部分面积是犯第一类错误概率的大小；如果 $\mu=1$ 为真，则下图阴影部分面积是相应的犯第二类错误概率的大小。显然，如果临界值移动，则结果必然是两类错误一个变大，一个减小。

由于原假设是一个明确的语句，所以犯第一类错误的概率可以精确地计算出来，而备择假设则不明确。例如，图 6-3 中下图的阴影部分给出的是 $\mu=1$ 时第二类错误出现的概率，如果 μ 是大于零的其他数值，则第二类错误的大小就会改变。正因为第一类错误出现的概率可以计算出来，而第二类错误出现的概率则较难处理（它依赖一个明确的备择假设），因此在假设检验中应首先控制第一类错误，然后寻求一个相对于所有的备择假设具有最小第二类错误的检验。

6.2 单总体参数的假设检验

6.2.1 总体均值的假设检验

在对总体均值 μ 进行假设检验时，检验统计量的选择和相应的抽样分布的形式取决于给定的已知条件。

▶ 1. 总体方差已知条件下对总体均值的假设检验

在小样本条件下，当总体为正态总体且方差已知时，统计量 $Z = \dfrac{\overline{x} - \mu}{\sigma/\sqrt{n}}$ 满足概率分布 $N(0, 1)$，于是总体均值 μ 的检验方法可概括如表6-3所示。由于检验统计量选择了 Z 统计量，故这种检验方法又称为 Z 检验。

表6-3　单总体均值的假设检验——Z 检验

检验形式	双侧检验	单侧检验	
		左侧检验	右侧检验
原假设	$H_0: \mu = \mu_0$	$H_0: \mu \geq \mu_0$	$H_0: \mu \leq \mu_0$
备择假设	$H_1: \mu \neq \mu_0$	$H_1: \mu < \mu_0$	$H_1: \mu > \mu_0$
检验统计量	$Z = \dfrac{\overline{x} - \mu}{\sigma/\sqrt{n}} \sim N(0, 1)$		
拒绝域	$\vert Z \vert > Z_{\frac{\alpha}{2}}$	$Z < -Z_\alpha$	$Z > Z_\alpha$

【例6-1】

根据长期经验，某厂生产的某产品的抗折能力（单位：kg）服从正态分布 $N(\mu, 64)$。现从该厂所生产的一大批产品中随机地抽取10个样品，测得其抗折能力分别为578，572，570，568，570，572，570，572，596，584。试问这一大批产品的平均抗折能力能否被认为是570kg？（$\alpha = 0.05$）

解： 根据题意，可建立假设如下：

$$H_0: \mu = 570\text{kg} \qquad H_1: \mu \neq 570\text{kg}$$

因为统计量 $Z = \dfrac{\overline{x} - \mu_0}{\sigma/\sqrt{n}} \sim N(0, 1)$ 查标准正态分布表可知，当显著性水平 $\alpha = 0.05$ 时，双侧检验的临界值为 $Z_{\frac{\alpha}{2}} = 1.96$，即拒绝域为 $(-\infty, -1.96) \cup (1.96, +\infty)$。根据样本数据可知，样本均值 $\overline{x} = 575.2\text{kg}$，故检验统计量的值为

$$Z = \dfrac{\overline{x} - \mu_0}{\sigma/\sqrt{n}} = \dfrac{575.2 - 570}{\dfrac{8}{\sqrt{10}}} = 2.0546 > 1.96$$

检验统计量的值落入拒绝域之内，故要拒绝原假设，不能认为这一大批产品的平均抗折能力是570kg。

【例 6-2】（续例 6-1）

能否认为这批产品的平均抗折能力超过 570kg？（$\alpha=0.05$）

解：根据题意，可建立假设如下：

$$H_0: \mu \leqslant 570\text{kg} \qquad H_1: \mu > 570\text{kg}$$

显然这是一个右侧检验问题，拒绝域应在抽样的右端。查标准正态分布表可知，在显著性水平 $\alpha=0.05$ 下，临界值为 $Z_\alpha=1.65$，即拒绝域为 $(1.65, +\infty)$。检验统计量的值 $Z=2.056>1.65$，落入拒绝域之内，故要拒绝原假设，可以认为这一大批产品的平均抗折能力超过 570kg。

【例 6-3】

某食品加工企业的质检部门规定，某种食品每包净重不得少于 20kg。经验证表明，该食品的净重近似服从标准差为 1.5kg 的正态分布。假定从一个由 50 包食品构成的随机样本中得到的平均重量为 19.5kg，能否证明这些食物的平均重量减少了？（$\alpha=0.05$）

解：根据题意，可建立假设如下

$$H_0: \mu \geqslant 20\text{kg} \qquad H_1: \mu < 20\text{kg}$$

这是一个左侧检验问题，拒绝域应在抽样的左端。查标准正态分布表可知，在显著性水平 $\alpha=0.05$ 下，临界值为 $Z_\alpha=1.65$，即拒绝域为 $(-\infty, -1.65)$。由于样本均值 $\bar{x}=19.5\text{kg}$，总体方差 $\sigma^2=1.5^2$，故检验统计量的值为

$$Z = \frac{\bar{x}-\mu_0}{\sigma/\sqrt{n}} = \frac{19.5-20}{\frac{1.5}{\sqrt{50}}} = -2.357 < -1.65$$

检验统计量落入拒绝域，故要拒绝原假设，可以认为这些食品的平均净值重量减少了。

【例 6-4】

某品牌的饮料标称其净含量为 800ml。假定其重量满足正态分布，现抽取 9 件产品进行检验，测得其净含量平均值为 780ml，标准差为 40ml。能否据此样本认为这批产品符合其标称的重量？（$\alpha=0.05$）

解：根据题意可建立假设如下：

$$H_0: \mu = 800\text{ml} \qquad H_1: \mu \neq 800\text{ml}$$

这是一个双侧检验问题，其拒绝域分布于抽样分布的两端。查标准正态分布表可知，当显著性水平 $\alpha=0.05$ 时，双侧检验的临界值为 $Z_{\frac{\alpha}{2}}=1.96$，即拒绝域为 $(-\infty, -1.96) \cup (1.96, +\infty)$。

据样本数据计算检验统计量的值为

$$Z = \frac{\bar{x}-\mu_0}{\sigma/\sqrt{n}} = \frac{780-800}{\frac{40}{\sqrt{9}}} = -1.5 > -1.96$$

检验统计量落在接受域之内，没有充分的理由拒绝原假设，可以认为这批产品的净含量符合它标称的 800ml。

▶ **2. 总体方差未知条件下对总体均值的假设检验**

在小样本条件下，当总体满足正态分布，且方差未知时，统计量 $t = \dfrac{\bar{x}-\mu_0}{S/\sqrt{n}}$ 服从自由

度为 $n-1$ 的 t 分布,此时应进行 t 检验,如表 6-4 所示。其中,$S = \sqrt{\dfrac{\sum_{i=1}^{n}(x_i-\overline{x})^2}{n-1}}$

表 6-4 单总体均值的假设检验——t 检验

检验形式	双侧检验	单侧检验	
		左侧检验	右侧检验
原假设	$H_0: \mu = \mu_0$	$H_0: \mu \geq \mu_0$	$H_0: \mu \leq \mu_0$
备择假设	$H_1: \mu \neq \mu_0$	$H_1: \mu < \mu_0$	$H_1: \mu > \mu_0$
检验统计量	$t = \dfrac{\overline{x}-\mu}{\sigma/\sqrt{n}} \sim t(n-1)$		
拒绝域	$\lvert t \rvert > t_{\frac{\alpha}{2}}(n-1)$	$t < -t_\alpha(n-1)$	$t > t_\alpha(n-1)$

【例 6-5】

某种板材的厚度要求为 5mm,为了解板材生产设备的状况,随机抽取了 18 块板材进行检验,测得其厚度材料如下:

4.91 4.89 4.91 4.87 4.91 5.02 5.03 4.99
4.69 5.03 4.96 4.93 4.86 5.01 5.11 5.05

已知板材厚度服从正态分布,试以 $\alpha = 0.05$ 的显著性水平检验生产设备性能是否良好。

解:这是一个双侧检验的问题,根据题意可建立如下假设:

$$H_0: \mu = 5\text{mm} \quad H_1: \mu \neq 5\text{mm}$$

由于总体满足正态分布且满足方差未知,小样本抽查,故采取 t 检验法,即检验统计量选择 $t = \dfrac{\overline{x}-\mu_0}{S/\sqrt{n}} \sim t(17)$。为此,先计算样本均值 $\overline{x}$ 和样本标准差:

$$\overline{x} = 4.92$$

$$S = \sqrt{\dfrac{\sum_{i=1}^{n}(x_i-\overline{x})^2}{n-1}} = 0.128$$

故检验统计量的值为

$$t = \dfrac{\overline{x}-\mu_0}{S/\sqrt{n}} = \dfrac{4.92-5}{0.128/\sqrt{18}} = 2.651$$

显著水平 $\alpha = 0.05$、自由度 $n-1 = 17$ 时,通过查 t 分布表可知双侧检验临界值为 $t_{\frac{\alpha}{2}}(17) = 2.1098$。显然检验统计量的值落入拒绝域之内,因此要拒绝原假设,可以认为该生产设备性能不好。

【例 6-6】

从某蔬菜中随机抽取 9 件样品检测农药含量,测得某种农药成分平均值为 0.325mg/kg,标准差为 0.068mg/kg。国家卫生标准规定,蔬菜中最大农药残留量为 0.3mg/kg。假定蔬菜中该农药残留量服从正态分布,则该蔬菜中农药残留量是否超标?($\alpha = 0.05$)

解：根据题意可建立如下假设：
$$H_0: \mu \leqslant 0.3\mathrm{mg/kg} \qquad H_1: \mu > 0.3\mathrm{mg/kg}$$

由于总体服从正态分布且方差未知，应该进行 t 检验，故检验统计量 $t = \dfrac{\overline{x} - \mu_0}{S/\sqrt{n}} \sim t(8)$，且采取右侧检验，拒绝域分布在 $t(8)$ 的右端。根据 t 分布表可知，当显著性水平 $\alpha = 0.05$ 时，右侧检验临界值为 $t_\alpha(8) = 1.86$，即拒绝域为 $(1.86, +\infty)$。根据样本数据计算检验统计量的值为

$$t = \frac{\overline{x} - \mu_0}{S/\sqrt{n}} = \frac{0.325 - 0.3}{0.068/\sqrt{9}} = 1.1029 < 1.86$$

检验统计量落入接受域之内，故不能拒绝原假设，说明了没有充分的证据证明该蔬菜中农药残留量超标。

▶ 3. 大样本条件下总体分布未知总体均值的假设检验

如果总体分布不明，则抽样应采取大样本形式，即样本容量 $n \geqslant 30$。根据中心极限定理可知，此时统计量为

$$Z = \frac{\overline{x} - \mu_0}{\sigma/\sqrt{n}} \sim N(0, 1)$$

如果总体标准差 σ 未知，则可用样本标准差 S 代替，即

$$Z = \frac{\overline{x} - \mu_0}{S/\sqrt{n}} \sim N(0, 1)$$

这时，均值的检验仍采取 Z 检验法。

【例 6-7】

某品牌规定无故障时间为 10 000 小时，厂家采取改进措施，现在从新批量彩电中抽取 100 台，测得平均无故障时间为 10 150 小时，标准差为 500 小时，能否据此判断该彩电无故障时间有显著增加？（$\alpha = 0.01$）

解：根据题意可建立如下假设：
$$H_0: \mu \leqslant 10\ 000 \text{ 小时} \qquad H_1: \mu > 10\ 000 \text{ 小时}$$

由于样本容量 $n = 100 > 30$，故应采用 Z 检验的方法进行右侧检验。当显著性水平 $\alpha = 0.01$ 时，通过查标准正态分布表可知，右侧检验的临界值为 $Z_\alpha = 2.34$。根据样本数据计算检验统计量的值为

$$Z = \frac{\overline{x} - \mu_0}{S/\sqrt{n}} = \frac{10\ 150 - 10\ 000}{500/\sqrt{100}} = 3 > 2.34$$

检验统计量的值落入拒绝域之内，故拒绝原假设，可以认为该彩电无故障时间有显著增加。

6.2.2 一个总体成数的假设检验

在二项分布中，当 n 很大，$n(1-p)$ 都大于 5 时，可用正态分布来逼近。也就是说，当 n 充分大时，样本成数 P 近似服从正态分布。基于此，总体成数 p 的假设检验可采取 Z 检验法。具体过程可分为重复抽样和不重复抽样两种情况。

▶ 1. 重复抽样

在重复抽样下，样本成数 P 近似服从正态分布 $N(P, \frac{P(1-P)}{n})$，对其进行标准化后，统计量 $Z = \frac{p-P}{\sqrt{P(1-P)/n}} \sim N(0,1)$，因此对总体成数 P 进行检验时可选择 Z 统计量作为检验统计量，应采取 Z 检验法。检验过程如表 6-5 所示。

表 6-5 单总体成数假设检验

检验形式	双侧检验	单侧检验	
		左侧检验	右侧检验
原假设	$H_0: P = P_0$	$H_0: P \geq P_0$	$H_0: P \leq P_0$
备择假设	$H_1: P \neq P_0$	$H_1: P < P_0$	$H_1: P > P_0$
检验统计量	$Z = \frac{p - P_0}{\sqrt{P_0(1-P_0)/n}} \sim N(0,1)$		
拒绝域	$|Z| > Z_{\frac{\alpha}{2}}$	$Z \leq -Z_\alpha$	$Z \geq Z_\alpha$

【例 6-8】

某杂志称其读者群中有 80% 为女性。为验证这一说法是否属实，某研究部门抽取了由 200 人组成的一个随机样本，发现有 146 名女性经常阅读该杂志。分别取显著性水平 $\alpha = 0.05$ 和 $\alpha = 0.01$，检验该杂志读者群中女性的比例是否为 80%。

解：根据题意和已知条件，可建立如下假设：

$$H_0: P = 80\% \quad H_1: P \neq 80\%$$

样本容量 $n = 200$，其中女性读者 $n_0 = 146$，故样本成数 $p = 146/200 = 73\%$

于是检验统计量的值为

$$Z = \frac{p - P_0}{\sqrt{P_0(1-P_0)/n}} = \frac{73\% - 80\%}{\sqrt{80\% \times (1-80\%)/200}} = -2.475$$

当显著性水平 $\alpha = 0.05$ 时，查标准正态分布表，可知双侧检验临界值为 $Z_{\frac{\alpha}{2}} = 1.96$，即拒绝域为 $(-\infty, -1.96) \cup (1.96, +\infty)$。此时检验统计量的值落入了拒绝域，应拒绝原假设，可以认为该杂志的读者中女性的比例不是 80%，该杂志的说法不实。

当显著性水平 $\alpha = 0.01$ 时，查标准正态分布表，可知双侧检验临界值为 $Z_{\frac{\alpha}{2}} = 2.58$，即拒绝域为 $(-\infty, -2.58) \cup (2.58, +\infty)$。此时检验统计量的值落入了接受域，不能拒绝原假设，可以认为该杂志的读者中女性的比例是 80%，该杂志的说法属实。

从例 6-8 可以看出，显著性水平不同，检验的结果可能也会不同，此时通过 P-value 值来检验更有说服力。

【例 6-9】

某地环保部门声称该地符合废气排放标准的工业企业至少达到 60%。但一个关心环境保护的社会团体不相信这个结论，于是从该地工业企业中随机抽取了 60 家进行检测，发现有 33 家企业符合废气排放标准。试在 $\alpha = 0.05$ 的显著性水平下检验环保部门的结论是否属实。

解：根据题意可建立如下假设：

$$H_0: P \geq 60\% \qquad H_1: P < 60\%$$

由于 $n=60$，$n_0=33$，则样本成数 $p=33/60=55\%$，计算检验统计量的值：

$$Z = \frac{p - P_0}{\sqrt{P_0(1-P_0)/n}} = \frac{55\% - 60\%}{\sqrt{60\% \times (1-60\%)/60}} = -0.791$$

当显著性水平 $\alpha = 0.05$ 时，查标准正态分布表，可知左侧检验的临界值 $-Z_\alpha = -1.65$，即拒绝域为 $(-\infty, -1.65)$。检验统计量的值落入了接受域，所以没有充分的理由拒绝原假设，可以认为该地符合废气排放标准的工业企业至少达到60%，环保部门的结论是可信的。

▶ **2. 非重复抽样**

在非重复抽样条件下，样本成数 P 的抽样分布为 $p \sim N\left(P, \frac{P(1-P)}{n}\left(\frac{N-n}{N-1}\right)\right)$，这时检验统计量选择 $Z = \dfrac{p - P}{\sqrt{\dfrac{P(1-P)}{n}\left(\dfrac{N-n}{N-1}\right)}} \sim N(0,1)$，仍然采取 Z 检验法进行检验。其中 N 为总体容量。

如果满足条件 N 远大于 n，此时修正指数 $\dfrac{N-n}{n-1} \approx 1$，非重复抽样可近似地视为重复抽样，假设检验按重复抽样条件下的方法进行。

6.2.3 一个总体方差的假设检验

在对总体方差 σ^2 进行假设检验时，要求总体服从正态分布。此时，统计量 $\chi^2 = \dfrac{(n-1)S^2}{\sigma^2}$ 服从自由度为 $n-1$ 的 χ^2 分布。其中 S^2 为样本方差，σ^2 为总体方差，这种检验方法称为 χ^2 检验。其检验过程如表6-6所示。

表6-6 单总体方差的假设检验

检验形式	双侧检验	单侧检验	
		左侧检验	右侧检验
原假设	$H_0: \sigma^2 = \sigma_0^2$	$H_0: \sigma^2 \geq \sigma_0^2$	$H_0: \sigma^2 \leq \sigma_0^2$
备择假设	$H_0: \sigma^2 \neq \sigma_0^2$	$H_1: \sigma^2 < \sigma_0^2$	$H_1: \sigma^2 > \sigma_0^2$
检验统计量	$\chi^2 = \dfrac{(n-1)S^2}{\sigma_0^2} \sim \chi^2(n-1)$		
拒绝域	$\chi^2 > \chi^2_{\frac{\alpha}{2}}(n-1)$ 或 $\chi^2 < \chi^2_{1-\frac{\alpha}{2}}(n-1)$	$\chi^2 < \chi^2_{1-\alpha}(n-1)$	$\chi^2 > \chi^2_\alpha(n-1)$

【例 6-10】

某啤酒生产企业采用自动生产线灌装啤酒，每瓶的装填量为 640ml，但由于受某些不可控因素的影响,每瓶的装填量会有差异。此时,不仅每瓶的平均装填量很重要,而且装填量的方差同样也很重要。如果方差很大,会出现装填量过多或过少的情况,这样要么生产企业不划算,要么消费者不满意。假定生产标准规定每瓶装填量的标准差不应超过和不应低于4ml。企业质监部门抽取了10瓶啤酒进行检验,得到的样本标准差为 $S=3.8$ml。试以0.01的显著性水平检验装填量的标准差是否符合要求。

解:根据题意建立如下假设:

$$H_0: \sigma^2 = 4^2 \qquad H_1: \sigma^2 \neq 4^2$$

计算检验统计量的值:

$$\chi^2 = \frac{(n-1)S^2}{\sigma_0^2} = \frac{9 \times 3.8^2}{4^2} = 8.123$$

当显著性水平 $\alpha=0.10$,自由度 $n-1=9$ 时,查 χ^2 分布表,可得双侧检验的临界值分别为 $\chi^2_{0.05}(9)=16.919$ 和 $\chi^2_{0.95}(9)=3.325$,即拒绝域为 $(0, 3.325) \cup (16.919, +\infty)$。检验统计量的值落入接受域之内,故不能拒绝原假设,可以认为啤酒装填量的标准差符合要求。

【例 6-11】

某厂要求原材料的抗拉强度的方差不超过5。现从一批新到的原材料中随机抽取25个样品进行检测,其方差为7。这个数据能否为厂家拒绝这批原材料提供充分的根据?设显著性水平 $\alpha=0.05$,并假设该厂的原材料抗拉强度近似服从正态分布。

解:根据题意建立如下假设:

$$H_0: \sigma^2 \leq 5, \quad H_1: \sigma^2 > 5$$

这是一个右侧检验问题。当显著性水平 $\alpha=0.05$,自由度为 $n-1=24$ 时,查 χ^2 分布表,可得右侧检验的临界值为 $\chi^2_{0.05}(24)=36.42$,即拒绝域为 $(36.42, +\infty)$。

计算检验统计量的值:

$$\chi^2 = \frac{(n-1)S^2}{\sigma_0^2} = \frac{24 \times 7}{5} = 33.6$$

检验统计量的值落入接受域之内,故不能拒绝原假设,可以认为,样本数据不能为厂家拒绝原材料提供充分的根据。

6.3 假设检验需要说明的问题

6.3.1 检验中假设的建立

在假设检验中,统计假设不应随意设立。虽然没有百分之百确定的答案,但是设立统计假设时还是有一些基本规则的,其规则背后是假设检验中对两类错误的处理。

在前文中介绍了假设检验中的两类错误,并指出第一类错误可以精确计算出来,而第二类错误则较难处理,因此在假设检验中对两类错误的处理是不对称的——第一类错误可以得到控制,第二类错误则是难以控制的。在实际运用中,设置统计假设时,研究者面临两种对立的选择,通常应将一旦决策错误所带来的风险或损失巨大的那种选择作为原假设,而将另外一种选择作为备择假设。这是因为,如果原假设被拒绝,可能犯第一类错误,而犯错误的概率不超过规定的显著性水平,由于显著性水平往往是一个很小的数,这就意味着除非有充分的证据，否则原假设不会被轻易拒绝。由此可知，将一旦决策错误带来的风险或损失较大的那种选择作为原假设，则错误决策的概率能够得到很好的控制，从而可以减小风险。

一个比较好的例子是新药是否比旧药疗效好的假设检验问题。医药管理部门面临两个选择：一是肯定新药的疗效更好，从而做出批准生产的决策；二是不认为新药的疗效更好，从而做出暂不批准生产和出售新药的决策。显然，无论采取哪个决策，一旦错误，都会带来一定的风险和损失。如果新药的疗效不比旧药更好，但是决策者错误地拒绝这种结论，从而批准生产和出售新药，则不仅不能取得好的疗效，而且有可能面临因为新药的副作用而损害患者健康的风险；反之，如果新药的疗效比旧药更好，但是决策者错误地拒绝了这个结论，从而否决生产和出售新药，则有可能面临患者无法得到更好的治疗的风险。相比之下，前一种风险更大一些，因此，原假设应当是新药的疗效不比旧药更好，这样，错误拒绝该原假设带来的损失可以得到控制。

不过，哪一种决策错误带来的风险更大，有时可能并不明确。一般建议将"既有"状态或"没有变化"或与研究者的观点（或理论）相反的陈述作为原假设，而将"新"状态或"有变化"或研究者的观点（或理论）作为备择假设。例如，某房地产经纪人认为甲城市的房屋租赁价格低于乙城市，这是研究者自己的观点，因此将其作为备择假设，而将对立的观点作为原假设。

6.3.2 检验结果的解释

在假设检验中，做出决策时通常使用"不能拒绝原假设"的说法，而不是"接受原假设"。虽然从日常用语来看，"不能拒绝"等同于"接受"，但是在假设检验中，两者还是有区别的。"不能拒绝原假设"只是意味着证据不够充分，因此在规定的显著性水平下不能认为原假设错误，但并未肯定原假设正确。换言之，如果掌握了进一步的证据，原假设还是可能被拒绝的。"接受原假设"则意味着承认原假设是正确的，此时存在犯第二类错误的可能。因此，在陈述假设检验的结论时要注意措辞。

6.3.3 关于显著性水平

在例 6-8 中看到一个现象：如果规定不同的显著性水平，可能会做出不同的检验决策。事实上，如果在规定的显著性水平下拒绝了原假设，则对于大于该显著性水平的其他显著性水平，也一定会拒绝原假设；而如果在规定的显著性水平下拒绝了原假设，这对于小于该显著性水平的其他显著性水平，却不一定会拒绝原假设，且应当规定更小的显著性水平；反之，如果对第一类错误容忍度较高，则显著性水平可以略微大一些。例如，检验生产螺丝钉是否合格，原假设是螺丝钉不合格。如果螺丝钉是为航天器生产的，则第一类错误带来的后果特别严重，因此应当规定特别小的显著性水平，如百万分之一，甚至更小。如果螺丝钉是为家具生产的，则第一类错误带来的后果不是很严重，因此显著性水平可以相对高一些，如 5% 甚至 10%。

此外，应当在抽样之前确定显著性水平，而不是分析了样本数据之后才规定，后一种做法被称为"数据偷窥"，是利用统计作假的手段之一。为了避免统计作假的现象，研究者最好须报告所得的 P-value，而不是简单报告一个决策结果。这样，读者或用户是否拒绝原假设，就取决于其自己规定的显著性水平，而不是受制于研究者。易知：只要规定的 $\alpha \geqslant P\text{-value}$，就会拒绝原假设；而对于 $\alpha < P\text{-value}$，则不会拒绝原假设。

由于显著性水平会影响统计决策，所以在假设检验中，显著性水平不能随意规定，而是要根据实际情况来确定。对于第一类错误带来的后果特别严重的检验问题假设检验的用途是帮助分辨真实存在的差异与随机抽样误差。由于第一类错误的存在，即使原假设是正确的，仍然有可能得到一个被称为"具有统计显著性"的差异。因此，当人们称一个具有统计显著性的结论不可能是由随机误差引起的时候，就过于武断了。

一个研究人员进行 100 次检验，即使在每次检验中原假设都是正确的，如果规定的显著性水平为 0.05，那么他仍可期望获得 5 次"统计显著"的结果。毫无疑问，没有什么良方来确定发现的显著性差异到底是真实存在的，还是应归之于随机误差。

6.3.4 区间估计与假设检验的关系

区间估计和假设检验有着密切的内在联系。从直观上看，区间估计和假设检验使用相同的统计量和相同的分位数；从专业角度看，区间估计和假设检验具有对偶关系，如图 6-4 所示。

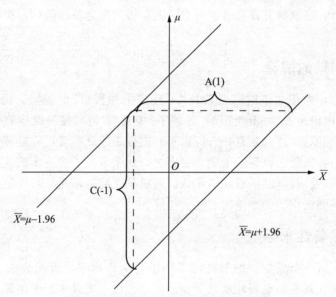

图 6-4 区间估计与假设检验的对偶关系

图 6-4 显示了假定总体方差已知的条件下，对一个总体均值的区间估计与假设检验的对偶关系，为方便起见，令 $\dfrac{\sigma}{\sqrt{n}}=1$。其中假设检验的假设为 $H_0：\mu=\mu_0$，$H_1：\mu \neq \mu_0$，显著性水平为 $\alpha=0.05$，区间估计的置信度 $1-\alpha=0.95$。

在图 6-4 中，两条平行线之间的水平截线是对于给定的原假设，假设检验中的接受域，如 A(1) 是假定总体均值为 1 时假设检验的接受域；而垂直截线则是基于给定的样本均值估计的总体均值的置信区间，如 C(−1) 是样本均值为 −1 时总体均值的置信区间。可以看到，接受域和置信区间是由相同的两条直线所确定的。进一步地，对于给定的样本，所有不能被拒绝的原假设所假设的参数值刚好构成由该样本估计的置信区间。这就是区间估计和假设检验的对偶关系。

正由于区间估计和假设检验具有对偶关系，所以可以利用区间估计进行假设检验。其基本方法是：对于给定样本和显著水平 α，以 $1-\alpha$ 的置信度对参数进行区间估计，如果原假设对参数的假定被置信区间所覆盖，则不拒绝原假设；否则，要拒绝原假设。

6.4 Excel 在假设检验中的应用

在假设检验中，主要的计算是检验统计量的值及其对应的 P-value 值。计算检验统计量的值主要利用 Excel 的公式功能来实现，而 P-value 值则需要用到 Excel 中相对应的概率函数。以下主要介绍 P-value 值的计算。

6.4.1 计算 Z 检验的 P-value 值

Z 检验可以借助 Excel 计算 P-value 值来进行，以例 6-1 为例，具体操作步骤如下。

方法一

（1）打开 Excel 工作表，直接单击"fx"按钮，弹出"插入函数"对话框。在"插入函数"对话框的"或选择类别"复选框的下拉菜单中选择"统计"选项，并在"选择函数"栏中选中"NORM.S.DIST"选项，如图 6-5 所示。

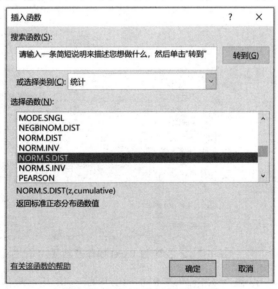

图 6-5 "插入函数"对话框设置

（2）单击"确定"按钮，弹出"函数参数"对话框，将检验统计量的值"$Z=2.056$"输入，得到函数值"0.980 109"，如图 6-6 所示。该函数值表示标准正态分布中 $Z=2.056$ 以左的概率，即标准正态分布中 $Z=2.056$ 左边的面积，如图 6-6 所示。

（3）该检验的 P-value 值 $=2\times(1-0.980\ 109)\approx 0.039\ 8 < 0.05$，故应拒绝原假设。

方法二

（1）打开一张空白的 Excel 工作表，将样本数据输入表中。直接单击"$f(x)$"按钮，弹

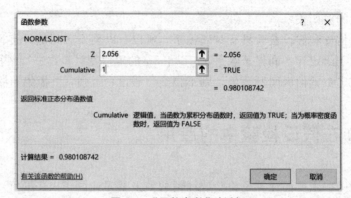

图 6-6 "函数参数"对话框

出"输入函数"对话框,在"或选择类别"复选框中选择"统计"选项,在"选择函数"栏中选中"Z. TEST"选项。

(2)单击"确定"按钮,弹出"函数参数"对话框,在"Array"一栏中输入样本数据所在区域(本例为"A1：A10"),在"X"一栏中输入待检验参数(本例输入"570"),在"Sigma"一栏中输入已知的总体标准差(若未知,系统自动以样本标准差 S 代替,本例输入"8")。输入完毕,对话框中自动显示"计算结果=0.019 916 31",如图 6-7 所示。

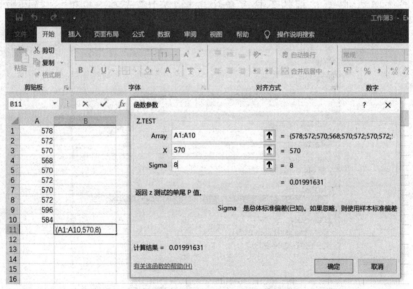

图 6-7 Z 检验的 Excel 操作及结果

(3)该检验的 P-value 值=$2\times0.019\,916\approx0.039\,8<0.05$,故应拒绝原假设。

需要注意的是,NORM. S. DIST 函数的计算结果显示的是标准正态分布在 Z 值以左的概率,而 Z. TEST 函数的计算结果显示的是标准正态分布在 Z 值以右的概率。

此外,对于例 6-2 和例 6-3 的单侧检验,也可以按照此方法进行。其中,例 6-2 是个右侧检验,其 Excel 操作过程与例 6-1 一样,但是 P-value 值的计算不同。由于例 6-2 中的 P-value 值=$1-0.980\,109\approx0.019\,9$,远小于显著水平 0.05,故应该拒绝原假设。而例 6-3 是个左侧检验,其操作过程如图 6-8 所示,输入检验统计量 $Z=-1.826$,则可得到 P-value 值=$0.033\,925\,131<0.05$,故应该拒绝原假设。

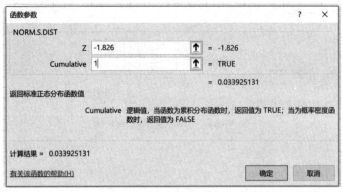

图 6-8　单侧检验的 Excel 操作

6.4.2　计算 t 检验的 P-value 值

t 检验也可以借助 Excel 来计算 P-value 以进行检验。以例 6-5 为例，具体操作步骤如下。

（1）打开一张空白的 Excel 工作表直接单击"$f(x)$"按钮，弹出"插入函数"对话框，在"或选择类别"复选框中选择"统计"选项，在"选择函数"栏中选中"T.DIST.2T"选项。

（2）单击"确定"按钮，弹出"函数参数"对话框，在"X"一栏填入样本均值"4.92"，在"Deg-freedom"一栏填入 t 分布的自由度"17"。具体如图 6-9 所示。

图 6-9　t 检验的 Excel 操作

（3）数据输入完毕后，下方自动显示"计算结果＝0.000 129 588"，此即 P-value 值。由于 P-value 值小于显著性水平 0.05，故应拒绝原假设。

单击 t 检验的 P-value 值计算相类似，如例 6-6 的操作过程如图 6-10 所示。其 P-value 值＝0.151 069 816，大于显著性水平 0.05，故不能拒绝原假设。

导入案例分析

通过本章的学习，分析案例导入提出的思考：联合航空公司采用按区登机法后是否比西南航空公司登机时间缩短了？

图 6-10　单侧 t 检验的 Excel 操作

根据案例导入部分的数据统计显示，联合航空公司采用按区登机方法所需时间的样本均值为 $\overline{x}_1=11.67$，所需时间的样本标准差 $s_1=1.692$，样本 $n_1=10$；西南航空公司不对号入座登机所需时间样本均值为 $\overline{x}_2=12.54$，所需时间的样本标准差 $s_2=1.897$，样本 $n_2=15$。

原假设 H_0：$\mu_1-\mu_2\geqslant 0$；备择假设 H_1：$\mu_1-\mu_2<0$。

对于以上模型检验与解释。由于 n_1、n_2 均较小，且总体方差未知，也无法断定两个总体的方差是否相等，故采用 t 分布检验统计量，其自由度 $f=20.94$，取 $f=30$。经计算，样本统计量 $t=-1.1994$。在 95% 的置信区间 $f=30$ 的情况下，$-1.1994<1.6991$，所以接受原假设，即没有足够的理由证明联合航空公司采用按区登机法后比西南航空公司登机时间缩短了。

因此我们可以得出结论：没有足够的理由可以证明联合航空公司采用按区登机法后比西南航空公司登机时间缩短了。

本章小结

本章共 4 节，主要介绍了假设检验的含义、基本任务、基本原理、基本步骤以及两类错误；单总体参数的假设检验，包括单总体均值、成数和方差的假设检验方法；假设检验中需要注意的问题，包括统计假设的设立、统计决策的叙述、正确认识统计显著性以及区间估计与假设检验的关系；同时，举例说明了运用 Excel 计算 Z 检验和 t 检验中的 P-value 值的方法。目的是使学生掌握假设检验的基本知识，并能在统计实践中灵活运用假设检验对总体指标进行推断。

复习与思考

1. 计算题

（1）假定某商店中一种商品的日销售量服从正态分布，σ 未知，根据以往经验，其销售量均值为 60 件。该商店在某一周中进行了一次促销活动，其一周的销售量数据分别为 64，57，49，81，76，70，58。为测量促销是否有效，试对其进行假设检验，给出你的结

论。($\alpha=0.01$)

(2) 一种罐装饮料采用自动生产线生产，每罐的容量是 255ml，标准差为 5ml。为检验每罐容量是否符合要求，质检人员在某天生产的饮料中随机抽取 40 罐进行检验，测得每罐平均容量为 255.8ml。取显著性水平 $\alpha=0.05$，检验该天生产的饮料容量是否符合标准要求。

(3) 某一小麦品种的平均产量为 5 200kg/hm^2。一家研究机构对小麦品种进行了改良以期提高产量。为检验改良后的新品种产量是否有显著提高，随机抽取了 36 个地块进行试种，得到的样本平均产量为 5 275kg/hm^2，标准差为 120/hm^2。试问检验改良后的新品种产量是否有显著提高。($\alpha=0.05$)

2. 实训题

(1) 一种机床加工的零件尺寸绝对平均误差允许值为 1.35mm。生产厂家现采用一种新的机床进行加工以进一步降低误差。为检验新机床加工的零件平均误差与旧机床相比是否有显著降低，从某天生产的零件中随机抽取 50 个进行检验。这 50 个零件尺寸的误差数据如表 6-7 所示。利用这些样本数据，检验新机床加工的零件尺寸的平均误差与旧机床相比是否有显著降低。($\alpha=0.01$)

表 6-7　50 个零件尺寸的误差数据　　　　　　　　　　　　单位：mm

1.26	1.19	1.31	0.97	1.81
1.13	0.96	1.06	1.00	0.94
0.98	1.10	1.12	1.03	1.16
1.12	1.12	0.95	1.02	1.13
1.23	0.74	1.50	0.50	0.59
0.99	1.45	1.24	1.01	2.03
1.98	1.97	0.91	1.22	1.06
1.11	1.54	1.08	1.10	1.64
1.70	2.37	1.38	1.60	1.26
1.17	1.12	1.23	0.82	0.86

(2) 一种汽车配件的平均长度要求为 12cm，高于或低于该标准均被认为是不合格的。汽车生产企业在购进配件时，通常是经过招标，然后对中标的配件提供商提供的样品进行检验，以决定是否购进。现对一个配件提供商提供的 10 个样本进行检验。这 10 个样本尺寸的长度如表 6-8 所示。假定该供货商生产的配件长度服从正态分布，在 0.05 的显著性水平下，检验该供货商提供的配件是否符合要求。

表 6-8　10 个样本尺寸的长度　　　　　　　　　　　　单位：cm

12.2	10.8	12.0	11.8	11.9
12.4	11.3	12.2	12.0	12.3

在线课堂

在线自测

拓展知识：
利用 p 值进行决策

第7章 方差分析

> **学习目标**
> 1. 了解方差分析的含义与内容体系；
> 2. 掌握单因素方差分析的原理与方法及应用条件；
> 3. 掌握多因素方差分析的原理与方法及应用。

案例导入

不同包装类型的同一产品销售量是否有显著差异

欧诚氏集团有限公司欲大力销售某种产品，采用了三种不同的包装进行销售，一段时间后，汇总了21家同类商超对这三种包装的产品销售量，如表7-1所示。

表7-1 三种不同包装的产品销售量

包装类别1		包装类别2		包装类别3	
测量编号	总销售量/件	测量编号	总销售量/件	测量编号	总销售量/件
1	87	8	97	15	107
2	87	9	98	16	100
3	99	10	80	17	72
4	81	11	104	18	73
5	98	12	75	19	109
6	81	13	95	20	93
7	82	14	88	21	89

如果采用第6章介绍的假设检验方法，用 t 分布作两两比较，则需要包装类别1和包装类别2，包装类别1和包装类别3，包装类别2和包装类别3，分别两两进行共三次比较。这样做不仅烦琐，而且每次检验犯第一类错误的概率都是 α，作多次检验会使犯第一类错误的概率相应地增加，检验完成时，犯第一类错误的概率会大于 α。同时，随着检验次数的增加，偶然因素导致差别的可能性也会增加。本章介绍的方差分析方法很容易解决这样的问题，它同时考虑所有的样本数据，一次检验即可判断多个总体的均值是否相同，这不仅排除了犯错误的累积概率，而且提高了检验的效率。

资料来源：作者自编。

思考：

每个商超对该种产品的销售量可以看作一个随机样本。现在的问题是，三种包装的产品销售量是否有显著差异呢？

章节导言

方差分析（analysis of variance，ANOVA），是20世纪20年代由英国统计学家费雪（Ronald Aylmer Fisher）首先提出的，最初主要应用于生物和农业田间试验，以后推广到各个领域。它直接对多个总体的均值是否相等进行检验，这样不但可以减少工作量，而且可以增加检验的稳定性。

课程思政

树立精益求精的工匠精神

劳动者的素质对一个国家、一个民族发展至关重要。不论是传统制造业还是新兴产业，工业经济还是数字经济，工匠始终是产业发展的重要力量，工匠精神始终是创新创业的重要精神源泉。

2020年11月24日，在全国劳动模范和先进工作者表彰大会上，习近平总书记高度概括了工匠精神的深刻内涵，强调劳模精神、劳动精神、工匠精神是以爱国主义为核心的民族精神和以改革创新为核心的时代精神的生动体现，是鼓舞全党全国各族人民风雨无阻、勇敢前进的强大精神动力。

执着专注、精益求精、一丝不苟、追求卓越——这是工匠精神的写照。作为一种精神，精益求精是优秀的工匠们共同具有的思想特征和从业准则。无论做什么事情，都必须以严谨的工作态度、纯粹的专业眼光严苛审视自己的工作，不允许有任何疏漏，也就是"要做就要做最好"。精益求精，擎起"中国制造"。

一把焊枪，能在眼镜架上"引线绣花"，能在紫铜锅炉里"修补缝纫"，也能给大型装备"把脉问诊"……在"七一勋章"获得者、湖南华菱湘潭钢铁有限公司焊接顾问艾爱国的眼里，不管什么材质的焊接件，多么复杂的工艺，基本没有拿不下来的活儿。在所有焊接中，大型铜构件难度最大。因为需要在超过700摄氏度高温下，在几分钟的时间窗口内，精准找到点位连续施焊，稍不留神就前功尽弃。"焊的时候皮肤绷紧，手不自觉地颤抖，不知道能坚持到第几秒。"面对技术、意志力的多重考验，艾爱国将旁人望而却步的事情变成了自己的绝活。

中铁二局二公司隧道爆破高级技师彭祥华，能在岩层间做到精准爆破，误差控制远小于规定的最小值；金川集团铜业有限公司贵金属冶炼分厂提纯班班长潘从明，数十年如一日专注于铂族贵金属高效提炼技术，通过特定试剂溶解含稀有贵金属的矿渣，能从其溶液的颜色中迅速判断铜、铁等杂质含量……

小到一枚螺丝钉、一根电缆的打磨，大到飞机、高铁等大国重器的锻造，都展现出工匠们笃实专注、严谨执着的匠心。正是一代代对工匠精神的继承与发扬，我国从一个基础薄弱、工业水平落后的国家，成长为世界制造大国。

资料来源：张新欣. 精益求精 勇于创新——工匠精神述评[N/OL]. (2021-09-27)[2023-05-20]. https://baijiahao.baidu.com/s?id=1712045589995918998&wfr=spider&for=p.

7.1 方差分析概述

7.1.1 方差分析中的常用术语

以下我们通过例题来说明方差分析中的常用术语。

【例 7-1】

某公司采用四种方式推销其产品。为检验不同方式推销产品的效果，随机抽样，其数据如表 7-2 所示。

表 7-2 某公司产品销售方式所对应的销售量

销售方式	序号					水平均值/件
	1	2	3	4	5	
方式一	77	86	81	88	83	83
方式二	95	92	78	96	89	90
方式三	71	76	68	81	74	74
方式四	80	84	79	70	82	79
总均值						81.5

▶ 1. 因素

因素是指要研究的变量，它可能对因变量产生影响。例如，研究如何提高猪的日增重时，饲料的配方、猪的品种、饲养方式、环境温湿度等都对日增重有影响，均可作为试验因素来考虑。当试验中考察的因素只有一个时，称为单因素试验；若同时研究两个或两个以上的因素对试验指标的影响时，则称为两因素或多因素试验。试验因素常用大写字母 A、B、C 表示。在例 7-1 中，要分析不同销售方式对销售量是否有影响，则销售量是因变量，而销售方式是可能影响销售量的因素。

如果方差分析只针对一个因素进行，称为单因素方差分析。如果同时针对多个因素进行，称为多因素方差分析。本章介绍单因素方差分析和双因素方差分析，它们是方差分析中最常用的。

▶ 2. 水平

水平是指因素的具体表现。例如：比较三个品种奶牛产奶量的高低，这三个品种就是奶牛品种这个试验因素的三个水平；研究某种饲料中 4 种不同能量水平对肥育猪瘦肉率的影响，这 4 种特定的能量水平就是饲料能量这一试验因素的四个水平。因素水平用代表该因素的字母加添下标 1，2，3 等数字来表示，如 A_1，A_2，…，B_1，B_2，…，等。在例 7-1 中，销售的 4 种方式就是因素的不同取值等级。有时水平是人为划分的，比如质量被评定为好、中、差。

▶ 3. 单元

单元是指因素水平之间的组合。如在表 7-2 中，销售方式有五种不同的销售业绩，比如，销售方式一有 77、86、81、88、83 五个销售业绩，这就是五个单元。对应的，销售方式二、三、四也分别有五个单元。方差分析要求的方差齐性就是指的各个单元间的方差齐性。

▶ 4. 元素

元素是指用于测量因变量的最小单位。一个单元里可以只有一个元素,也可以有多个元素。在例 7-1 中,每一个单元里只有一个元素。

▶ 5. 均衡

如果在一个试验设计中任一因素各水平在所有单元格中出现的次数相同,且每个单元格内的元素数相同,则称该试验为均衡,否则,就称为不均衡。在不均衡试验中获得的数据在分析时较为复杂。

▶ 6. 交互作用

如果一个因素的效应大小在另一个因素不同水平下明显不同,则称为两因素间存在交互作用。当存在交互作用时,单纯研究某个因素的作用是没有意义的,必须在另一个因素的不同水平下研究该因素的作用大小。如果所有单元格内都至多只有一个元素,则交互作用无法测出。

7.1.2 方差分析的基本思想

以下通过例 7-1 来说明方差分析的基本思想。要看不同推销方式的效果,其实就归结为一个检验问题,设 μ_i 为第 $i(i=1,2,3,4)$ 种推销方式的平均销售量,即检验原假设 $H_0: \mu_1=\mu_2=\mu_3=\mu_4$ 是否为真。从数值上观察,4 个均值都不相等,方式二的销售量明显较大。然而,我们并不能简单地根据这种第一印象来否定原假设,而应该分析 μ_1、μ_2、μ_3、μ_4 之间差异的原因。

从表 7-2 中可以看到,20 个数据各不相同,这种差异可能由两方面的原因引起的:一是推销方式的影响,不同的方式会使人们产生不同消费冲动和购买欲望,从而产生不同的购买行动。这种由不同水平造成的差异,我们称之为系统性差异。二是随机因素的影响,同一种推销方式在不同的工作日销量也会不同,因为来商店的人群数量不一,经济收入不一,当班服务员态度不一。这种由随机因素造成的差异,我们称为随机性差异。两个方面产生的差异用两个方差来计量:一是 μ_1、μ_2、μ_3、μ_4 之间的总体差异,即水平之间的方差,二是水平内部的方差。前者既包括系统性差异,也包括随机性差异;后者仅包括随机性差异。如果不同的水平对结果没有影响,如推销方式对销售量不产生影响,那么在水平之间的方差中,也就仅仅有随机性差异,而没有系统性差异,它与水平内部方差就应该接近,两个方差的比值就会接近于 1;反之,如果不同的水平对结果产生影响,在水平之间的方差中就既包括了随机性差异,也包括了系统性差异。这时,该方差就会大于水平内方差,两个方差的比值就会比 1 大,当这个比值大到某个程度时,即达到某临界点,我们就可以做出判断,不同的水平之间存在显著性差异。因此,方差分析是指通过对水平之间的方差和水平内部的方差的比较,做出拒绝还是不能拒绝原假设的判断。

7.1.3 方差分析的基本假设

在方差分析中通常有以下假设:

(1) 每个总体都应服从正态分布,也就是说,对于因素的每一个水平,其观察值是来自正态分布总体的简单随机样本。例如,在例 7-1 中,每一种销售方式对应的五个销售业绩必须服从正态分布。为判断四种销售方式分别的五个销售业绩是否服从正态分布,可分别画出他们的正态概率图。例 7-1 的四种销售方式的销售业绩是服从正态分布的假定的。

(2) 各个总体的方差必须相同。也就是说，对于各组观察数据，是从具有相同方差的正态总体中抽取的。例如，在例 7-1 中，四种销售方式的销售业绩的方差都相同。

(3) 各样本的独立性，即各组观察数据，是从相互独立的总体中抽取的，只有独立的随机样本，才能保证变异的可加性。例如，在例 7-1 中，每一个销售业绩都与其他销售业绩独立。

在上述假设条件成立的情况下，要分析自变量对因变量是否有影响，形式上也就转化为检验自变量的各个水平（总体）的均值是否相等。例如，判断销售方式对销售业绩是否有显著影响，实际上也就是检验具有同方差的 4 个正态总体的均值（销售业绩的均值）是否相等。尽管不知道 4 个总体的均值，但可以用样本数据来检验它们是否相等。如果 4 个总体的均值相等，可以期望 4 个样本的均值也会非常接近。事实上，4 个样本的均值越接近，推断 4 个总体的均值相等的证据也就越充分；反之，样本均值越不相同，推断总体均值不同的证据也就越充分。换句话说，样本均值变动越小就越支持原假设 $H_0: \mu_1 = \mu_2 = \mu_3 = \mu_4$，样本均值变动越大就越支持备择假设 $H_0: \mu_1 \neq \mu_2 \neq \mu_3 \neq \mu_4$。

数理统计证明，水平之间的方差（也称为组间方差）与水平内部的方差（也称组内方差）之间的比值是一个服从 F 分布的统计量，我们可以通过对这个统计量的检验做出拒绝或不能拒绝原假设的决策。其计算公式为

$$F = \frac{\text{水平间方差}}{\text{水平内方差}} = \frac{\text{组间方差}}{\text{组内方差}} \tag{7-1}$$

7.2 单因素方差分析

单因素方差分析是指只考虑一个因素对观测数据的影响效应。在例 7-1 中，只考虑推销方式（因素 A）对销售量的影响，或者只考虑商店的地理位置（因素 B）对销售量的影响，都属于单因素方差分析。

7.2.1 单因素条件下离差平方和的分解

单因素指的是因子唯一。为了检验该因子的不同水平下的总体均值是否有显著差异，我们可针对因子的不同水平进行试验或抽样；把因子处在不同水平上抽得的样本看作来自不同总体的样本，然后检验这些不同总体的均值是否相等。表 7-3 是在因子 A 的不同水平下抽样的数据。

表 7-3 单因素方差分析数据

因素水平＼样本	1	2	⋯	n	合计	均值
A_1	X_{11}	X_{12}	⋯	X_{1n}	X_1	$\overline{X}_1$
A_2	X_{21}	X_{22}	⋯	X_{2n}	X_2	$\overline{X}_2$
⋮	⋮	⋮	⋮	⋮	⋮	⋮
A_r	X_{r1}	X_{r2}	⋯	X_{rn}	X_r	$\overline{X}_r$
合计					X	$\overline{X}$

表中的 X_{ij} 是在 A_i 水平上，第 j 个样本单位的数据。另外：

$$X_i = \sum_{j=1}^{n} X_{ij}, \qquad X = \sum_{i=1}^{r}\sum_{j=1}^{n} X_{ij}$$
$$\overline{X}_i = \frac{X_i}{n}, \qquad \overline{X} = \frac{X}{nr} \qquad (i=1, 2, \cdots, r)$$

即 $\overline{X}_i$ 是在因素水平 A_i 上的平均数，$\overline{X}$ 是样本总平均。

总离差平方和记为 SST(sum of squares for total)，则：

$$\text{SST} = \sum\sum(X_{ij}-\overline{X})^2 \tag{7-2}$$

它反映了样本数据总的波动程度。按前面的平方和分解思路，我们有：

$$\sum\sum(X_{ij}-\overline{X})^2 = \sum\sum[(X_{ij}-\overline{X}_i)+(\overline{X}_i-\overline{X})]^2$$
$$= \sum\sum(X_{ij}-\overline{X}_i)^2 + \sum\sum(\overline{X}_i-\overline{X})^2 + 2\sum\sum(X_{ij}-\overline{X}_i)(\overline{X}_i-\overline{X})$$

以上式中，交叉项之和为零，即

$$\sum_{i=1}^{r}\sum_{j=1}^{n}(X_{ij}-\overline{X}_i)(\overline{X}_i-\overline{X}) = \sum_{i=1}^{r}(\overline{X}_i-\overline{X})\sum_{j=1}^{n}(X_{ij}-\overline{X}_i)$$
$$= \sum_{i=1}^{r}(\overline{X}_i-\overline{X})\times 0 = 0$$

进一步记：

$$\text{SSA} = \sum\sum(\overline{X}_i-\overline{X})^2 = \sum n(\overline{X}_i-\overline{X})^2 \tag{7-3}$$

$$\text{SSE} = \sum\sum(X_{ij}-\overline{X}_i)^2 \tag{7-4}$$

组间方差总和(Sum of Squares Among Groups，SSA)是由各组均值差异引起的；组内方差总和(Sum of Squares within Groups，SSE)，由随机误差产生。因此，我们得到离差平方和的分解式：

$$\text{SST} = \text{SSE} + \text{SSA} \tag{7-5}$$

7.2.2 因素作用显著性的检验

前面已指出，检验因子作用的显著性，实质上就是检验以下的假设：

$$H_0: \mu_1 = \mu_2 = \cdots = \mu_r \tag{7-6}$$
$$H_0: \mu_1, \mu_2, \cdots, \mu_r \text{ 不全相等} \tag{7-7}$$

原假设是否为真，关键是看 SSA 与 SSE 两者间的相对比较；在比较两者时，要剔除引起各种方差的"独立变量个数"——自由度的影响。

SST 是由于 X_{ij} 的波动引起的方差，但是，这里所有的 nr 个变量并不独立，它们必须满足的一个约束条件是：$\sum\sum(X_{ij}-\overline{X})=0$，真正独立的变量只有 $nr-1$ 个，自由度是 $nr-1$。SSA 是因子在不同水平上的均值 $\overline{X}_i$ 变化而产生的方差。但是，r 个均值并不是独立的，它们必须满足约束条件：$\sum n(\overline{X}_i-\overline{X})=0$，因此也丢失一个自由度，它的自由度是 $r-1$。SSE 是由所有在各因素水平上的围绕均值波动产生的，但是它们必须满足的约束条件是：$\sum n(X_{ij}-\overline{X}_i)=0(i=1, 2, \cdots, r)$，一共 r 个，失去了 r 个自由度，所以 SSE 的自由度是 $nr-r$。SST、SSA 和 SSE 的自由度满足如下关系：
$$nr-1=(r-1)+(nr-r) \tag{7-8}$$

将各方差除以各自的自由度，就得到相应的均方，即
$$\text{MSE}=\frac{\text{SSE}}{nr-r},\ \text{MSA}=\frac{\text{SSA}}{r-1} \tag{7-9}$$

MSA 与 MSE 分别是 SSA 与 SSE 的均方。

有了均方，我们就可以构造 F 统计量来检验原假设式(7-6)是否为真：
$$F=\frac{\text{MSA}}{\text{MSE}} \sim F(r-1,\ nr-r) \tag{7-10}$$

F 值越大，越说明在总的方差波动中，组间方差是主要部分，有利于拒绝原假设接受备选假设；反之，F 值越小，越说明随机方差是主要的方差来源，有利于接受原假设，有充分证据说明待检验的因素对总体波动有显著影响。因此，检验的拒绝域安排在右侧。对于给出的显著性水平 α，查 F 分布表，得临界值 $F_\alpha(r-1,\ nr-r)$，当 $F>F_\alpha$ 时，拒绝原假设，接受备选假设，认为所检验因素对总体有显著影响；当 $F<F_\alpha$ 时，接受原假设，认为没有证据说明所检验的因素对总体的显著影响，如图 7-1 所示。

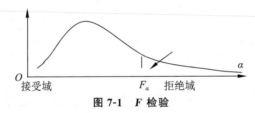

图 7-1　F 检验

现在，我们回头去解决例 7-1 提出的问题。通过 Excel 得到方差分析的计算结果，如表 7-4 所示(Excel 操作过程参见本章第 4 节)。

表 7-4　Excel 输出的方差分析表

差异源	SS	df	MS	F	P-value	F crit
组间	159.5	4	39.875	0.584 392	0.678 779	3.055 568
组内	1 023.5	15	68.233 33			
总计	1 183	19				

由表 7-4 可得：SST＝1 183，SSA＝159.5，SSE＝1 023.5，MSA＝39.875，MSE＝68.233 33，样本的统计量 $F=39.875/68.233\ 33=0.584\ 392$，分析表给出了临界值是 $F_\alpha=3.238\ 87$。(显著性水平 $\alpha=0.05$) $F>F_\alpha$，接受 H_0，即认为没有证据证明 4 种销售方式创造的销售业绩的平均值有显著差异。换句话说，销售方式对销售业绩不存在显著影响。如果直接从 P-value 值进行判断，由于 P-value 值＝0.678 779＞0.05，结论也是接受原假设。注意：这里的 P-value 值是通过 F 统计量计算的。

7.2.3　单因素方差分析中的几个问题

使用单因素方差分析时，应注意如下几个问题。

(1) 方差分析需满足的假设条件。方差分析实质上是对各总体均值相等假设进行检

验，为了得到检验统计量的精确分布，要求满足的前提条件如下。

① 样本是独立的随机样本。

② 各样本皆来自正态总体。

③ 总体方差具有齐性，即各总体方差相等。

满足以上的条件，式(7-10)才满足第一个自由度为 $r-1$，第二个自由度为 $nr-r$ 的 F 分布。在一般情况下，我们总认为以上的假定条件都是满足的或近似满足的。这一点对多因素分析也有效。

(2) 在前面的数据结构中，因素各水平下的样本容量都相等，是为了公式推导的方便。在实际问题中，各总体的样本容量可以相等也可以不等，分析过程和结论都不受影响。在用 Excel 进行方差分析时，计算机也能自动判断各样本的容量大小。

(3) 方差分析将所有样本结合在一起，使数据数量增多，提高了分析结果的稳定性 (robustness)。但是，方差分析也存在自己的不足之处，比如：当检验结果是拒绝原假设时，我们认为各总体的均值不等，至于哪个总体均值大，哪个总体均值小，方差分析本身不能立即得出结论。如果要得到各总体均值大小的排序信息，还需要借助"多重比较"法，限于篇幅，这里不作介绍，有兴趣的读者可参考其他资料。

7.3 双因素方差分析

单因素方差分析只是考虑一个分类型自变量对数值型因变量的影响。在对实际问题的研究中，有时需要考虑几个因素对试验结果的影响。例如，分析影响菜点销售量的因素时，需要考虑品牌、销售地区、价格、质量等多个因素的影响。但研究两个因素对试验结果的影响时就是双因素方差分析。

双因素方差分析是考虑两个分类自变量对数值型因变量影响的方差分析。分析是有两种情况：一是只考虑主效应，不考虑两个因素的交互效应；二是除了两个因素的主效应外，还考虑两个因素的搭配对因变量产生的交互效应。

【例 7-2】

有 4 个品牌的彩电在 5 个地区销售，为分析彩电的品牌（"品牌"因素）和销售地区（"地区"因素）对销售量的影响，对每个品牌在各地区的销售量取得以下数据（单位：台），如表 7-5 所示。试根据方差分析说明品牌和销售地区对彩电的销量是否有显著影响（$\alpha=0.05$）。

表 7-5 4 个品牌的彩电在 5 个地区的销售量数据   单位：台

	地区 1	地区 2	地区 3	地区 4	地区 5
品牌 1	365	350	343	340	323
品牌 2	345	368	363	330	333
品牌 3	358	323	353	343	308
品牌 4	288	280	298	260	298

在例 7-2 中，品牌和地区是两个分类型自变量，销售量是一个数值型因变量。同时分

析品牌和销售地区对销售量的影响，分析究竟是一个因素在起作用，或是两个因素都不起作用，这就是一个双因素方差分析问题。

在双因素方差分析中，由于有两个影响因素，例如，彩电的"品牌"因素和销售"地区"因素，如果"品牌"因素和"地区"因素对销售量的影响是相互独立的，分别判断"品牌"因素和"地区"因素对销售量的影响，那么这时的双因素方差分析成为无交互作用的双因素方差分析，或称为无重复双因素分析；如果除了"品牌"因素和"地区"因素对销售量的单独影响外，两个因素的搭配还会对销售量产生新的影响效应，例如，某个地区对某种品牌的彩电有特殊偏好，这就是两个因素结合后产生的新效应，这时的双因素方差分析称为有交互作用的双因素方差分析，或称为可重复双因素方差分析。

7.3.1 无交互作用下的方差分析

设 A 与 B 是可能对试验结果有影响的两个因素，相互独立，无交互作用。设在双因素各种水平的组合下进行试验或抽样，其数据结构如表 7-6 所示。

表 7-6 双因素方差分析数据结构

		因素 B				均　　值
		B_1	B_2	⋯	B_n	
因素 A	A_1	X_{11}	X_{12}	⋯	X_{1n}	$\overline{X}_1$
	A_2	X_{21}	X_{22}	⋯	X_{2n}	$\overline{X}_2$
	⋮	⋮	⋮	⋯	⋮	⋮
	A_r	A_{r1}	⋯	⋯	X_{rn}	$\overline{X}_r$
均值		$\overline{X}_1$	$\overline{X}_2$	⋯	$\overline{X}_n$	$\overline{X}$

表中每行的均值 $\overline{X}_i(i=1,2,\cdots,r)$ 是在因素 A 的各个水平上试验结果的平均数；每列的均值 $\overline{X}_j(j=1,2,\cdots,n)$ 是在因素 B 的各种水平上试验的平均数。以上数据的离差平方和分解形式为

$$\text{SST} = \text{SSA} + \text{SSB} + \text{SSE} \tag{7-11}$$

其中：

$$\text{SST} = \sum\sum(X_{ij} - \overline{X})^2 \tag{7-12}$$

$$\text{SSA} = \sum\sum(\overline{X}_i - \overline{X})^2 = \sum n(\overline{X}_i - \overline{X})^2 \tag{7-13}$$

$$\text{SSB} = \sum\sum(\overline{X}_j - \overline{X})^2 = \sum r(\overline{X}_j - \overline{X})^2 \tag{7-14}$$

$$\text{SSE} = \sum\sum(X_{ij} - \overline{X}_i - \overline{X}_j + \overline{X})^2 \tag{7-15}$$

SSA 表示的是因素 A 的组间方差总和，SSB 是因素 B 的组间方差总和，都是由各因素在不同水平下各自均值差异引起的；SSE 仍是组内方差部分，由随机误差产生。各个方差的自由度是：SST 的自由度为 $nr-1$，SSA 的自由度为 $r-1$，SSB 的自由度为 $n-1$，SSE 的自由度为 $nr-r-n-1=(r-1)(n-1)$。

各个方差对应的均方差如下。

对因素 A 而言：

$$\text{MSA} = \frac{\text{SSA}}{r-1} \quad (7\text{-}16)$$

对因素 B 而言：

$$\text{MSB} = \frac{\text{SSB}}{n-1} \quad (7\text{-}17)$$

对随机误差项而言：

$$\text{MSE} = \frac{\text{SSE}}{nr-r-n-1} \quad (7\text{-}18)$$

我们得到检验因素 A 与 B 影响是否显著的统计量分别是：

$$F_A = \frac{\text{MSA}}{\text{MSE}} - F[r-1, (r-1)(n-1)] \quad (7\text{-}19)$$

$$F_B = \frac{\text{MSB}}{\text{MSE}} - F[n-1, (r-1)(n-1)] \quad (7\text{-}20)$$

【例 7-3】

根据例 7-2 的数据，分析品牌和地区对销售量是否有显著影响（$\alpha=0.05$）。

解： 检验的假设有两个，第一个假设是针对品牌（设为 A 因素）的：

H_{01}：品牌对销售量没有显著影响。

H_{11}：品牌对销售量有显著影响。

第二个假设是针对地区（设为 B 因素）的：

H_{02}：地区对销售量没有显著影响。

H_{12}：地区对销售量有显著影响。

由于双因素方差分析的计算复杂，这里直接利用 Excel 进行"无重复双因素分析"，表中的"行"是指行因素，即品牌因素，表中的"列"是指列因素，即地区因素，Excel 输出的方差分析如表 7-7 所示。

表 7-7 Excel 输出的方差分析

差异源	SS	df	MS	F	P-value	F crit
（A 因素）	13 004.55	3	4 334.85	18.10	0.09	3.49
（B 因素）	2 011.7	4	502.925	2.10	0.14	3.25
误差	2 872.7	12	239.39			
总计	17 888.95	19				

从表 7-7 中可知：$F_A = 18.107\,8 > F_\alpha = 3.490\,296$，拒绝 H_{01}，品牌对销售量存在显著影响；$F_B = 2.100\,8 < F_\alpha = 3.259\,2$，接受 H_{02}，即认为没有证据证明地区对销售量有显著影响。

【例 7-4】

某企业有 3 台不同型号的设备，生产同一产品，现有 5 名工人轮流在此 3 台设备上操作，记录他们的日产量如表 7-8 所示。试根据方差分析说明这 3 台设备之间和 5 名工人之间对日产量的影响是否显著（$\alpha=0.05$）。

表 7-8　某企业 3 台不同型号的设备产量情况

编号	工人一/件	工人二/件	工人三/件	工人四/件	工人五/件
设备 A	64	72	63	81	78
设备 B	75	66	61	73	80
设备 C	78	67	80	69	71

解：检验的假设有两个，第一个假设是针对设备（设为 A 因素）的：

H_{01}：3 台设备对日产量没有显著影响。

H_{11}：3 台设备对日产量有显著影响。

第二个假设是针对人员（设为 B 因素）的：

H_{02}：工人技术对日产量没有显著影响。

H_{12}：工人技术对日产量有显著影响。

将以上数据输入 Excel 表格中，进行"无重复双因素分析"，Excel 输出的方差分析如表 7-9 所示。

表 7-9　Excel 输出的方差分析

差异源	SS	df	MS	F	P-value	F crit
（A 因素）	10.53	2	5.27	0.09	0.91	4.46
（B 因素）	161.07	4	40.27	0.71	0.61	3.84
误差	456.13	8	57.02			
总计	627.73	14				

从表 7-9 中可知：$F_A=0.092<F_{0.05}(2,8)=4.46$，接受 H_{01}，没有证据证明 3 台设备对日产量有显著影响；$F_B=0.706<F_{0.05}(4,8)=3.84$，也接受 H_{02}，也没有证据证明 5 名工人的技术对日产量有显著影响。

7.3.2　有交互作用的方差分析

为了研究两个因素是否独立，有无交互作用，我们需要在各个因素水平组合下，进行重复试验。因此，有交互作用时，方差分析的数据结构不同于无交互作用。设因素 A 与因素 B 每一对水平搭配下重复试验的次数都是 m，得到试验数据结构如表 7-10 所示。

表 7-10　双因素方差分析数据结构

		因素 B			
		B_1	B_2	$\cdots$	B_n
因素 A	A_1	x_{11m}	x_{12m}	$\cdots$	x_{1nm}
	A_2			$\cdots$	x_{2nm}
	$\vdots$	$\vdots$	$\vdots$	$\cdots$	$\vdots$
	A_r	x_{r1m}	x_{r2m}	$\cdots$	x_{rnm}

表中的 X_{ijl} 表示的是在因素水平组合(A_i,B_j)下第l次试验的结果。在此组合下试验结果的平均值为:

$$\overline{X}_{ij} = \frac{1}{m}\sum_{l=1}^{m} X_{ijl} \tag{7-21}$$

进一步记:

$$\overline{X}_i = \frac{1}{nm}\sum_{j=1}^{n}\sum_{l=1}^{m} X_{ijl} \tag{7-22}$$

$$\overline{X}_j = \frac{1}{rm}\sum_{i=1}^{r}\sum_{l=1}^{m} X_{ijl} \tag{7-23}$$

$$\overline{X} = \frac{1}{rnm}\sum_{i=1}^{r}\sum_{j=1}^{n}\sum_{l=1}^{m} X_{ijl} \tag{7-24}$$

则类似地,有以下的离差平方和分解形式:

$$\text{SST} = \text{SSA} + \text{SSB} + \text{SSAB} + \text{SSE} \tag{7-25}$$

其中:

$$\text{SST} = \sum\sum\sum (X_{ijl} - \overline{X})^2 \tag{7-26}$$

$$\text{SSA} = nm\sum(\overline{X}_i - \overline{X})^2 \tag{7-27}$$

$$\text{SSB} = rm\sum(\overline{X}_j - \overline{X})^2 \tag{7-28}$$

$$\text{SSAB} = m\sum\sum(\overline{X}_{ij} - \overline{X}_i - \overline{X}_j + \overline{X})^2 \tag{7-29}$$

$$\text{SSE} = \sum\sum\sum (X_{ijl} - \overline{X}_{ij})^2 \tag{7-30}$$

与无交互作用的双因素方差分解相比,这里多出了一项 SSAB,它刚好反映了两个因素交互作用的结果。离差平方和 SST、SSA、SSB、SSAB 和 SSE 的自由度分别是 $rnm-1$、$r-1$、$n-1$、$(r-1)(n-1)$ 和 $rn(m-1)$。由此,得到如下的均方差:

$$\text{MSA} = \frac{\text{SSA}}{r-1} \tag{7-31}$$

$$\text{MSB} = \frac{\text{SSB}}{n-1} \tag{7-32}$$

$$\text{MSAB} = \frac{\text{SSAB}}{(r-1)(n-1)} \tag{7-33}$$

$$\text{MSE} = \frac{\text{SSE}}{rn(m-1)} \tag{7-34}$$

则检验因素 A 与 B 影响是否显著的统计量分别是:

$$F_A = \frac{\text{MSA}}{\text{MSE}} \sim F(r-1, rnm-rn) \tag{7-35}$$

$$F_B = \frac{\text{MSB}}{\text{MSE}} \sim F(n-1, rnm-rn) \tag{7-36}$$

检验交互影响是否显著的统计量度是

$$F_{AB} = \frac{\text{MSAB}}{\text{MSE}} \sim F[(r-1)(n-1), rnm-rn] \tag{7-37}$$

【例 7-5】

为了分析光照因素 A 与噪声因素 B 对工人生产有无影响,光照效应与噪声效应有交互作用,在此两因素不同的水平组合下做试验,结果如表 7-11 所示(表中数据为产量)。试分析光照因素与噪声因素对工人生产的产量有无影响。

表 7-11 两种光照因素对工人生产的影响

		因素 B							
		B_1			B_2			B_3		
因素 A	A_1	15	15	17	19	19	16	16	18	21
	A_2	17	17	17	15	15	15	19	22	22
	A_3	15	17	16	18	17	16	18	18	18
	A_4	18	20	20	15	16	17	17	17	17

解:检验的假设有 3 个:

H_{01}:光照因素 A 对产量没有显著影响。
H_{11}:光照因素 A 对产量有显著影响。
H_{02}:噪声因素 B 对产量没有显著影响。
H_{12}:噪声因素 B 对产量有显著影响。
H_{03}:光照效应与噪声效应没有交互作用。
H_{13}:光照效应与噪声效应有交互作用。

将以上数据输入 Excel 表格中,进行"有重复双因素分析",Excel 输出的方差分析如表 7-12 所示。

表 7-12 方差分析

差异源	SS	df	MS	F	P-value	F crit
样本(B 因素)	28.388 9	2	14.194 4	9.463 0	0.000 9	3.402 8
(A 因素)	2.083 3	3	0.694 4	0.463 0	0.710 8	3.008 8
交互	63.833 3	6	10.638 9	7.092 6	0.000 2	2.508 2
内部	36	24	1.5			
总计	130.305 6	35				

从表 7-12 中可知:$F_A = 0.463\ 0 < F_{0.05}(3,24) = 3.008\ 8$,接受 H_{01},没有充分证据说明光照对产量有显著影响;$F_B = 9.463\ 0 > F_{0.05}(2,24) = 3.402\ 8$,拒绝 H_{02},有充分证据说明噪声对产量有显著影响;$F_{AB} = 7.092\ 6 > F_{0.05}(6,24) = 2.508\ 2$,拒绝 H_{03},有充分证据说明光照与噪声存在交互作用并由此对产量产生显著影响。

7.4 Excel 在方差分析中的运用

7.4.1 单因素方差分析

在 Excel 中,可以使用"方差分析:单因素方差分析"工具来完成单因素方差分析。

本章例 7-1 的 Excel 统计分析步骤如下。

（1）输入数据。

（2）调出"方差分析：单因素方差分析"对话框，其主要选项含义如下。

输入区域：在此输入待分析数据区域的单元格引用。该引用必须由两个或两个以上按列或行组织的相邻数据区域组成。本例为"＄B＄1：＄F＄5"。

分组方式：如果需要指出输入区域中的数据是按行还是按列排列，请单击"行"或"列"。本例分组方式为"列"。

标志位于第一行/列：如果输入区域的第一行包含标志项，请选中"标志位于第一行"复选框；如果输入区域的第一列包含标志项，请选中"标志位于第一列"复选框；如果输入区域没有标志项，则该复选框不会被选中，Excel 将在输出表中生成适宜的数据标志。

α：在此输入计算 F 统计临界值的置信度。本例为"0.05"。

本例对话框的填写如图 7-2 所示。图中分组方式为"列"方式，因为 5 个销售点的日营业额是按列排列的，即分别排在 B、C、D、E、F 列。

（3）单击"确定"按钮，可得方差分析表（结果已在本章第二节的表 7-4 中给出）。

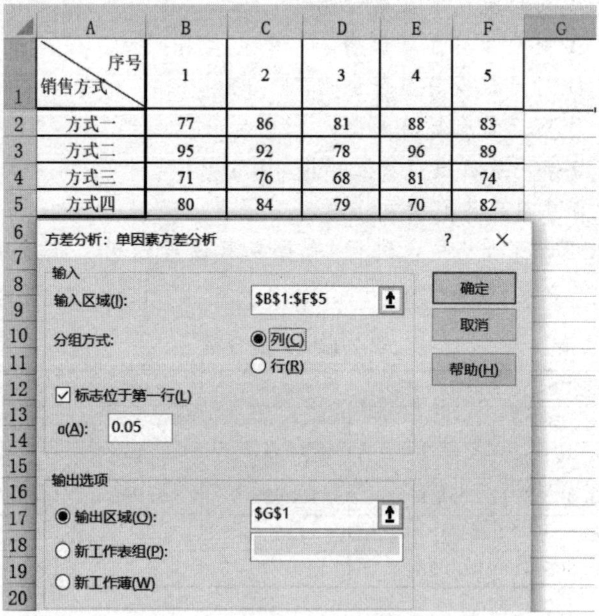

图 7-2 "数据输入区域"对话框

7.4.2 无交互作用下的双因素方差分析

该项工作可利用"方差分析：无重复双因素方差分析"工具来完成。

本章例 7-3 的 Excel 统计分析步骤如下。

（1）输入数据。如图 7-3 所示。

（2）调出"方差分析：无重复双因素分析"对话框，填写如图 7-3 所示。该工具对话框设置与单因素方差分析类似。要注意，本例中"标志"复选框被选中，输入区域必须包括 A 因素与 B 因素的水平标志（如"品牌 1""品牌 2""地区 1""地区 2"等）所在的单元格区域，也即输入区域为"＄N＄1：＄S＄5"，而不是只包括数据的单元格区域"＄O＄2：＄S＄5"。

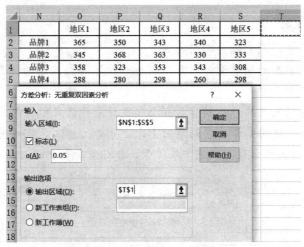

图 7-3 "方差分析：无重复双因素分析"对话框

(3) 单击"确定"按钮，得到方差分析表。（结果已在本章表 7-7 中给出）。

7.4.3 有交互作用的双因素方差分析

该项工作可以使用"方差分析：可重复双因素方差分析"工具来完成。

本章例 7-5 的 Excel 统计分析步骤如下。

(1) 输入数据，如图 7-4 所示。其中，"B2：B4"单元格存放的是在"A1"与"B1"因素水平共同作用下，进行 3 次试验所得的结果；"D5：D7"单元格存放的是在"A3"与"B2"因素水平共同作用下，进行 3 次试验所得的结果；其余类推。

(2) 调出"方差分析：可重复双因素分析"对话框，其填写如图 7-5 所示。该分析工具对话框与单因素方差分析对话框基本相同，只是多了一个"每一样本的行数"编辑框，其中输入包含在每个样本中的行数。在本例中，在每种不同因素水平组合下，分别进行了 3 次试验，因此"每一样本的行数"为"3"。每个样本必须包含同样的行数。另外，在该分析工具对话框中去掉了"标志位于第一行"复选框，但要注意输入区域必须包括因素水平标志（"A1""B2"等）所在的单元格区域，也即，输入区域为"＄A＄1：＄E＄10"，而不是只包括数据的单元格区域"＄B＄2：＄E＄10"。

图 7-4　数据输入　　　图 7-5　"方差分析：可重复双因素分析"对话框

(3) 单击"确定"按钮，得到方差分析表。（结果已在本章第三节表 7-12 所示中给出）

导入案例分析

在本章案例导入中，我们提出的问题如下。

每个商超对该种产品的销售量可以看作一个随机样本。现在的问题是，3 种包装的产品销售量是否有显著差异呢？

分析：要考察不同包装的产品销售量有没有显著差异，实际上就是分析不同包装对销售量是否有显著影响，运用本章所学的单因素方差分析的方法，可以解决这个问题。通过 Excel 可得到方差分析的计算过程如图 7-6 所示，分析结果如表 7-13 所示。

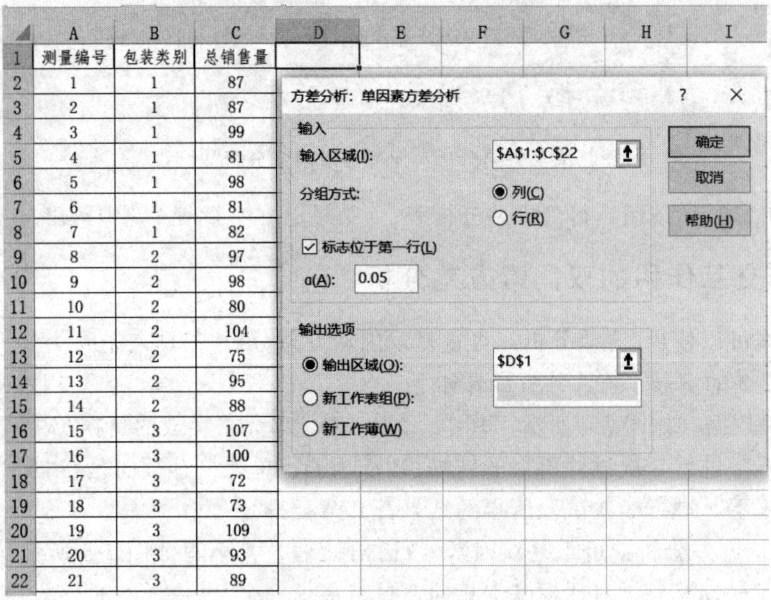

图 7-6 "方差分析：单因素方差分析"对话框

表 7-13 Excel 输出的方差分析

差异源	SS	df	MS	F	P-value	f crit
组间	99 019.46	2	49 509.73	926.05	0.00	3.15
组内	3 207.81	60	53.46			
总计	102 227.3	62				

由表 7-13 可得：

SST = 102 227.3，SSA = 99 019.46，SSE = 3 207.81，MSA = 49 509.73，MSE = 0.699，样本的统计量 $F = 49\,509.73/53.46 = 926.05$，分析表给出了临界值是 $\alpha = 3.15$（显著性水平 $\alpha = 0.05$），$F > F_\alpha$，拒绝原假设 H_0，即认为 3 种包装的产品销售量有显著差异。如果直接从 P-value 进行判断，由于 P-value = 7.93E−46 < 0.05，结论也是拒绝原假设。注意，这里的 P-value 是通过 F 统计量来计算的。

本章小结

1. 方差分析的基本概念：在实验或抽样中引起变量变化的因素称为因子，因子的不同取值称为因子的水平。方差分析按因子个数分为：单因子方差分析与双因子方差分析。在双因子场合，还要考虑因子间的交互作用。

2. 单因子方差分析如表 7-14 所示。

表 7-14 单因子方差分析

差异源	平方和(SS)	自由度(df)	均方(MS)	F 统计量	P-value	F crit
组间	SSA	$r-1$	MSA	$F=\dfrac{\text{MSA}}{\text{MSE}}$		
组内	SSE	$nr-r$	MSE			
总计	SST	$nr-1$				

3. 双因子无交互作用方差分析如表 7-15 所示。

表 7-15 双因子无交互作用方差分析

差异源	平方和(SS)	自由度(df)	均方(MS)	F 统计量	P-value	F crit
A 因素	SSA	$r-1$	MSA	$F_A=\dfrac{\text{MSA}}{\text{MSE}}$		
B 因素	SSB	$n-1$	MSB	$F_B=\dfrac{\text{MSB}}{\text{MSE}}$		
误差	SSE	$(r-1)(n-1)$	MSE			
总计	SST	$nr-1$				

4. 双因子有交互作用方差分析如表 7-16 所示。

表 7-16 双因子有交互作用方差分析

差异源	平方和(SS)	自由度(df)	均方(MS)	F 统计量	P-value	F crit
A 因素	SSA	$r-1$	MSB	$F_A=\dfrac{\text{MSA}}{\text{MSE}}$		
B 因素	SSB	$n-1$	MSA	$F_B=\dfrac{\text{MSB}}{\text{MSE}}$		
交互作用	SSAB	$(r-1)(n-1)$	MSAB	$F_{AB}=\dfrac{\text{MSAB}}{\text{MSE}}$		
内部	SSE	$rn(m-1)$				
总计	SST	$rnm-1$				

5. 从以上方差分析表中的 F 统计量或 $Pr>F$ 的 P-value 值就可以方便地对原假设进行判断。

6. Excel 中方差分析工具有 3 种：单因素方差分析、可重复双因素方差分析和无重复双因素分析。利用这些工具可以方便地开展分析。

复习与思考

1. 简答题

方差分析的基本思想是什么？

2. 实训题

某湖水在不同季节氯化物含量测定值如表 7-17 所示。问不同季节氯化物含量有无差别。使用 Excel 中的"方差分析：单因素方差分析"工具来完成单因素方差分析。

表 7-17　不同季节氯化物含量测定值

春	夏	秋	冬
22.6	19.1	18.9	19.0
22.8	22.8	13.6	16.9
21.0	24.5	17.2	17.6
16.9	18.0	15.1	14.8
20.0	15.2	16.6	13.1
21.9	18.4	14.2	16.9
21.5	20.1	16.7	16.2
21.2	21.2	19.6	14.8

在线课堂

在线自测

拓展知识：方差分析与方差齐性检验的辨析

第8章 相关分析与回归分析

学习目标

1. 了解相关分析的含义、相关分析的种类及相关分析的意义与内容；
2. 掌握利用相关表和相关图测定现象之间是否存在直线相关关系以及相关关系的密切程度；
3. 学会通过计算相关系数测定现象之间是否存在线性相关关系以及相关关系的密切程度；
4. 了解回归分析的意义和种类；
5. 学会利用最小平方方法给两变量间密切的线性关系配合合适的直线方程式，并通过计算估计标准误差反映估计值的代表性大小。

案例导入

解读销售额与利润额的关系

本章将通过统计中的相关及回归的方法，对这一问题进行详细分析，最终得出科学的统计方法的合理解释。

欧诚氏为一大型连锁超市，该超市下属10个连锁店于2021年10月的销售额与利润额资料如表8-1所示。

表8-1 欧诚氏超市连锁店2021年10月销售额及利润额　　　　单位：万元

连锁店序号	销 售 额	利 润 额
1	880	110
2	450	50
3	180	15
4	700	91
5	1 000	108
6	600	72
7	530	75
8	1 100	120
9	300	34
10	1 250	125

资料来源：作者自编.

思考：

销售额与利润额是否有关系呢？如果有，是怎样的关系呢？我们可以使用什么样的数量分析方法分析两者之间的关系？

章节导言

相关关系主要是指根据现象的历史资料，分析现象之间是否存在相关关系。如果现象之间存在相关关系，则进一步分析关系的密切程度。若现象之间的关系很密切，则需要对现象进行回归分析，建立反映现象之间关系的数学回归模型，进而对现象的未来的发展趋势进行定量预测。

课程思政

与自然和谐相处，建设人类生态文明

本章即将介绍相关分析和回归分析，在经济现象中，比如，销售额和产品宣传、经济增长和国民消费水平等都存在一定的相关关系。其实在自然界中，万物也皆"相关"。昨天没有打好的地基，今天看来是节省了不少，但明天就不会盖成万丈高楼；昨天没有付出辛勤的汗水，今天看来是清闲了不少，但明天就没法体会收获的喜悦；昨天破坏了自然环境，今天看来是暂时带来了经济的发展，但从长远来看，破坏了生态文明建设，惩罚的终究是人类自己……

马克思自然辩证法中的生态自然观，科学地揭示了人与自然和谐相处的辩证统一关系，对当代中国和谐生态文明建设具有重大的现实指导意义。生态自然观关注的是人类生态系统的稳定和发展。面对资源约束趋紧、环境污染严重、生态环境急剧恶化的严峻形势，必须树立尊重自然、顺应自然、保护自然的生态文明理念，走可持续发展的道路。无论我们从事什么样的工作，扮演什么样的角色，都应该深刻意识到人类文明与自然环境的关系，关注人类生态系统的稳定和发展。在日常生活学习工作中，树立生态文明建设，重视环境保护意识，转变经济发展方式，优化产业结构，改变传统消费方式和观念，倡导并践行绿色消费模式，从"我"做起，建立资源节约型和环境友好型社会。

8.1 相关关系

8.1.1 相关关系的概念

在自然界和社会现象中，任何现象都不是孤立的，而是普遍联系和相互制约的。现象之间的普遍联系、相互制约往往表现为相互依存的关系，这种依存关系通常有两种类型，即函数关系和相关关系。

$$现象之间的数量关系\begin{cases}函数关系 & S=\pi r^2 \\ 相关关系 & （相关分析的对象）\end{cases}$$

▶ 1. 函数关系

函数关系是指现象(变量)之间客观存在的确定性的数量对应关系。

在函数关系中，当一个或几个变量取一定值时，与其相对应的另一个变量的值也随之确定。这种关系可以用数学函数式反映出来。例如，圆面积与半径的关系，圆的面积随半径的变化而变化，每给定一个圆的半径就有唯一一个确定的圆面积和它对应，面积是半径的函数。在社会经济现象中，同样存在这种关系。例如，商品销售额＝销售量×销售价格，当销售价格不变时，销售量发生变化，就有一个确定的销售额与它对应，销售额是销售量的函数。

▶ 2. 相关关系

相关关系即现象(变量)之间客观存在的非确定性的数量对应关系。

在相关关系中，当一个或几个变量取一定值时，与其相对应的另一个变量的值不完全确定，而是有多个值与其对应。

例如，化肥使用量和粮食亩产量的关系，期末复习时间的长短与考试成绩的关系等，如表 8-2 所示。

表 8-2 数据表

化肥使用量(x)/kg	粮食亩产量(y)/kg	复习时间(x)/h	考试成绩(y)/分
5	280	10	65
6	300	15	70
7	305	20	76
8	312	25	80

粮食平均亩产和施肥量之间存在一定的依存关系，即随着施肥量的增加，平均亩产一般也会相应地增加，但平均亩产随施肥量而变化的数值还受种子、土壤、气温、雨量、密植程度等因素的影响，不是唯一确定的，这种关系就是相关关系。学习成绩的高低与所花费的复习时间多少存在一定的相互依存关系，即期末复习时间越多，所取得的学习成绩应该越高，但是期末考试成绩的高低除了受期末复习时间长短因素影响外，还受应试者个人智商、应试时的情绪、考试时试卷命题的难易程度、考场的环境等因素的影响，不是唯一确定的，这种关系也是一种相关关系。社会经济现象存在这种相关关系。如提高劳动生产率会使成本降低，利润增加等。函数关系与相关关系虽然有明显的区别，但两者之间并不存在不可逾越的界限。由于存在测算误差等原因，函数关系在实际中往往通过相关关系表现出来。而在研究相关关系时，为了找到现象之间数量关系的内在联系和表现形式，又常常需要借助函数关系的形式加以描述。

因此，相关关系是相关分析的研究对象，函数关系是相关分析的工具。

8.1.2 相关关系的种类

社会经济现象之间的相互关系是复杂的，它们以不同的方向、不同的表现形式、不同的联系程度相互作用，而各种相关关系，根据研究目的的不同，可按不同标志进行分类。

▶ 1. 单相关和负相关

按相关的因素多少可分为单相关和复相关。

(1) 单相关(又称一元相关)是指两个变量之间的相关关系，即一个自变量与一个因变量之间的相关关系。

（2）复相关（又称多元相关）是指三个或三个以上变量之间的相关关系，即一个因变量与多个自变量之间的相关关系。

例如，只研究消费支出与消费收入的相关关系，就是单相关；而研究亩产量对施肥量、浇水量的相关关系，就是复相关。

▶ 2. 线性相关和非线性相关

按相关的表现形式可分为线性相关和非线性相关。

（1）线性相关（又称直线相关）。如果自变量数值发生变动，因变量数值随之发生大致均等的变动，从平面图上观察其各点的分布近似地表现为一直线，这种相关关系就称为直线相关（也叫线性相关）。

（2）非线性相关（又称曲线相关）。如果自变量发生变动，因变量数值也随之发生变动，但这种变动不是沿着一个方向发生均等变动，从图形上看，其分布表现为各种不同的曲线形式，这种相关关系称为曲线相关。

▶ 3. 正相关和负相关

按相关的方向可把相关分为正相关和负相关。

（1）正相关。当自变量 x 数值增加（或减少）时，因变量 y 的数值也将随之相应的增加（或减少），即因变量和自变量的变动方向是一致的，这种相关关系称为正相关。例如，商品销售量增加，销售额也增加；单位产品原材料消耗降低，单位成本也随之降低。

（2）负相关。当自变量 x 的数值增加（或减少），因变量 y 的数值则随之减少（或增加），即自变量与因变量的变动方向是相反的，这种相关关系称为负相关。例如，劳动生产率提高，产品成本降低；商品价格降低，销售量增加等。

▶ 4. 完全相关、不完全相关和不相关

按相关的程度可分为完全相关、不完全相关和不相关。

（1）完全相关。两个变量之间，当自变量改变一定量时，因变量的改变量是一个确定的量，则这两个变量之间的关系称为完全相关，此种关系实际上就是函数关系。

（2）不相关。当变量之间没有任何关系，而是各自独立，互不影响，则称为不相关（零相关）。

（3）不完全相关。若变量之间的关系介于完全相关与不相关之间，则称为不完全相关。不完全相关是相关分析的主要对象。

以上相关关系归类如下。

$$相关关系的种类\begin{cases}1.\ 按相关关系涉及变量的多少\begin{cases}单相关\\复相关\end{cases}\\2.\ 按相关的形式\begin{cases}线性相关\\非线性相关\end{cases}\\3.\ 按相关的方向\begin{cases}正相关\\负相关\end{cases}\\4.\ 按相关的程度\begin{cases}完全相关\\不完全相关\\不相关\end{cases}\end{cases}$$

8.2 相关分析

8.2.1 相关分析的概念

相关分析是研究一个变量(y)与另一个变量(x)或另一组变量(x_1, x_2, …, x_n)之间相关方向和相关密切程度的一种统计分析方法。

在相关分析中,若相关现象之间存在一定的因果关系,通常把起决定作用的变量叫自变量,一般用 x 表示,把受自变量影响而相应变化的变量作为因变量,一般用 y 表示。例如,研究学习成绩与学习时间之间的关系时,学习时间为自变量(x),学习成绩为因变量(y);研究劳动生产率与利润之间的关系时,劳动生产率为自变量,利润为因变量。若现象之间只存在相关关系并不存在明显的因果关系,如人的身高与体重之间的关系时,在这种情况下,究竟哪个变量(现象)为自变量,哪个变量(现象)为因变量,则要根据研究目的来决定。相关分析按变量是否是随机变量,可分为固定相关分析和随机相关分析。前者是研究一个随机变量与另一个或另一组非随机变量(可控变量)之间的相关关系。后者是研究一个随机变量与另一个或另一组随机变量之间相关关系。

8.2.2 相关分析的主要步骤

相关分析有广义和狭义之分,狭义的相关分析,简称为相关分析,它以现象之间是否相关、相关的方向和密切程度等为主要研究内容,它不区别自变量与因变量,对各变量的构成形式也不关心。

广义的相关分析包括对现象之间具体的相关形式的分析,即回归分析。在回归分析中应根据研究的目的,区分自变量和因变量,并研究确定自变量和因变量之间的具体关系的方程形式。其主要方法有建立回归模型、求解回归模型中的参数、对回归模型进行检验等。可见,广义的相关分析包括狭义的相关分析和回归分析两部分内容,本节主要讲解广义的相关分析。主要步骤如下。

▶ **1. 确定现象之间有无关系,以及相关关系的表现形式**

这是相关分析的出发点。有相互依存关系才能用相关方法进行分析,没有关系而当作有关系会使认识发生错误。关系表现为什么样的形式就需要使用什么样的方法分析,把曲线相关当作直线相关来进行分析,也会使认识发生偏差。

▶ **2. 确定相关关系的密切程度**

相关分析的目的之一,就是从不严格的关系中判断其关系的密切程度。判断的主要方法,就是把自变量和因变量的数据资料编织成散点分布图或相关表,帮助我们做一般分析,判断相关的密切程度,进而计算相关系数。

▶ **3. 选择合适的数学模型**

确定了现象之间确实有相关关系及密切程度,就要选择合适的数学模型,对变量之间的联系给予近似的描述。

如果现象之间的关系表现为直线关系,则采用配合直线的方法;如果现象之间的关系表现为各种曲线,则用配合曲线的方法。使用这种方法能使我们找到现象之间相互依存关系的数量上的规律性。这是进行判断、推算、预测的根据。

▶ 4. 测量变量估计值的可靠程度

配合直线或配合曲线后,可反映现象之间的变化关系,也就是说,自变量变化时,因变量有多大变化。根据这个数量关系,可测量因变量的估计值。将估计值与实际值对比,如果它们的差别小,说明估计得较准确;反之,就不够准确。这种因变量估计值的准确程度,通常用估计标准误差来衡量。

▶ 5. 对计算的相关系数,进行显著检验

对现象之间变量关系的研究,统计是从两方面进行的:一方面研究变量之间关系的紧密程度,这种研究称相关分析;另一方面对自变量和因变量之间的变动关系,用数字方程式表达,称回归分析。相关分析与回归分析既有区别,又有密切联系。

8.2.3 直线相关分析

▶ 1. 相关图和相关表

判断现象之间的相关关系,一般先做定性分析,然后做定量分析。定性分析是指根据经济理论、有关专业知识和实际工作经验,进行科学的分析研究,初步确定现象之间有无关系。如确有关系,则进一步编制相关图,也称散点分布图和相关表,由此,可以直接判断现象之间大致呈现何种关系形式,以此计算相关系数做定量分析,从而精确反映相关关系的方向和程度。

(1) 绘制相关图。

【例 8-1】

有 8 个企业生产某种产品,日产量和生产费用的资料如表 8-3 所示。

表 8-3　8 个企业日产量和生产费用的资料

企业编号	1	2	3	4	5	6	7	8
日产量/吨(x)	1.2	2.0	3.1	3.8	5.0	6.1	7.2	8.0
生产费用/万元(y)	62	86	80	110	115	132	135	160

根据表 8-3 中所给资料作相关图,如图 8-1 所示。

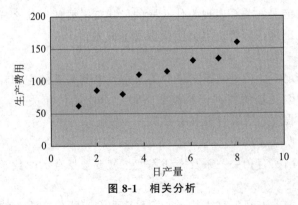

图 8-1　相关分析

从图 8-1 中可以看出,8 个企业日产量和生产费用之间存在相互依存关系,各个点虽

不完全在一条直线上,但有形成一条直线的趋向。

(2) 相关表。根据表 8-3 的原始资料还可以编制相关表,如表 8-4 所示。

表 8-4 产品日产量和生产费用相关表

企　　业	日产量/吨(x)	生产费用/万元(y)
1	1.2	62
2	2.0	86
3	3.1	80
4	3.8	110
5	5.0	115
6	6.1	132
7	7.2	135
8	8.0	160
合计	36.4	880

从表 8-4 中可以看出,产品日产量和生产费用之间关系虽然不十分密切,但有直线相关的趋势,并且产品日产量与生产费用之间呈正相关。

如果与某个现象相关的因素不只一个,则可以分别绘制相关图,从相关图的对比中,大致可以看出与各个因素关系的大小,从中判断哪个是主要因素,哪个是次要因素。

▶ 2. 相关系数的计算与应用

(1) 相关系数的概念和计算公式。

相关系数是用于测定两个变量之间线性相关程度和相关方向的指标。

相关系数是相关分析的重要指标,它可以从数量上具体说明现象之间线性相关关系的方向和密切程度。

相关系数有总体相关系数和样本相关系数两种。

① 总体相关系数。其计算公式为

$$R = \frac{\sigma_{XY}^2}{\sigma_X \sigma_Y} \tag{8-1}$$

其中:σ_{XY}^2 为两个变量的协方差;σ_X 为变量(X)的标准差;σ_Y 为变量(Y)的标准差。

总体相关系数的简化式为

$$R = \frac{N \sum XY - \sum X \sum Y}{\sqrt{N \sum X^2 - (\sum X)^2} \sqrt{N \sum Y^2 - (\sum Y)^2}} \tag{8-2}$$

注意:总体的相关系数一般不容易测定,通常只能计算样本的相关系数,并用以估计总体的相关系数。

总体相关系数的简化式推导如下:

$$R = \frac{\sigma_{XY}^2}{\sigma_X \sigma_Y} = \frac{\frac{1}{N} \sum (X - \overline{X})(Y - \overline{Y})}{\sqrt{\frac{1}{N} \sum (X - \overline{X})^2} \sqrt{\frac{1}{N} \sum (Y - \overline{Y})^2}}$$

$$= \frac{\sum(X-\overline{X})(Y-\overline{Y})}{\sqrt{\sum(X-\overline{X})^2}\sqrt{\sum(Y-\overline{X})^2}}$$

$$= \frac{\sum XY - \frac{1}{N}\sum X \sum Y}{\sqrt{\sum X^2 - \frac{1}{N}(\sum X)^2}\sqrt{\sum Y^2 - \frac{1}{N}(\sum Y)^2}}$$

$$= \frac{N\sum XY - \sum X \sum Y}{\sqrt{N\sum X^2 - (\sum X)^2}\sqrt{N\sum Y^2 - (\sum Y)^2}} \quad (8\text{-}3)$$

② 样本相关系数。其计算公式为

$$r = \frac{s_{xy}^2}{s_x \cdot s_y} = \frac{\sum xy - \frac{1}{n}\sum x \sum y}{\sqrt{\sum x^2 - \frac{1}{n}(\sum x)^2}\sqrt{\sum y^2 - \frac{1}{n}(\sum y)^2}}$$

$$= \frac{n\sum xy - \sum x \sum y}{\sqrt{n\sum x^2 - (\sum x)^2}\sqrt{n\sum y^2 - (\sum y)^2}} \quad (8\text{-}4)$$

其中：s_{xy}^2 为两个变量的协方差；σ_X 为变量(X)的标准差；σ_Y 为变量(Y)的标准差。

(2) 相关系数的取值范围及应用。

① 相关系数 r 的取值在 -1 到 $+1$ 之间。

② 当 $r>0$ 时为正相关，$r<0$ 时为负相关。

③ 当 $|r|=1$ 时，表明变量 x 与变量 y 为完全线性相关，即为函数关系。

④ $0<r<1$ 时表明变量 x 与变量 y 存在一定程度的线性相关。

$|r|$ 的值越大，越接近 1，表示变量 x 与变量 y 的线性相关程度越密切；$|r|$ 的值越小，越接近 0，表示变量 x 与变量 y 的线性相关程度越不密切。当 $r=0$ 时，表明变量 y 的变化与变量 x 无关，即变量 x 与变量 y 完全没有线性相关关系。

通常，$|r|<0.5$ 时，为微弱相关；

$0.5 \leqslant |r| < 0.8$ 时，为显著相关；

$0.8 \leqslant |r| < 1$ 时，为高度相关。

【例 8-2】

某企业某产品产量与单位成本资料如表 8-5 所示。

表 8-5 某企业某产品产量与单位成本

月 份	产量/千件	单位成本/元
1	2	73
2	3	73
3	4	71
4	3	73
5	4	69
6	5	68

续表

月　份	产量/千件	单位成本/元
合计	21	426

根据表 8-5 资料，

要求：(1)作相关图，判断相关方向及形态。

(2)计算相关系数，说明产量与单位成本相关关系的密切程度。

解：(1)相关图，如图 8-2 所示。

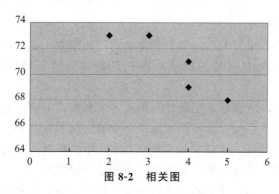

图 8-2　相关图

从图 8-2 中可以看出：产品月产量(千件)与单位产品成本(元)存在负相关关系，并且呈一条下滑直线。

(2)相关系数，计算过程如表 8-6 所示。

表 8-6　某企业 1—6 月产量与单位成本

月份	产量/千件 x	单位成本/元 y	x^2	y^2	xy
1	2	73	4	5 329	146
2	3	73	9	5 184	216
3	4	71	16	5 041	284
4	3	73	9	5 329	219
5	4	69	16	4 761	276
6	5	68	25	4 624	340
合计	21	426	79	30 268	1 481

$$r = \frac{n\sum xy - \sum x \sum y}{\sqrt{n\sum x^2 - (\sum x)^2}\sqrt{n\sum y^2 - (\sum y)^2}}$$

$$= \frac{6 \times 1\,484 - 21 \times 426}{\sqrt{6 \times 79 - 21^2}\sqrt{6 \times 30\,268 - 426^2}}$$

$$= -0.909\,1$$

即，月产品产量与单位产品成本之间存在高度负相关。

▶ 3. 相关分析的特点

(1)用于相关分析的两个变量是对等的关系，不分自变量和因变量。

(2) 用于相关分析的两个变量均为随机变量，因此相关系数只有一个。

(3) 相关系数大于 0，表示两个变量为正相关；相关系数小于 0，表示两个变量为负相关。

8.3 一元线性回归分析

8.3.1 回归分析的概念和种类

▶ 1. 回归分析的概念

回归分析是指对具有相关关系的多个变量之间的数量变化进行数量测定，配合一定的数学方程(模型)，以便由自变量的数值对因变量的可能值进行估计或预测的一种统计方法。

相关分析(相关系数)能够确定变量之间相关方向和相关的密切程度，但它不能说明两个变量的相关形式和因果关系，也不能指出两个变量之间相互关系的具体形式，也无法从一个变量的数量变化推测另一个变量的变化情况(另外，在相关分析中，一般不必区分自变量和因变量，它不能说明两个变量是主从关系还是因果关系)。

为了解决这一问题，必须采取回归分析技术。回归分析是将相关的因素进行测定，确定其因果关系，并以数学模型来表现其具体关系式，从而进行的各类统计分析。

▶ 2. 回归分析的种类

根据回归分析的方法，得出的数学表达式称为回归方程(回归模型)，它有多种形式，可以是直线方程，也可以是曲线方程。

用回归方程来表明两个变量之间线性相互关系的方程式，称为简单线性回归方程(模型)。这种分析方法称为简单线性回归分析。

注意：许多现象的非线性变化在较短时间内也近似线性变化，所以简单线性回归分析是回归分析的基本方法。

回归分析的种类 $\begin{cases} \text{按自变量的个数} \begin{cases} \text{一元回归} \\ \text{多元回归} \end{cases} \\ \text{按照回归线的形状} \begin{cases} \text{线性(直线)回归} \\ \text{非线性(曲线)回归} \end{cases} \end{cases}$

8.3.2 一元线性回归模型的建立

在相关图中如果自变量和因变量对应的散点图大致呈直线型，或计算的相关系数具有显著的直线相关关系，则可拟合一条直线方程。

直线方程的模型为

$$\hat{y} = a + bx \tag{8-5}$$

其中，$\hat{y}$ 表示因变量 y 的估计理论值，x 为自变量的实际值，a，b 为待定参数，其几何意义是：a 是直线方程的截距，b 是斜率。其经济意义是：a 是当 x 为零时 y 的估计值，b 是当 x 每变动一个单位时，y 平均变动的数量，b 也叫回归系数。

$$Q = \sum (y - \hat{y})^2 \tag{8-6}$$

配合回归直线的目的是要求找到一条理想的直线,用直线上的点代表所有的相关点。数理证明,用最小平方法配合的直线最理想,最具有代表性。

最小平方法配合直线,是指要求实际估计与趋势值的离差平方和最小,用公式表示为

$$Q = \sum(y-a-bx)^2 = 最小值$$

根据最小平方法的要求,对 Q 求关于 a 和 b 的偏导数,并令其等于零,可得出直线回归方程中的参数 a,b 的求解方程式。

$$\frac{\partial Q}{\partial a} = 2\sum(y-a-bx)(-1) = 0$$

$$\frac{\partial Q}{\partial b} = 2\sum(y-a-bx)(-x) = 0$$

整理上式可得如下方程组:

$$\sum y = na + b\sum x$$

$$\sum xy = a\sum x + b\sum x^2$$

解得参数 a,b 为

$$a = \bar{y} - b\bar{x} = \frac{\sum y}{n} - b\frac{\sum x}{n} \tag{8-7}$$

$$b = \frac{n\sum xy - \sum x \sum y}{n\sum x^2 - (\sum x)^2} \tag{8-8}$$

由例 8-2 及表 8-5 所示的资料建立线性回归方程。

计算公式如式(8-7)和式(8-8),

配合单位成本依产量的简单直线回归方程为:$\hat{y} = a + bx$

$$b = \frac{n\sum xy - \sum x \sum y}{n\sum x^2 - (\sum x)^2} = \frac{6 \times 1\,481 - 21 \times 426}{6 \times 79 - 21^2} = 1.82$$

$$a = \bar{y} - b\bar{x} = \frac{\sum y}{n} - b\frac{\sum x}{n} = \frac{426}{6} - (-1.82)\frac{21}{6} = 77.37$$

配合单位成本依产量的直线回归方程为

$$\hat{y} = 77.37 - 1.82x$$

其中,a 为直线的起点值;b 为回归系数。它表示当产量每增加 1 000 件时,单位成本平均每件降低 1.82 元。

8.3.3 一元线性回归分析的特点

(1) 用于回归分析的两个变量不是对等的关系,必须依据研究目的,确定哪个是自变量 x,哪个是因变量 y。

(2) 用于回归分析的两个变量中,自变量 x 是给定的数值(即它是非随机变量),因变量 y 是随机变量。

(3) 回归分析的作用在于给出自变量 x 的数值,估计因变量 y 的可能值。

(4) 对于没有明显因果关系的两个变量 x 与 y,可求出两个回归方程,计算两个回归

系数。

(5) 直线回归方程的回归系数有正负号，说明回归变量变动的方向。

8.3.4 线性回归模型的离差分析

回归方程只在一定程度上说明了相关变量之间的变动关系，但它不能说明拟合程度的好坏。为了提高拟合水平，需要对拟合优度进行检验，即误差分析。

▶ 1. 离差总平方和的分解

从前面的介绍中我们认识到，因变量的变动主要受自变量变动的影响，除此之外还受其他许多因素影响。而各种影响可以从总离差的分解中得到测定。因变量变动的总离差分解如下：

$$\sum(y-\bar{y})^2$$

上式是总离差平方和，是指因变量的实际观察值与其一般水平的离差总和，说明了 y 的离散程度，通常用 SST 表示。

$$\sum(y-\bar{y})^2 = \sum[(y-\hat{y})+(\hat{y}-\bar{y})]^2$$
$$= \sum(y-\hat{y})^2 + \sum(\hat{y}-\bar{y})^2 + 2\sum(y-\hat{y})(\hat{y}-\bar{y}) \tag{8-9}$$

式(8-9)最后一项为 0，因此，总平方和可以分解为下列两部分，即

$$\sum(y-\bar{y})^2 = \sum(y-\hat{y})^2 + \sum(\hat{y}-\bar{y})^2 \tag{8-10}$$

$\sum(\hat{y}-\bar{y})^2$ 是回归值与平均值的离差，它反映了自变量对因变量的影响，即线性相关关系引起的变化。它是回归直线能解释的部分，所以叫解释变差，也称为回归平方和，通常用 SSR 来表示。

$\sum(y-\hat{y})^2$ 是观察值与回归值的离差，是自变量以外的随机因素及非线性因素作用的结果，它是回归直线无法解释的离差，所以叫剩余变差，也称残差平方和，通常用 SSE 来表示。

▶ 2. 估计标准误差

估计标准误差是用来说明回归方程代表性大小的统计分析指标，它是衡量因变量 y 的实际值和估计值 $\hat{y}$ 离差一般水平的分析指标。其计算原理与标准差基本相同，计算公式为

$$S_{yx} = \sqrt{\frac{\sum(y-\hat{y})^2}{n-2}} = \sqrt{\frac{\sum(y-a-bx)^2}{n-2}} \tag{8-11}$$

其中，$n-2$ 为自由度，因在一元线性回归方程中，计算了 a、b 两个参数，失去了两个自由变量，所以，自由度为 $n-2$。

可见，回归标准误差是根据剩余平方和计算的，即是剩余平方和的平均数的平方根，它可以反映观察值 y 与估计值 $\hat{y}$ 的平均离散程度，从而也衡量了估计值的拟合优度。因为对给定的自变量 x，观察值 y 并非总是在回归直线上，而是分布在它的周围，这必然要形成一定的离差。从直观上看，反映的是观察值 y 与估计值 $\hat{y}$ 的平均离差。但其背后却是用自变量 x 来估计因变量 y 时产生的误差。但该指标类似标准差，单独使用

没有实际意义。

现仍以表 8-4 资料为例说明回归误差的计算方法：

$$S_y = \sqrt{\frac{\sum(y-\hat{y})^2}{n-2}} = \sqrt{\frac{\sum(y-a-bx)^2}{n-2}} = \sqrt{\frac{3.8182}{6-2}} = 0.977$$

计算结果表明，单位成本的估计值与实际值的平均误差为 0.977 元。

8.4 多元线性回归分析

8.4.1 多元线性相关与回归分析的意义

前面研究了一元线性回归的问题，它反映的是某一因变量与一个自变量之间的关系。但是客观现象之间的联系是复杂的，许多现象的变动涉及多个变量之间的数量关系。例如，居民的消费支出，不仅与居民的收入有关，还与消费品的价格、消费家庭人口数等因素有关；企业的生产成本，不仅与企业的产品产量有关，还与企业技术水平、管理水平以及原材料的价格等有关。由于客观现象具有多方面的相互联系，需要进一步研究和掌握分析这类问题的方法。在统计学中，研究一个因变量与多个自变量之间相关关系的理论和方法，称为多元相关分析或复相关分析；而研究一个因变量和多个自变量的回归分析就是多元回归分析或复回归分析。

8.4.2 多元回归模型

多元回归可分为多元线性回归与多元非线性回归。这里只讨论最一般的多元线性回归。多元线性回归方程是表达一个因变量与多个自变量之间相互关系及其规律性的一种数学模型。当通过研究确定变量 y 值的变动受 x_1，x_2，$\cdots$，x_m 等多个变量的影响时，若其关系为线性相关关系，则线性回归方程可表达为：

$$\hat{y} = a + bx = a + b_1 x_1 + b_2 x_2 + \cdots + b_m x_m \tag{8-12}$$

a，b_1，b_2，$\cdots$，b_m 为回归方程待定参数，a 为常数项，b_1，b_2，$\cdots$，b_m 分别为 y 对 x_1，x_2，$\cdots$，x_m 的回归系数。

在多元回归中，y 对某一自变量的回归系数表示当其他自变量固定时，该自变量变化一个单位而使 y 平均改变的数值，也通称为偏回归系数。

与研究一元回归时的情形相似，求参数 a，b_1，b_2，$\cdots$，b_m 方法仍用最小平方法（多采用矩阵形式计算）。

现以二元回归为例加以说明。

二元线性回归方程为

$$\hat{y} = a + bx = a + b_1 x_1 + b_2 x_2 \tag{8-13}$$

a，b_1，b_2，3 个参数的求解方程为

$$\sum y = na + b_1 \sum x_1 + b_2 \sum x_2 \tag{8-14}$$

$$\sum x_1 y = a \sum x_1 + b_1 \sum x_1^2 + b_2 \sum x_1 x_2 \tag{8-15}$$

$$\sum x_2 y = a \sum x_2 + b_1 \sum x_1 x_2 + b_2 \sum x_2^2 \tag{8-16}$$

8.4.3 偏相关系数

在复相关关系中，要研究在其他自变量不变的情况下某一自变量与因变量之间的依存关系。这种相关关系，叫偏相关分析，或叫净相关分析。通过偏相关分析，可以比较各个自变量对因变量影响的主要因素和次要因素。在复相关中测定其中某一自变量对因变量影响大小的统计指标，叫偏相关系数或净相关系数。通常用 r 加上附标来表示。

偏相关系数与简单相关系数的主要区别在于：简单相关系数是在只掌握一个自变量和一个因变量的情况下，将其他影响因素忽略不计而求得的相关系数。偏相关系数是在拥有多个自变量的情况下，为了反映某一变量与另一变量的密切程度，而将其他变量控制起来计算的相关系数，偏相关系数的变动范围也在 $-1 \sim +1$。

8.5 Excel 在相关与回归中的应用

这里以表 8-1 的数据为例，说明 Excel 在相关与回归中的应用。

8.5.1 利用 Excel 编制相关表

(1) 打开一张空白的 Excel 工作表，输入表头及数据，如图 8-3 所示。

(2) 选中单元格区域"B3：C12"，在菜单项中选择"数据"|"排序"命令，弹出"排序"对话框，在"主要关键字"后选择"升序"选项，如图 8-4 所示。

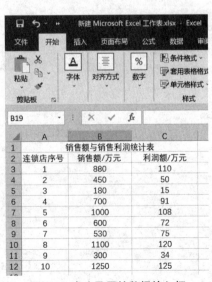

图 8-3　表头及原始数据输入框

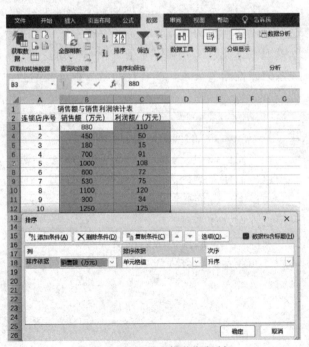

图 8-4　"数据排序操作"对话框

(3) 单击"确定"按钮，结果如图 8-5 所示。

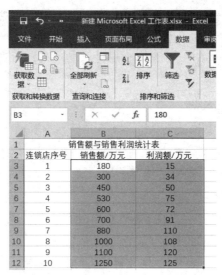

图 8-5 "数据排序结果"对话框

8.5.2 利用 Excel 编制相关图

(1) 选中单元格区域"B3:C12",在菜单项中选择"插入"|"图表"命令,弹出"图表向导-步骤 1-图表类型"对话框,在选项中选择"散点图"选项,再选择其中的子图表类型,具体如图 8-6 所示。

图 8-6 "数据散点图操作"对话框

(2) 单击"简单散点图"按钮,并在图表布局中选取适当的坐标类型,添加坐标标签,如图 8-7 所示。

8.5.3 利用 Excel 计算相关系数

(1) 单击"单元格 D3"(或任意空白单元格)按钮,选择"公式"|"插入函数",在下拉菜单中选择"统计"选项中的"CORREL 函数"选项,如图 8-8 所示。

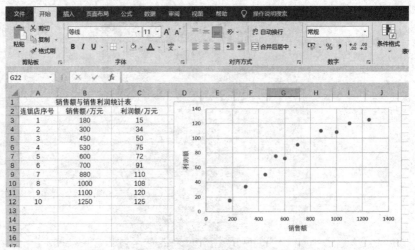

图 8-7 "数据散点图结果"对话框

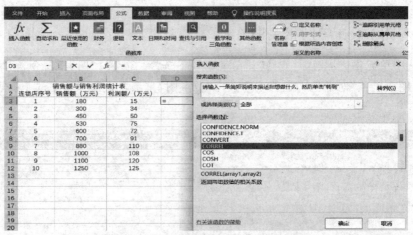

图 8-8 "相关系数函数参数输入"对话框

（2）单击"确定"按钮，弹出"函数参数"对话框。在"Array1"栏中输入"B3：B12"，在"Array2"栏中输入"C3：C12"，如图 8-9 所示。

图 8-9 "相关系数函数参数输入"对话框

(3) 单击"确定"按钮,结果显示在 D3 单元格中,即 $r=0.970\,939$,如图 8-10 所示。

图 8-10 "相关系数结果"对话框

8.5.4 利用 Excel 进行一元线性回归分析

(1) 选择"数据"|"数据分析"命令,弹出"回归"对话框,选择"回归"选项,单击"确定"按钮。

(2) 在"Y 值输入区域"栏输入"C3:C12",在"X 值输入区域"栏输入"C3:C12",具体如图 8-11 所示。

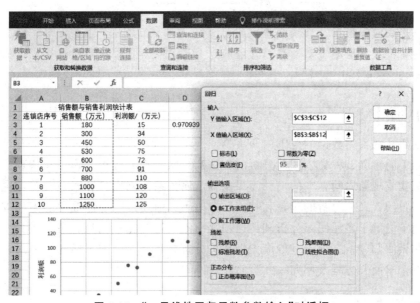

图 8-11 "一元线性回归函数参数输入"对话框

(3) 单击"确定"按钮,得到一元线性回归结果分析,如图 8-12 所示。

导入案例分析

通过本章的学习,我们回过头来分析一下本章案例导入的问题!解读销售额与利润额的关系这一案例,需要应用本章关于回归分析的知识,具体步骤如下。

SUMMARY OUTPUT								
回归统计								
Multiple R	0.970939							
R Square	0.942722							
Adjusted R	0.935562							
标准误差	9.558172							
观测值	10							
方差分析								
	df	SS	MS	F	ignificance F			
回归分析	1	12029.13	12029.13	131.6693	3.01E-06			
残差	8	730.8693	91.35866					
总计	9	12760						
	Coefficients	标准误差	t Stat	P-value	Lower 95%	Upper 95%	下限 95.0%	上限 95.0%
Intercept	7.451576	7.007803	1.063326	0.318675	-8.70845	23.6116	-8.70845	23.6116
X Variable	0.103789	0.009045	11.47472	3.01E-06	0.082931	0.124647	0.082931	0.124647

图 8-12 "一元线性回归结果"对话框

首先，建立回归模型：简单直线回归方程 $y=a+bx$。

其次，根据案例导入给出的数据表中的数据，按照式(8-6)和式(8-7)计算参数：

$$b = \frac{n\sum xy - \sum x \sum y}{n\sum x^2 - (\sum x)^2} = 0.10$$

$$a = \bar{y} - b\bar{x} = \frac{\sum y}{n} - b\frac{\sum x}{n} = 7.45$$

最后，形成回归模型。直线回归方程为 $\hat{y}=7.45+0.10x$。对于最终的模型，我们的解释是：销售收入每增加 1 元，利润就增加 0.1 元，即销售收入和利润有线性关系且呈正相关关系。

本章小结

本章主要从在实测数据的范围内两事物或现象之间是否存在某种相关性开始，首先具体讲解了相关的含义、种类、相关分析的方法和步骤及相关分析的作用和特点。其次重点讲解了两事物或现象之间存在的一种因果或者从属关系的判别，即回归分析，主要讲解了一元线性回归的含义、分析的步骤和特点，介绍了如何通过一个标准化的流程进行回归分析。最后简单讲解了多元回归分析和如何使用 Excel 进行相关与回归分析的操作。特别说明的是，在做回归分析之前，一般应先做相关分析，只有在确定了两变量之间存在直线关系的前提下，求回归方程及回归线才有意义。

复习与思考

1. 计算题

(1) 某班 40 名学生，按某课程的学习时数每 8 人为一组进行分组，其对应的学习成绩如表 8-7 所示。

表 8-7　某班学习成绩

学习时长/小时	学习成绩/分
10	40
14	50
20	60
25	70
36	90

试根据上述资料建立学习成绩(y)与学习时间(x)的直线回归方程(要求列表计算所需数据资料,写出公式和计算过程,结果保留两位小数)。

(2)根据 5 位同学西方经济学的学习时间与成绩分数计算出如下资料:

$n=5$,$\sum x=40$,$\sum y=310$,$\sum x^2=370$,$\sum y^2=20\,700$,$\sum xy=2\,740$

问题:①编制以学习时间为自变量的直线回归方程。
②计算学习时间和学习成绩之间的相关系数,并解释相关的密切程度和方向(要求写出公式和计算过程,结果保留两位小数)。

2. 实训题

请使用 Excel 软件对下列数据进行分析,并回答相关问题。

某部门 5 个企业产品销售额和销售利润资料如表 8-8 所示。

表 8-8　某部门产品销售额和销售利润　　　　　　　　　单位:万元

企业编号	产品销售额	销售利润
1	430	22.0
2	480	26.5
3	650	40.0
4	950	64.0
5	1 000	69.0

试计算产品销售额与利润额的相关系数,并进行分析说明(要求列表计算所需数据资料,写出公式和计算过程,结果保留四位小数)。

在线课堂

在线自测

拓展知识:
Cox 回归分析

第9章 时间序列分析和预测

> **学习目标**
>
> 1. 理解时间序列的概念和分类；
> 2. 掌握时间序列的水平指标分析；
> 3. 掌握时间序列的速度指标分析；
> 4. 理解时间序列的趋势变动分析；
> 5. 理解时间序列的季节变动分析。

案例导入

预测2023年某绿茶企业的出口情况

茶叶是中国人最独特的饮食元素，据报道，茶叶中含有300多种化学成分，如蛋白质、脂肪、氨基酸、碳水化合物、维生素和茶多酚、茶素、芳香油、脂多糖等，这些成分都是人体不可缺少和各具功效的重要营养及药用物质。喝茶有助于控制体重、保护眼睛、防衰老、降血压等。因此，茶叶被公认为世界上最健康的饮料之一，而中国一直是茶叶的出口大国。表9-1是2017—2022年某绿茶企业的出口数据。假定2023年1月该企业的出口数为22.3吨，该企业如何对2023年10月的出口情况进行预测？

表9-1 2017—2022年某绿茶企业的出口情况数据　　　　　　单位：吨

	2017年	2018年	2019年	2020年	2021年	2022年
1月	22.6	18.4	22.7	17.8	21.7	25.0
3月	25.6	30.7	27.4	31.9	28.8	32.4
4月	24.6	25.3	32.5	30.6	31.2	37.6
5月	28.0	36.2	37.7	38.1	32.6	30.6
6月	42.3	30.8	40.9	33.6	30.8	32.3
7月	40.6	30.5	34.6	37.9	26.9	30.8
8月	38.4	28.3	28.2	28.2	26.6	28.2
9月	30.5	28.9	27.0	27.5	31.7	32.7
10月	26.6	25.9	22.4	25.4	24.8	31.1
11月	28.9	28.2	24.9	26.6	27.0	28.5
12月	37.2	28.2	22.4	23.1	28.1	34.8

在现实经济研究中,经常需要分析经济发展的动态规律,并对经济的未来发展状况进行预测,时间序列数据及其分析和预测是达成这一目标的重要工具。本章将介绍时间序列分析的基本原理和方法。

资料来源:作者自编.

思考:

1. 各月季节指数如何计算?
2. 该企业 2023 年 10 月的绿茶出口预计多少吨?

> **章节导言**
>
> 对企业来说,有关经营管理的各种问题都需要做出预测,然后才能根据预测结果对生产活动进行决策。而预测的一个重要方法就是对未来情况进行推测,其原因是企业的生产经营状况常常随着时间推移而发生变化。例如,材料和备用件的库存、产品的销售、工人的工资与产品的价格水平、生产过程的质量控制,乃至整个企业的变化等,都会因时间的变化而呈现动态变化的过程。因此,有必要也完全有可能对现象发展变化的历史资料进行分析,发现现象的发展趋势和变动规律并据以预测未来。
>
> 本章将介绍时间序列的基本概念、时间序列的种类,包括绝对数时间序列、相对数时间序列。时间序列的水平分析,包括发展水平与平均发展水平,增长量与平均增长量,时间序列的速度指标分析,时间序列的趋势变动分析,时间序列的季节变动分析。

课程思政

新时代青年肩负社会责任——运用数据预警社会问题

对社会经济现象来说,从 2020 年以来,国务院常委会多次聚焦猪肉问题,总理要求加强市场价格监测预警,保持物价稳定。精准高效地预测猪头价格,及时发出价格异常预警,对于政府宏观调控市场供需、稳定农产品价格有着重要的意义。再者,由于精准扶贫行为缺乏规范性,严重影响了精准扶贫工作的开展,国家机关及工作人员在精准扶贫工作中,为了避免权力的滥用,应建档立案,跟踪动态数据,建立扶贫机制,防止侵害扶贫对象的权益。

通过时间序列方法的学习,能够拨云见日,从表面上无规律的数据中提取隐含的规律,找到问题的痛点痒点,精准打击,高效解决社会问题,能够为社会主义事业的进步提供实际的优化建议。

9.1 时间序列概述

时间序列是指将某种现象某一个统计指标在不同时间上的各个数值,按时间先后顺序排列而形成的数列。例如,表 9-2 列举了 2014—2020 年我国保费收入与金融机构贷款余额的时间序列。

表9-2　2014—2020年我国保费收入与金融机构贷款余额　　　　单位：万亿元

	2014	2015	2016	2017	2018	2019	2020
保费收入	2.0	2.4	3.1	3.6	3.8	4.2	4.5
金融机构贷款余额	81.68	98.1	106.6	120.1	136.3	153.1	172.7

资料来源：2014—2020年《中国金融年鉴》。

从表9-2中可以看出，时间序列由两个基本要素构成：一是被研究现象所属时间，如表9-2中2014—2020年的年份数据；另一个是反映该现象在一定时间条件下数量特征的数值，如表9-2中各年份对应的保费收入或金融机构贷款余额。注意，时间构成要素的时间单位可以有所不同，可以是年、季、月、日，也可以是年初或年末，季初或季末，月初或月末等。

时间序列中按照排列指标的性质不同，可以分为绝对数时间序列、相对数时间序列和平均数时间序列。绝对数时间序列是基本序列，或称原始序列；相对数时间序列和平均数时间序列则是派生序列，因为它们是根据绝对数时间序列加工计算得到的。

9.1.1　绝对数时间序列

绝对数时间序列又称"总量指标数列"，是指将反映现象总规模、总水平的某一总量指标在不同时间上的观察数值按时间先后顺序排列起来所形成的数列。总量指标序列是计算相对指标和平均指标，进行各种时间数列分析的基础。按其指标反映时间状况的不同，总量指标数列又分为时期数列和时点数列，国内生产总值属于时期数列如表9-3第2栏所示，而总人口数则属于时点数列，如表9-3第3栏所示。

表9-3　2011—2020年我国国内生产总值与总人口数

年　份	国内生产总值/亿元	总人口/万人
2011	487 940.2	134 735
2012	538 550.0	135 404
2013	592 963.2	136 072
2014	623 563.1	136 782
2015	688 858.2	137 462
2016	746 395.1	138 271
2017	832 035.9	139 008
2018	919 281.1	139 538
2019	986 515.2	141 008
2020	1 015 986.2	141 212

资料来源：《中国统计年鉴》(2021年)。

▶ 1. 时期数列

在时期数列中排列的指标为时期指标，各时期上的数值分别反映现象在这一段时期内所达到的总规模、总水平，是现象在这一段时期内发展过程的累积总量。观察值具有可加性，以及数值大小与所属时期长短有密切联系的特点。如表 9-3 所示中的各年的国内生产总值，实际上是通过将这一年内各个时期的国内生产总值的所有数据累积加总得到的。

▶ 2．时点数列

在时点数列中排列的指标为时点指标，各时点上的数值分别反映现象在各该时点上所达到的总规模、总水平，是现象在某一时点上的数量表现。观察值具有时间上的不可加性，以及各时点上观察值大小与相邻两时点间隔长短无密切联系的特点。如表 9-3 所示中的各年的总人口数反映的并不是一年中人口的累计情况，而是这一年某一个时点（瞬间）的人口情况。

9.1.2 相对数时间序列

相对数时间序列是由不同时期的同类相对指标按时间先后顺序排列而成的序列。它是由绝对数时间序列对比计算产生的，既可以是由两个时期数列对比产生的，也可以是由两个时点数列对比产生的，还可以是由一个时期数列和一个时点数列对比产生的。以下以表 9-4 为例加以说明。

表 9-4　我国第三产业生产总值占国内生产总值的比例

年　份	2014	2015	2016	2017	2018	2019	2020
国内生产总值/亿元	487 940.2	538 550	592 963.2	623 563.1	688 858.2	746 395.1	832 035.9
第三产业生产总值/亿元	310 654.0	349 744.7	390 828.1	438 355.9	489 700.8	535 371.0	553 976.8
第三产业生产总值占国内生产总值的比例/%	63.67	64.94	65.91	70.29	71.09	71.73	66.58

资料来源：《中国统计年鉴》（2021 年）。

如表 9-4 所示，第三产业生产总值和国内生产总值是绝对数时间序列，并且是时期序列。第三产业生产总值占国内生产总值的比例是相对数时间序列。计算方法是：

$$某年第三产业生产总值占国内生产总值的比例 = \frac{该年第三产业生产总值}{该年国内生产总值} \times 100\%$$

例如，2020 年第三产业生产总值占国内生产总值的比例 66.58%，是通过 2020 年第三产业生产总值除以当年的国内生产总值得到的。

9.1.3 平均数时间序列

平均数时间序列是指由一系列同类平均指标按时间先后顺序排列的时间序列。它能分析社会经济现象一般水平的发展趋势。平均数时间序列也是由绝对数时间序列计算而来的，既可以由时期数列、时点数列派生，也可以由时期数列和时点数列的指标对比计算所得。以下以表 9-5 为例，说明由时期数列和时点数列的指标对比计算得到的平均数时间序列。

如表 9-5 所示，国内生产总值是时期数列，总人口是时点数列，人均国内生产总值是由这两个数列的指标对比计算的平均数时间序列。该平均数时间序列反映了我国人均国内生产总值逐年提高的情况。

表 9-5　2015—2020 年我国人均国内生产总值

年　份	2015	2016	2017	2018	2019	2020
国内生产总值/亿元	538 550	592 963.2	623 563.1	688 858.2	746 395.1	832 035.9
总人口/万人	137 462	138 271	139 008	139 538	141 008	141 212
人均国内生产总值/万元	3.9	4.3	4.5	4.9	5.3	5.9

资料来源：《中国统计年鉴》(2021 年)。

需要注意的是，在编制时间序列时要考虑各个指标之间的可比性。比如，数列中时期长短最好一致，各指标所包含的总体范围应该一致，每一指标说明的经济内容在所考察的各个时期应该相同，计算方法和计量单位也应该统一。

9.2　时间序列的水平分析

在对时间序列有了基本认识之后，要对时间序列做进一步的统计分析。本节主要讨论从时间序列的观察值本身出发，计算一系列水平指标，进行简单的统计水平分析。

9.2.1　发展水平与平均发展水平

▶ 1. 发展水平

发展水平是指在时间序列中与其所属时间相对应的反映某种现象发展变化所达到的规模、程度和水平的指标数值，通常指总量指标，例如国内生产总值、年末人口数等，也可指相对值表和平均指标，例如劳动生产率、计划完成程度等。

按在数列中的次序地位不同，发展水平又分为最初水平、中间水平和最末水平三种水平。在一个完整的时间序列中，通常将第一项指标数值叫作期初水平或最初水平，用 a_1 表示，最后一项指标数值叫作期末水平或最末水平，用 a_n 表示，其余各项指标数值叫中间水平，用 $a_1, a_2, \cdots, a_{n-1}$ 表示。在动态分析中，将所研究的那个时期（或时点）的发展水平叫作报告期水平，用来进行比较的那个时期（或时点）的发展水平叫作基期水平，期初水平和期末水平并不是固定不变的，要根据研究时间的变更而改变，所以，不能将期初水平和基期水平，期末水平和报告期水平简单画等号。发展水平的文字说明习惯上用"增加到"或"增加为"，"下降到"或"下降为"表示。

▶ 2. 平均发展水平

将不同时期的发展水平加以平均而得到的平均数叫平均发展水平，又称为动态平均数或序时平均数。序时平均数与一般平均数（静态平均数）相比，既有相同点又有不同点。相同点为：两者在研究方法上都是把现象的数量差异抽象化，概括地反映现象的一般水平。不同点为：第一，序时平均数是根据动态数列计算的，而一般平均数是根据变量数列计算的；第二，序时平均数所平均的，是被研究现象本身的数量在不同时间上的差异，而一般平均数所平均的，是总体各单位某一标志值的差异；第三，序时平均数是从动态上表明被研究现象本身在一段时间内的平均发展水平,而一般平均数是从静态上说明总体各单位某个标志值的平均水平,序时平均数在动态分析中被广泛应用。

由于不同时间序列中观察值的表现形式不同,序时平均数有不同的计算方法。

(1) 根据绝对数时间序列计算序时平均数。绝对数时间数列序时平均数的计算方法是最基本的,它是计算相对数或平均数时间数列序时平均数的基础。由于绝对数时间数列有时期数列和时点数列之分,序时平均数的计算方法也有所不同。

① 时期数列序时平均数的计算。由于时期数列具有可加性的特点,对时期数列求序时平均数可采用算术平均数的方法,先将各时期的观察值加总,再除以时期项数。其计算公式为

$$\bar{a} = \frac{a_1 + a_2 + a_3 + \cdots + a_{n-1} + a_n}{n} = \frac{\sum_{i=1}^{n} a_i}{n} \tag{9-1}$$

其中:$\bar{a}$ 为序时平均数;a_i 为第 i 个时期的观察值;n 为观察值的个数。

【例 9-1】

根据表 9-5 所示的国内生产总值序列,计算 2015—2020 年的年平均国内生产总值。

解:$\bar{a} = \dfrac{\sum_{i=1}^{n} a_i}{n} = \dfrac{4\ 022\ 365.5}{6} = 670\ 394.25(元)$

② 时点数列序时平均数的计算。时点数列一般都是不连续数列,但是,若是逐日记录而且逐日排列形成的时点数列资料则可将其看成连续的时点数列。以此为标准,可将时点数列分为连续时点数列和间断时点数列。连续时点数列和间断时点数列又分别有间隔相等和间隔不等两种情况。不同的时点数列对应不同的计算方法。

第一,间隔相等的连续时点数列的序时平均数的计算。

例如,西安欧亚学院的所有老师每天都需要打考勤,这样学校每天都能统计当日出勤人数,若需要计算某个月的平均出勤人数,用以下公式计算即得。

$$\bar{a} = \frac{\sum_{i=1}^{n} a_i}{n} \tag{9-2}$$

第二,间隔不等的连续时点数列的序时平均数的计算。

如果被研究的现象每隔一段时间才登记一次,则可用每次变动持续的间隔长度为权数,对各时点水平进行加权,用以下公式计算。

$$\bar{a} = \frac{\sum af}{n} \tag{9-3}$$

其中,$\bar{a}$ 为序时平均数;a 为第 i 个时点的观察值;f 为时间间隔长度;n 为观察值的个数。

【例 9-2】

金桥餐厅 9 月 1 日至 9 月 10 日的厨师人数为 45 人,自 9 月 11 日至 9 月底增加了 3 名厨师,则该餐厅 9 月份平均拥有的厨师人数为

解:$\bar{a} = \dfrac{\sum af}{n} = \dfrac{45 \times 10 + 48 \times 20}{30} = 47(人)$

第三，间隔相等的间断时点数列的序时平均数的计算。

如果时间数列提供的是间隔相等的间断时点数列资料，例如，对于企业中的职工人数或商品库存等数额，我们不可能天天进行登记，为此在计算序时平均数时，我们可以假定现象在相邻的两个时点之间是均匀变动的，因而可将两个相邻时点的指标数值相加除以2，先求得这两个时点的序时平均数，然后再根据简单平均法求得整个研究期内的序时平均数。计算公式如下：

$$\bar{a} = \frac{\frac{a_1+a_2}{2}+\frac{a_2+a_3}{2}+\frac{a_3+a_4}{2}+\cdots+\frac{a_{n-1}+a_n}{2}}{n-1}$$

$$= \frac{\frac{a_1}{2}+a_2+a_3+a_4+\cdots+\frac{a_n}{2}}{n-1} \tag{9-4}$$

其中：a_1，a_2，$\cdots$，a_{n-1} 为各时点资料；n 为时点数列项数。

【例 9-3】

某仓库 2022 年 1 月 1 日—2022 年 7 月 1 日库存商品资料如表 9-6 所示。

表 9-6　某仓库 2022 年 1 月至 7 月库存商品资料　　　　　　　　单位：吨

日　　期	1月1日	2月1日	3月1日	4月1日	5月1日	6月1日	7月1日
商品库存量	1 362	1 396	1 404	1 414	1 596	1 673	1 800

根据表 9-6 的资料，计算序时平均数如下：

1 月份平均库存量 $= \dfrac{1\,362+1\,396}{2} = 1\,379$（吨）

2 月份平均库存量 $= \dfrac{1\,396+1\,404}{2} = 1\,400$（吨）

3 月份平均库存量 $= \dfrac{1\,404+1\,414}{2} = 1\,409$（吨）

第一季度月平均库存量 $= \dfrac{\dfrac{1\,362+1\,396}{2}+\dfrac{1\,396+1\,404}{2}+\dfrac{1\,404+1\,414}{2}}{4-1}$

$= \dfrac{\dfrac{1\,362}{2}+1\,396+1\,404+\dfrac{1\,414}{2}}{4-1} = 1\,396$（吨）

第四，间隔不等的间断时点数列的序时平均数的计算。

在掌握间隔不等的时点资料的情况下，可用相邻时点的间隔长度为权数，对各相应的平均水平加权，采用加权算术平均数法计算平均发展水平。其公式为

$$\bar{a} = \frac{\dfrac{a_1+a_2}{2}f_1+\dfrac{a_2+a_3}{2}f_2+\dfrac{a_3+a_4}{2}f_3+\cdots+\dfrac{a_{n-1}+a_n}{2}f_{n-1}}{\sum f} \tag{9-5}$$

其中，f 为各段时点间隔长度；n 为时点数列项数。

【例 9-4】

某企业 2022 年某些月份职工人数资料如表 9-7 所示。

表 9-7 某企业 2022 年职工人数资料   单位：人

日 期	1月1日	4月1日	6月1日	11月1日	12月31日
职工人数	1 440	1 480	1 460	1 500	1 540

根据表 9-7 的资料，该企业 2022 年平均职工人数为：

$$\bar{a} = \frac{\frac{a_1+a_2}{2}f_1 + \frac{a_2+a_3}{2}f_2 + \frac{a_3+a_4}{2}f_3 + \cdots + \frac{a_{n-1}+a_n}{2}f_{n-1}}{\sum f} = 1\ 480(人)$$

注意，对间隔相等和不等的间断时点数列，分别用式(9-4)和式(9-5)计算序时平均数时，都有一定的假定性，即假定两个相邻时点之间现象数量的变化是均匀的。因此，用这两种方法计算得到的序时平均数，只是一个近似值。时点数列的间隔越长，这种假定性越大，其准确性就越差。

(2) 根据相对数时间数列计算序时平均数。根据相对数时间数列计算序时平均数时，不能用相对数时间数列的各指标值直接相加除以项数来求得，而应先分别计算构成相对数时间数列分子和分母的两个绝对数列的序时平均数，然后将这两个序时平均数相除求得序时平均数。计算公式为

$$\bar{c} = \frac{\bar{a}}{\bar{b}} \tag{9-6}$$

其中：$\bar{a}$ 为分子数列的序时平均数；$\bar{b}$ 为分母数列的序时平均数；$\bar{c}$ 为相对指标时间数列的序时平均数。

在实际应用中，对比的分子分母可能都是时期指标或时点指标，也可能一个为时期指标另一个为时点指标，但它们的序时平均数都应该根据总量指标的相应计算公式计算，因此分为以下几种情况。

① 分子和分母均为时期数列时，其计算公式为

$$\bar{c} = \frac{\bar{a}}{\bar{b}} = \frac{\frac{\sum a}{n}}{\frac{\sum b}{n}} = \frac{\sum a}{\sum b} \tag{9-7}$$

【例 9-5】

某冰激凌厂 2022 年第 3 季度零售额资料如表 9-8 所示。

表 9-8 某冰激凌厂 2022 年第 3 季度零售额资料

月 份	7月	8月	9月
实际零售额/万元	300	400	250
计划零售额/万元	312	350	250
计划完成百分比/%	96.2	114.2	100

根据表 9-8 的资料，该冰激凌厂 2013 年第 3 季度月平均商品零售额计划完成百分比为：

$$\bar{c} = \frac{\bar{a}}{\bar{b}} = \frac{\frac{\sum a}{n}}{\frac{\sum b}{n}} = \frac{\sum a}{\sum b} = \frac{300+400+250}{312+350+250} = 104.2\%$$

② 分子和分母均为间隔相等的时点数列时，其计算公式为

$$\bar{c} = \frac{\bar{a}}{\bar{b}} = \frac{\frac{\frac{a_1}{2}+a_2+a_3+\cdots+\frac{a_n}{2}}{n-1}}{\frac{\frac{b_1}{2}+b_2+b_3+\cdots+\frac{b_n}{2}}{n-1}} = \frac{\frac{a_1}{2}+a_2+a_3+\cdots+\frac{a_n}{2}}{\frac{b_1}{2}+b_2+b_3+\cdots+\frac{b_n}{2}} \tag{9-8}$$

【例 9-6】

某企业 2021 年第 2 季度生产工人占全部职工的比重如表 9-9 所示。

表 9-9　某企业 2021 年第 2 季度生产工人占全部职工的比重

月　　份	3 月末	4 月末	5 月末	6 月末
生产工人/人	217	225	232	282
全部职工/人	290	292	300	360
生产工人占全部职工的比重/%	74.8	77.1	77.3	78.3

根据表 9-9 的资料，该企业 2021 年第 2 季度生产工人占全部职工的平均比重为：

$$\bar{c} = \frac{\frac{a_1}{2}+a_2+a_3+\cdots+\frac{a_n}{2}}{\frac{b_1}{2}+b_2+b_3+\cdots+\frac{b_n}{2}} = \frac{\frac{217}{2}+225+232+\frac{282}{2}}{\frac{290}{2}+292+300+\frac{360}{2}} = 77\%$$

③ 分子和分母为性质不同的数列，即一个为时期数列，另一个为时点数列时，应根据数列性质选用适当的方法。先分别计算分子数列和分母数列的序时平均数，然后再将两个序时平均数对比以求得相对数时间序列的序时平均数。

【例 9-7】

某百货大厦 2022 年第 1 季度商品流转速度资料如表 9-10 所示。

表 9-10　某百货大厦 2022 年第 1 季度商品流转速度资料

月　　份	2021 年末	1 月末	2 月末	3 月末
商品纯销售额/万元	120	120	250	216
月末商品库存额/万元	50	70	86	76
商品流转次数/次	—	2	3.2	2.7

根据表 9-10 的资料，该百货大厦 2014 年第 1 季度月平均商品流转次数为：

$$\overline{c} = \frac{\sum a_n}{\frac{b_1}{2} + b_2 + b_3 + \cdots + \frac{b_{n+1}}{2}} = \frac{120 + 250 + 216}{\frac{50}{2} + 70 + 86 + \frac{76}{2}} = 2.7(\text{次})$$

9.2.2 增长量与平均增长量

▶ 1. 增长量

增长量是指表明某种现象在一段时期内增长的绝对量，它是报告期水平与基期水平之差。其计算公式为

$$\text{增长量} = \text{报告期水平} - \text{基期水平} \tag{9-9}$$

增长量有正负之分，在报告期水平大于基期水平时，为正值，表明增加，若报告期水平大于基期水平时为负值，说明减少，故又称为"增减量"指标。

由于作为比较标准的时期不同，增长量可分为逐期增长量和累计增长量。

（1）逐期增长量。逐期增长量是指以报告期的前一期水平为基期，报告期水平减去前一期水平的差额，说明现象逐期增加（减少）的绝对数量。

设基期水平为 a_0，各报告期水平为 $a_i(i=1,2,3,\cdots,n)$，用符号表示为

$$a_1 - a_0, a_2 - a_1, \cdots, a_{n-1} - a_{n-2}, a_n - a_{n-1} \tag{9-10}$$

（2）累计增长量。累计增长量是指以某一固定时期为基期，报告期水平与某一固定时期的差额水平，说明现象在一段时期内总的增长（减少）的数量。

用符号表示为

$$a_1 - a_0, a_2 - a_0, \cdots, a_{n-1} - a_0, a_n - a_0 \tag{9-11}$$

这两种增长量虽然计算基期和它们说明的问题不同，但它们之间却存在一定的换算关系：

同一动态数列各逐期增长量之和，等于相应的累计增长量

$$(a_1 - a_0) + (a_2 - a_1) + \cdots + (a_{n-1} - a_{n-2}) + (a_n - a_{n-1}) = a_n - a_0 \tag{9-12}$$

两个相邻累计增长量之差，等于相应逐期增长量

$$(a_n - a_0) - (a_{n-1} - a_0) = a_n - a_{n-1} \tag{9-13}$$

现举例说明，如表 9-11 所示。

表 9-11　某饲料加工厂饲料产量资料　　　　　　　　　　　　　　　万吨

年　份	2008	2009	2010	2011	2012	2013
符号	a_0	a_1	a_2	a_3	a_4	a_5
饲料产量	300	340	400	440	460	478
逐期增长量	—	40	60	40	20	18
累计增长量	—	40	100	140	160	178

▶ 2. 平均增长量

平均增长量是指某种现象各逐期增长量的序时平均数，它说明某现象在一定时期内的平均增长数量。由于增长量是时期指标，所以平均增长量可以用简单算术平均法计算。计算公式如下：

$$平均增长量 = \frac{逐期增长量之和}{时间数列项数 - 1} = \frac{累计增长量}{时间数列项数 - 1} \qquad (9-14)$$

根据表 9-11 的资料，该饲料加工厂饲料平均每年增长量为

$$年平均增长量 = \frac{40+60+40+20+18}{5} = 35.6(万吨)$$

平均增长量也有正负之分，正值为平均增长量，负值为平均减少量。

若现象在一定时期内的逐期增长量大体相同，其平均增长量可作为预测的依据（具体预测方法在长期趋势测算中讲解）。

9.3 时间序列的速度指标分析

时间序列分析的速度指标是用来描述现象在某一时间上发展变化的快慢程度，包括发展速度、增长速度、平均发展速度和平均增长速度等的指标。

9.3.1 发展速度

发展速度是说明某种社会经济现象发展程度的相对指标，主要说明报告期水平已发展到基期水平的百分之几（或若干倍）。其计算公式为：

$$发展速度 = \frac{报告期水平}{基期水平} \qquad (9-15)$$

发展速度通常用百分数表示，当比值较大时，也可用倍数和翻番数表示，它说明现象报告期水平为基期水平的百分之几或若干倍或翻几番。当它大于 100%（或 1）时，表明现象在增长，若小于 100%（或 1）时，表明现象在下降。由于采用的基期不同，发展速度可分为定基发展速度和环比发展速度两种类型。

▶ 1. 定基发展速度

定基发展速度是指报告期水平与某一固定基期水平之比，它表明报告期水平对某一固定时期的水平来说已经发展到百分之几或若干倍，用来表明现象在一较长时期内的总发展速度，有时也叫总速度。其计算公式为

$$定基发展速度 = \frac{报告期水平}{某一固定时期水平} \qquad (9-16)$$

用符号表示为：

$$\frac{a_1}{a_0}, \frac{a_2}{a_0}, \ldots, \frac{a_{n-1}}{a_0}, \frac{a_n}{a_0}$$

▶ 2. 环比发展速度

环比发展速度是指报告期水平与前一期水平之比，它表明报告期水平为前一期水平的百分之几或若干倍，表明这种现象的逐期发展程度。其计算公式如下：

$$环比发展速度 = \frac{报告期水平}{前一期水平} \qquad (9-17)$$

用符号表示为

$$\frac{a_1}{a_0}, \frac{a_2}{a_1}, \cdots, \frac{a_{n-1}}{a_{n-2}}, \frac{a_n}{a_{n-1}}$$

▶ 3. 定基发展速度与环比发展速度的数量关系

上述两种发展速度使用的基期和它们说明的问题不同，但这两种发展速度之间却存在一定的关系。

（1）同一动态数列各期环比发展速度的连乘积，等于其相应时期的定基发展速度，即

$$\frac{a_1}{a_0} \times \frac{a_2}{a_1} \times \cdots \times \frac{a_{n-1}}{a_{n-2}}, \frac{a_n}{a_{n-1}} = \frac{a_n}{a_0} \tag{9-18}$$

（2）两个相邻时期定基发展速度之比，等于相应报告期的环比发展速度，即

$$\frac{a_n}{a_0} \div \frac{a_{n-1}}{a_0} = \frac{a_n}{a_{n-1}} \tag{9-19}$$

9.3.2 增长速度

增长速度是指某种现象报告期的增长量与基期水平之比，说明某种社会经济现象报告期水平比基期水平增加了百分之几（或若干倍）。其计算公式如下：

$$\text{增长速度} = \frac{\text{报告期增长量}}{\text{基期水平}} = \frac{\text{报告期水平} - \text{基期水平}}{\text{基期水平}}$$

$$= \frac{\text{报告期水平}}{\text{基期水平}} - 1(\text{或}100\%) = \text{发展速度} - 1(\text{或}100\%) \tag{9-20}$$

增长速度有正负之分，正值表示增长的程度，负值表示下降的程度。通过式(9-20)可以看出来，增长速度与发展速度关系密切，同样在计算增长速度时，由于采用的基期不同，增长速度也可分为定基增长速度和环比增长速度。

▶ 1. 定基增长速度

定基增长速度是指报告期累计增长量与某一固定基期水平之比，它表明现象在一较长期内总的增长程度。其计算公式如下：

$$\text{定基增长速度} = \frac{\text{累计增长量}}{\text{某一固定时期水平}} = \text{定基发展速度} - 1 \tag{9-21}$$

用符号表示为：

$$\frac{a_1 - a_0}{a_0}, \frac{a_2 - a_0}{a_0}, \cdots, \frac{a_{n-1} - a_0}{a_0}, \frac{a_n - a_0}{a_0}$$

▶ 2. 环比增长速度

环比增长速度是指报告期的逐期增长量与前一期水平之比，它表明现象逐期增长的程度。其计算公式如下：

$$\text{环比增长速度} = \frac{\text{逐期增长量}}{\text{前一期水平}} = \text{环比发展速度} - 1 \tag{9-22}$$

用符号表示为：

$$\frac{a_1 - a_0}{a_0}, \frac{a_2 - a_1}{a_1}, \cdots, \frac{a_{n-1} - a_{n-2}}{a_{n-2}}, \frac{a_n - a_{n-1}}{a_{n-1}}$$

必须指出，环比增长速度与定基增长速度无直接的换算关系。如果由一个环比增长速度数列求其定基增长速度数列，须先将各期环比增长速度换算成各期环比发展速度，再将

它们连乘，得各期的定基发展速度，最后，将各期定基发展速度分别减1或减100%，即得各期的定基增长速度。相反，若知现象各期的定基增长速度，求各期的环比增长速度，也要经过一定的变换计算求得。

运用速度指标时应注意它背后的绝对值。一般来讲，基期水平越高，则发展速度增长1%所包含的绝对值就越大。因此，在分析速度时必须与增长量的绝对值相结合，如常用的增长1%的绝对值就是增长量与增长速度之比，说明速度每增长1%所包含增长的绝对值。其计算公式如下：

$$\text{增长}1\%\text{的绝对值}=\frac{\text{报告期的逐期增长量}}{\text{报告期的环比增长速度(以百分点表示)}}=\frac{\text{前期水平}}{100} \tag{9-23}$$

9.3.3 平均发展速度

平均发展速度，是某种现象各期环比发展速度的序时平均数，它表明某种社会经济现象在一个较长时期内逐年平均发展变化的程度，是实际工作中一个广泛使用的指标。由于环比发展速度是一种动态相对数，不能用计算序时平均数的一般方法来计算，只能根据其特点，采用一种特有的方法来处理。在实际工作中，平均发展速度的计算方法有几何平均法和方程法。

▶ 1. 几何平均法

现象发展的平均速度，一般用几何平均法计算。平均速度是总速度的平均，但现象发展的总速度，不等于各年发展速度之和，而等于各年环比发展速度的连乘积。因而求环比发展速度的平均数，不能用总合法，按算术平均数公式计算；只能按连乘法，用几何平均数公式计算。计算公式如下：

$$\overline{X}=\sqrt[n]{X_1 \cdot X_2 \cdot X_3 \cdot \cdots \cdot X_{n-1} \cdot X_n}=\sqrt[n]{\prod X} \tag{9-24}$$

其中：$\overline{X}$ 为平均发展速度；X_i 为各年环比发展速度；n 为环比发展速度的项数。

由于环比发展速度连乘积等于定基发展速度，而定基发展速度又是总速度，因此平均发展速度还有以下两个计算公式：

$$\overline{x}=\sqrt[n]{\frac{a_1}{a_0}\times\frac{a_2}{a_1}\times\cdots\times\frac{a_{n-1}}{a_{n-2}}\times\frac{a_n}{a_{n-1}}}=\sqrt[n]{\frac{a_n}{a_0}} \tag{9-25}$$

$$\overline{x}=\sqrt[n]{R} \tag{9-26}$$

其中：R 为总速度；$\prod$ 为连乘符号。

对上述公式的应用，可视掌握资料的情况而定。计算平均发展速度要开高次方，在通常情况下，都是借助对数来计算，当然也可以用多功能计算器开多次方根直接求得。

▶ 2. 方程法

方程法（累计法）是通过研究时期内各期的实际发展水平累计之和与基期对比所确立的代数方程，来计算平均发展水平的方法。我们先假设 a_0 为最初水平，$a_1, a_2, \cdots, a_n$ 为各期实际发展水平，$\overline{X}$ 为求得的平均发展速度。根据 $\overline{X}$ 计算所得的逐年发展水平如下：

第一年 $= a_0 \overline{X}$

第二年 $= a_0 \overline{X} \cdot \overline{X} = a_0 \overline{X}^2$

$$\text{第三年} = a_0 \overline{X} \cdot \overline{X} \cdot \overline{X} = a_0 \overline{X}^3$$
$$\vdots$$
$$\text{第 } n-1 \text{ 年} = a_0 \overline{X}^{n-1}$$
$$\text{第 } n \text{ 年} = a_0 \overline{X}^n$$

这个方法的实质及数理依据，就是从最初水平 a_0 出发，按所求得的平均发展速度 $\overline{X}$ 逐年发展，其达到的各年发展水平的累计总和，应与实际具有的各年水平的累计总和一致，即

$$a_0 \overline{x} + a_0 \overline{x}^2 + a_0 \overline{x}^3 + \cdots + a_0 \overline{x}^{n-1} + a_0 \overline{x}^n = a_1 + a_2 + \cdots + a_{n-1} + a_n$$

即

$$a_0(\overline{x} + \overline{x}^2 + \cdots + \overline{x}^{n-1} + \overline{x}^n) = \sum_{i=1}^{n} a$$

于是有

$$\overline{x} + \overline{x}^2 + \cdots + \overline{x}^{n-1} + \overline{x}^n = \frac{\sum_{i=1}^{n} a}{a_0}$$

解出这个高次方程式，求出的正根，就是方程法所求出的平均发展速度。在实际工作中，为了简化计算，可以借助平均增长速度查对数表直接查得平均发展速度或平均增长速度。

计算平均发展速度的两种方法，各有不同的出发点，所得的结果也不同。几何平均法侧重考查最末一期的发展水平，如考察工业产品产量、人口数、商品购销量等问题，方程法侧重考查全期发展水平的总和，如考察固定资产总额等问题。显然，选用哪一种方法求平均发展速度，应视计算对象的特点和不同要求而定。

9.4 时间序列的趋势分析

前面两节介绍了时间序列分析的水平指标和速度指标的计算，这些指标只是对时间序列进行初步的分析，它们尚不能满足对时间序列进行深入分析，寻求其发展变化规律的要求。因此，本节将从解析的角度来解释时间序列各观察值随着时间推移而变化的数量规律。

9.4.1 时间序列的构成因素与分解

事物的发展受多种因素的影响，引起时间序列中的经济变量发展水平变化的原因是多种多样的，有政治的、社会的原因，也有经济的、自然的原因。各种原因错综复杂地交织在一起，在某些特定的环境下，对社会现象起着不同的作用，是同一现象在不同的发展时期不同的发展结果。例如，从宏观上看，一个国家在一个较长的时期内的粮食生产情况，受国家的农业产业政策、不同时期的科技水平、该国所处的地理位置及各种自然因素的影响；又如，从微观上看，一个企业某种产品的市场占有率，受国家的产业政策、该种产品的市场供求状况、生产该产品的资本，以及劳动力要素市场价格变动情况与相关产品价格

等诸多因素的影响。尽管造成时间序列各期水平上下波动的因素是多种多样的，但根据时间序列统计处理的技术要求，可以把时间序列在形式上的变化分成4种因素来考虑。这4种因素是：长期趋势、季节变动、循环变动及不规则变动。

▶ 1. 长期趋势

长期趋势是指现象在相当长的一段时期内，受某种长期的、决定性的因素影响而呈现的持续上升或持续下降的趋势，通常以 T 表示。如商业上的销售额、股市上的股价等，通常以或长期稳定增长，或长期衰退，或长期停滞不前的趋势出现。

▶ 2. 季节变动

季节变动是指现象在一年内，由于受到自然条件或社会条件的影响而形成的以一定时期为周期（通常指一个月或季）的有规则的重复变动，通常以 S 表示。例如，时令商品的产量与销售量、旅行社的旅游收入等都会受季节的影响。应注意的是在这里提到的"季节"并非通常意义上的"四季"，季节变动中所提及的主要是指广义的概念，可以理解为一年中的某个时间段，如一个月、一个季度或任何一个周期。

▶ 3. 循环变动

循环变动是指现象持续若干年的周期变动，通常以 C 表示。循环变动的周期长短不一，没有规律，并且通常周期较长，不像季节变动有明显的变动周期（小于一年）。循环变动不是单一方向的持续变动，而是涨落相间的交替波动，如经济周期。

▶ 4. 不规则变动

不规则变动是指现象由于受偶然性因素而引起的无规律、不规则的变动，通常以 I 表示，这种变动是时间序列中除了上述3种变动之外剩余的一种变动，是各种偶然的（或突发性的）因素，如自然灾害、战争以及无法预料和具体解释的随机性因素影响的结果。不规则变动与时间无关，是无法预知的。

根据时间序列的分析理论，四种因素之间的关系可以用加法模型和乘法模型来表示。

加法模型：$Y=T+S+C+I$

乘法模型：$Y=T \cdot S \cdot C \cdot I$

其中：Y 为时间序列的观察值；T 为长期趋势值；C 为循环波动值；S 为季节变动值；I 为不规则变动值。

按加法模型的假设，四种因素的变动对 Y 所起的影响是相互独立的，因此，长期趋势因素本身的变化对其他因素没有影响，若要剔除长期趋势的影响，用减法即可；按乘法模型的假设，四种因素变动的原因是各自独立的，公式中各因素的数值用比率表示，若要剔除长期趋势的影响，用除法即可。

9.4.2 长期趋势的测定方法

长期趋势的测定和分析，是时间序列分析中最主要的一项任务。测定长期趋势不仅可以认识现象发展变化的基本趋势和规律性，并作为预测的重要依据，而且也是准确地测定其他构成因素的基础。测定长期趋势常用的方法有时距扩大法、移动平均法和最小二乘法。

▶ 1. 时距扩大法

时距扩大法是测定长期趋势最原始、最简单的方法。它是将原来时间序列中较小时距单位的若干个数据加以合并，得出较大时距单位的数据。扩大了时距单位的数据可以使较小时距单位数据受到的偶然因素的影响相互抵消，从而显示现象变动的基本趋势。

【例 9-8】

2020—2022 年某城市旅游人数资料如表 9-12 所示。

表 9-12　某风景旅游城市旅游人数资料　　　　　　　　　　　单位：万人

年　份	旅游人数			
	第 1 季度	第 2 季度	第 3 季度	第 4 季度
2020	32	40	61	28
2021	41	51	74	36
2022	57	65	93	57

从表 9-12 来看，该城市旅游人数有升有降，既有明显的季节变动，也有逐年增长的趋势。为了显示长期趋势，必须将其他因素剔除。本例的变动周期为四季，把以季为单位的数据合并为以年为单位的数据，这时旅游人数有升有降的周期变化就不见了，显示出来的是长期增长的趋势。如表 9-13 所示。

表 9-13　某风景旅游城市旅游人数资料　　　　　　　　　　　单位：万人

年　份	旅游人数	季平均旅游人数
2020	161	40
2021	202	51
2022	272	68

时距扩大法的优点是简便直观。但它的缺点也很突出，表现在时距扩大之后，新序列的项数大大减少，丢失了原时间序列包含的大量信息，不能详细反映现象的变化过程，不利于进一步深入分析。对时距扩大法进行改进，于是产生了移动平均法。

▶ 2. 移动平均法

移动平均法是对时距扩大法的一种改良。它是采用逐项递进的办法，将原时间序列中的若干项数据进行平均，通过平均来消除或减弱时间序列中的不规则变动和其他变动，从而呈现现象发展变化的长期趋势。若平均的数据项数为 K，就成为 K 期（项）移动平均。移动平均法分为简单移动平均法和加权移动平均法两种。简单移动平均法是指将各期数据等同看待，计算每个移动平均值时采用简单算术平均法。加权移动平均法是指给各期观测值赋予不同的权数，采用加权算数平均法来计算每个移动平均值。以下结合例题来介绍移动平均法及其应用。

【例 9-9】

根据某钢铁企业 2012—2022 年的钢铁产量，如表 9-14 所示，分别计算 3 年移动平均和 5 年移动平均。

表 9-14　某钢铁企业 2012—2022 年的钢铁产量及其移动平均计算表　单位：万吨

年　份	钢铁产量	3 年移动平均	5 年移动平均
2012	320		
2013	342	332.7	
2014	336	346.3	348.4
2015	361	361.7	361.4
2016	388	376.3	374.2
2017	380	391.3	394.0
2018	400	407.0	407.8
2019	235	423.7	421.4
2020	430	440.3	441.4
2021	453	455.3	
2022	480		

表 9-14 中的粮食产量时间序列，是原时间序列，其中有些年的发展水平，受偶然因素影响大，较其上年下降了，因而现象的变化趋势欠明朗，表中另外两个移动平均数动态数列，是作了修匀的，从中可见，该地区 10 年粮食产量的发展趋势是明显上升的。三项移动平均的第一个数 $=\dfrac{320+342+336}{3}=332.7$，第二个数 $=\dfrac{3\ 342+336+361}{3}=346.3$，其余各数类推计算，所得的移动平均数，写在时距最中央的那一年位置上。五项移动平均方法与三项移动平均法相同，只是时距更大些。当然，还可做七项、九项等的移动平均。究竟做几项移动平均好？这要根据数列及现象的具体情况而定。一般来说，时距项数越多，移动平均动态数列的修匀程度越大，而所得新的动态数列项数越少（新的动态数列项数＝原动态数列项数－时距项数＋1，如上例三项移动平均数列的项数＝11－3＋1＝9）。原动态数列为年度资料，时距确定为三项、五项或七项为宜；原动态数列为月份或季度资料，而且现象又有季节变动，时距确定为十二项或四项为宜，因为只有这样，才便于将季度变动的影响削弱，从而呈现现象的长期趋势。但时距项数为偶数时，所得各移动平均数尚须再做一次二项移动平均，以移正其位置。

▶ 3. 最小二乘法

若要对现象变动的长期趋势进行动态预测，就必须建立与长期趋势相适应的数学模型。长期趋势模型有直线趋势和曲线趋势两种模型，这里只介绍直线趋势模型。

当时间序列的逐期增长量大致相同，长期趋势可近似地用一条直线来描述时，就称时间序列具有线性趋势，可用下列形式的线性趋势方程来描述：

$$y_c = a + bt \tag{9-27}$$

其中：y_c 为趋势值；y 为时间序列的实际水平；a 为 y_c 的截距，它是当 $t=0$ 时的 y_c 的估计值；b 为趋势线的斜率，或是 t 每变化一单位时，y_c 的平均增减量。

最常用的配合直线趋势模型的方法是最小二乘法。这种方法的数学依据是：$\sum(y-$

$y_c)^2$ 取最小值,即要求各个实际值与其对应的趋势值的离差平方和为最小。根据数学分析中极限的原理,用偏微分方法可以得到以下联立方程组。

$$\begin{cases} \sum y = na + b\sum t \\ \sum ty = a\sum t + b\sum t^2 \end{cases}$$

其中:y 为时间序列中各期水平;t 为时间序列的时间;n 为时间序列的项数。

解此方程组得

$$\begin{cases} b = \dfrac{n\sum ty - \sum t \sum y}{n\sum t^2 - (\sum t)^2} \\ a = \dfrac{\sum y - b\sum t}{n} \text{ 或 } a = \bar{y} - b\bar{t} \end{cases} \quad (9\text{-}28)$$

在一般情况下,我们按照时间序列中时间 t 的顺序,将首项设为时间序列的原点,为计算方便起见,可用坐标移位的方法设法使 $\sum t = 0$。当时间序列项数 n 为奇数时,设时间序列的中项为 $t = 0$,即为原点,t 值分别为…,-3,-2,-1,0,1,2,3,…有 $\sum t = 0$;当时间序列项数 n 为偶数时,则以中间两项的中点为原点,t 值分别为…,-5,-3,-1,1,3,5,…有 $\sum t = 0$;这样原来的计算公式可简化为下式:

$$\begin{cases} \sum y = na \\ \sum ty = b\sum t^2 \end{cases}$$

解此方程得:

$$\begin{cases} b = \dfrac{\sum ty}{\sum t^2} \\ a = \dfrac{\sum y}{n} \end{cases} \quad (9\text{-}29)$$

【例 9-10】

现有某地区 2014—2022 年的粮食产量资料,如表 9-15 所示,试用普通最小二乘法测定其长期趋势。

表 9-15 某地区 2014—2022 年的粮食产量资料及直线趋势方程计算表 单位:亿吨

年份	粮食产量	逐期增长量	t	y	ty	t^2	y_c
2014	217		-4	217	-868	16	203.71
2015	230	13	-3	230	-690	9	217.98
2016	225	-5	-2	225	-450	4	232.25
2017	248	24	-1	248	-248	1	246.51
2018	242	-6	0	242	0	0	260.78
2019	253	11	1	253	253	1	275.05

续表

年份	粮食产量	逐期增长量	t	y	ty	t^2	y_c
2020	280	27	2	280	560	4	288.31
2021	309	29	3	309	927	9	303.58
2022	343	34	4	343	1372	16	317.85
合计	2 347	127	—	2 347	856	60	2 347.02

由表 9-15 可知：$\sum y = 2\ 347$

$$\sum ty = 856$$
$$\sum t^2 = 60$$
$$n = 9$$

代入式(9-29)中，得：

$$a = \frac{2\ 347}{9} = 260.78$$
$$b = \frac{856}{60} = 14.267$$

将 a、b 值代入直线方程式，得

$$y_c = 260.78 + 14.267t$$

接着把各年 t 值代入上列方程式，可得各年的趋势值 y_c，如表 9-15 所示的最后一栏。可见 y_c 和 $\sum y$ 的数值非常接近。

如果将趋势直线向外延伸，可预测该地区 2014 年的粮食产量。即当 $t=5$ 时

$$y_c = 260.78 + 14.267 \times 5 = 332.12（千克）$$

这个数字就可作为经济预测的参考数据。

9.5 时间序列的季节变动分析

关于季节变动的含义，在 9.4.1 节中我们已经做了介绍。季节变动具有 3 个明显的特征：有规律的变动，按一定的周期重复进行，每个周期变化大体相同。由于季节变动的最大周期为一年，所以在以年份为单位的时间数列中不可能有季节变动。测定季节变动的方法很多，以下介绍较常用的按月（季）平均法和移动平均趋势剔除法。

9.5.1 按月（季）平均法

按月（季）平均法不考虑长期趋势的影响，而是直接根据原时间数列来计算。它是根据 3 年或者 3 年以上的各月（季）的资料计算同期平均值表，然后分别与月（季）总平均指标相比，得出各月（季）比率，再用季节比率进行比较分析。季节比率的计算公式为

$$\text{S.I.} = \frac{各月（季）平均数}{全期各月（季）总平均数} \times 100\% \tag{9-30}$$

【例 9-11】

以表 9-16 所示的数据直接计算，用按月(季)平均法分析季节变动。

表 9-16　某地区 2019—2021 年的旅游人数　　　　　　　　　　单位：万人

年　　份	旅　游　人　数				
	第 1 季度	第 2 季度	第 3 季度	第 4 季度	合　　计
2019	32	40	61	28	161
2020	41	51	74	36	202
2021	57	65	93	57	272
合计	130	156	228	121	635
同季平均	43.33	52	76	40.33	52.915
季节指数 S_i/%	81.88	98.27	143.63	76.22	400

假设该城市 2022 年旅游人数比 2021 年增长 1.5%，达到 644.525 万人。利用季节指数，可以对各季度的旅游人数进行预测。

第 1 季度预测值＝644.525÷4×81.88%＝131.934(万人)
第 2 季度预测值＝644.525÷4×98.27%＝158.344(万人)
第 3 季度预测值＝644.525÷4×143.63%＝231.433(万人)
第 4 季度预测值＝644.525÷4×76.22%＝122.814(万人)

9.5.2　移动平均趋势剔除法

在具有明显的长期趋势变动的数列中，为了测定季节变动，必须先将趋势变动因素加以剔除。假定趋势变动、季节变动、循环变动和不规则变动对时间序列影响可以用乘法模型 $Y=T \cdot S \cdot C \cdot I$ 反映，则用移动平均趋势剔除法测定季节变动的步骤如下。

(1) 对原时间序列求移动平均数，作为相应时期的趋势值 T。

(2) 剔除原数列中的趋势变动 T，即将原数列各项除以移动平均数的对应时间数据：

$$\frac{T \cdot S \cdot C \cdot I}{T}=S \cdot C \cdot I \tag{9-31}$$

(3) 以消除趋势变动后的数列计算季节指数，测定季节变动。

【例 9-12】

以表 9-17 所示的数据用移动平均趋势剔除法分析季节变动。计算过程和结果，如表 9-18 和表 9-19 所示。

表 9-17　某企业 3 年各季度围巾销售量　　　　　　　　　　　　单位：万条

年　　份	第 1 季度	第 2 季度	第 3 季度	第 4 季度
第 1 年	216	63	18	255
第 2 年	245	75	22	378
第 3 年	288	99	26	399

(1) 用移动平均法求出长期趋势，如表 9-18 所示，因是季资料，故先用四项移动平均后，再做二项移正平均，便得到趋势值。

表 9-18 某企业围巾销售量剔除长期趋势计算表

季 度	销售量 y/万条	四项移动平均	二项移正平均 y_c	除法 $y/y_c \times 100\%$
第1年 Ⅰ	216			
Ⅱ	63			
Ⅲ	18	138	141.625	12.71
Ⅳ	255	145.25	146.75	173.76
第2年 Ⅰ	245	148.25	148.75	164.71
Ⅱ	75	148.25	164.625	45.56
Ⅲ	22	180	185.375	11.87
Ⅳ	378	190.75	193.75	195.097
第3年 Ⅰ	288	196.75	197.25	146.01
Ⅱ	99	197.75	200.375	48.41
Ⅲ	26	203		
Ⅳ	399			

(2) 剔除长期趋势。用原数列除以同一时期的趋势值。如表 9-19 中的第 1 年第Ⅲ季度，$\frac{18}{141.625}=12.71\%$；第Ⅳ季度 $\frac{255}{146.75}=173.76\%$，其余以此类推。

(3) 求季节比率。根据表 9-18 中 y/y_c 得到的数据重新编排，成为表 9-19 的基本数据，再按季求其平均的季节比率。

(4) 调整季节比率，将求得的平均季节比率相加，各季的季节比率之和应为 400%（各月的季节比率之和应为 1 200%），如果大于或小于 400%（1 200%），应通过校正系数进行校正。校正系数的公式为

$$校正系数 = \frac{400\%}{\sum 季节比率} \left[或 = \frac{1\,200\%}{\sum 各月比率} \right]$$

然后将校正系数乘各季或各月的平均季节比率使其总和等于 400%（1 200%）。如表 9-19 所示，平均季节比率之和为 399.564，应予以调整，先计算校正系数，为 1.001 09，再用其乘各季的平均季节比率，表中的第 1 季度的季节比率为：1.001 09×1.553 6＝1.555 3（或 155.53%），其余类推。经校正后的各季（月）平均季节比率，即为应用移动平均趋势剔除法求得的季节比率。

表 9-19 剔除长期趋势后求得的季节比率计算表

年 份	季 度				合 计
	第1季	第2季	第3季	第4季	
第1年			12.71	173.76	
第2年	164.71	45.56	11.87	195.097	
第3年	148.01	48.41			

续表

年 份	季 度				合 计
	第1季	第2季	第3季	第4季	
合计	310.72	94.97	24.58	368.875	
平均	155.36	47.485	12.29	184.429	398.564
校正系数	1.001 9	1.001 09	1.001 09	1.001 09	
季节比率/%	155.53	47.54	12.30	184.63	400

季节比率说明现象在剔除了长期趋势影响后，在一年中各季的波动程度，由于是以百分比表示的典型波动，所以也可以用于季节比率的计算。但要注意，不管哪种方法，都得具备连续若干年或至少3年各月(季)的资料才能比较准确地观察季节变动的情况。

9.6　Excel在时间序列分析中的运用

9.6.1　输入数据

季节变动、长期趋势与循环变动的测定。如图9-1所示。"A2：A25"存放时间，"B2：B25"存放实际值Y，A1与B1分别存放两列数据的标志"时间"和"Y"。C1至G1分别存放计算过程中各列数据的标志，分别为"S""$T\cdot C\cdot I$""T""$C\cdot I$"和"C"。

	A	B	C	D	E	F	G
1	时间	Y	S	$T\cdot C\cdot I$	T	$C*I$	C
2	2017.1	6924	92.25440397	75.05332756			
3	2	7254	100.4076629	72.24548194			
4	3	7045	102.4171906	68.78728035			
5	4	7415	104.9207425	70.67239348			
6	2018.1	7346	92.25440397	79.62763493	71.68962083	111.0727522	
7	2	7714	100.4076629	76.82680558	72.83319768	105.4832247	105.69
8	3	7615	102.4171906	74.35275229	73.97852859	100.5058545	101.15
9	4	7707	104.9207425	73.4554466	75.36989657	97.45992757	99.55
10	2019.1	7066	92.25440397	76.59254947	76.06565985	100.6926774	100.14
11	2	7732	100.4076629	77.00607476	75.30688849	102.2563491	106.66
12	3	9032	102.4171906	88.18832025	75.35170578	117.035599	111.78
13	4	9597	104.9207425	91.46904386	78.81059777	116.0618577	117.30
14	2020.1	9131	92.25440397	98.97630473	83.31399709	118.7991312	115.86
15	2	10063	100.4076629	100.2214343	88.9099359	112.7224233	111.35
16	3	9946	102.4171906	97.11260332	94.7137758	102.5327124	104.59
17	4	10020	104.9207425	95.50065849	96.94484657	98.51029928	98.49

图9-1　原始数据及标志值输入(数据截取前17行)

9.6.2　用直接平均法计算季节指数

在C2单元格中输入如下公式："=AVERAGE(B2，B6，B10，B14，B18，B22)/AVERAGE(B＄2：B＄25)*100"，公式中乘100，是因为季节指数的单位是"%"。然后用填充命令或"填充柄"将公式复制到"C3：C5"单元格，此时已经算出季节指数。再用"复制"|"选择性粘贴"命令将季节指数的值复制到其他年份。比如要将季节指数复制到1997年，先选定"C2：C5"单元格，执行菜单命令"编辑"|"复制"，然后选中"C6"单元格，执行

菜单命令"编辑"|"选择性粘贴",在调出的对话框中选择粘贴数值即可。

9.6.3 剔除季节变动

$T \cdot C \cdot I = \dfrac{Y}{S}$。在 D2 单元格中输入公式"$=B_2/C_2$",然后将公式复制到"D3:D25"单元格。

9.6.4 用四项移动平均求出长期趋势值 T

在 E6 单元格中输入公式"=AVERAGE(D2:D5)",再将公式复制到 E7:E25 单元格。

计算移动平均也可用移动平均分析工具。此分析工具及其公式可以基于特定的过去某段时期中变量的均值,对未来值进行预测。移动平均值提供了由所有历史数据的简单的平均值所代表的趋势信息。

调出"移动平均"对话框后,其主要选项含义如下。

输入区域:在此输入待分析数据区域的单元格引用。该区域必须由包含 4 个以上数据单元格的单列组成。本例为"$D$1:$D$25"。

标志位于第一行:如果输入区域的第一行中包含标志项,请选中此复选框;如果输入区域没有标志项,请清除此复选框,Excel 将在输出表中生成适宜的数据标志。本例要选中该复选框。

间隔:在此输入用来进行移动平均计算的间隔数。默认间隔为"3"。本例为"四项移动平均",所以间隔为"4"。

输出区域:在此输入对输出表左上角单元格的引用。此分析工具的输出区域必须与输入区域在同一工作表中。因此,"新工作表组"和"新工作簿"选项均不可使用。

图表输出:选择此项可以在输出表中生成一个嵌入直方图。

标准误差:如果要在输出表的一列中包含标准误差值,请选中此复选框;如果只需要没有标准误差值的单列输出表,请清除此复选框。

"移动平均"对话框的填写如图 9-2 所示。

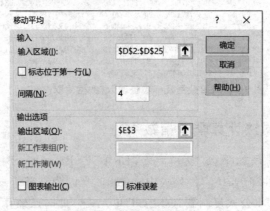

图 9-2 "移动平均"对话框

在此,要注意输出区域的填写,因为用该分析工具计算的移动平均值直接排放在 N

个时期的最后一期,而根据本题要求应放在 N 个时期的后一期。

9.6.5 剔除长期趋势

$C \cdot I = \dfrac{T \cdot C \cdot I}{T}$。在 F6 单元格中输入公式"=D6/E6*100",然后将公式复制到 F7:F25。

9.6.6 进行移动平均(取3项)消除不规则变动

进行三项移动平均消除不规则变动。在 G7 单元格中输入公式"=AVERAGE(F6:F8)",然后将公式复制到 G8:G24。这一步也可用"移动平均"分析工具来完成。最后结果中循环变动 C 保留两位小数。结果如表 9-20 所示。

表 9-20 我国货物周转量实际值与循环变动测定值

时间	实际值 y_i/亿吨公里	循环变动 C/%	时间	实际值 y_i/亿吨公里	循环变动 C/%
2017.1	6 924		2020.1	9 131	115.80
2017.2	7 254		2020.2	10 063	111.36
2017.3	7 045		2020.3	9 946	104.76
2017.4	7 415		2020.4	10 020	98.60
2018.1	7 346		2021.1	8 533	98.02
2018.2	7 714	105.90	2021.2	10 063	98.72
2018.3	7 615	101.38	2021.3	9 946	101.25
2018.4	7 707	98.75	2021.4	10 020	106.59
2019.1	7 066	100.27	2022.1	10 673	108.67
2019.2	7 732	106.76	2022.2	11 237	112.59
2019.3	9 032	111.82	2022.3	11 561	106.89
2019.4	9 597	117.19	2022.4	11 734	

导入案例分析

在本章案例导入中,我们提出的问题是,假定 2023 年 1 月该企业的出口数为 22.3,该企业如何对 2023 年 10 月的出口情况进行预测?

观察案例导入中的数据(见表 9-21),我们发现这家绿茶企业历年的出口数据没有受长期趋势的影响,只受季节变动的影响,所以,运用本章所学的按月平均法可对案例导入中的绿茶企业 2023 年 10 月出口情况进行预测。

表 9-21 某绿茶企业 2017—2022 年出口数据　　　　　　　　单位:吨

月份	2017 年	2018 年	2019 年	2020 年	2021 年	2022 年	合计	各月平均	季节指数/%
1 月	22.6	19.4	22.7	17.8	21.7	25.0	129.2	21.53	73.93
2 月	23.9	23.0	25.4	21.4	21.8	22.4	137.9	22.98	78.91

续表

月份	2017年	2018年	2019年	2020年	2021年	2022年	合计	各月平均	季节指数/%
3月	25.6	30.7	27.4	31.9	28.8	32.4	176.7	29.47	101.16
4月	24.6	25.3	32.5	30.6	31.2	37.6	181.7	30.30	104.02
5月	29.0	36.2	37.7	38.1	32.6	30.6	204.2	34.03	116.84
6月	42.3	30.8	40.9	33.6	30.8	32.3	210.7	35.12	120.56
7月	40.6	30.5	34.6	37.9	26.9	30.8	201.3	33.55	115.18
8月	38.4	29.3	29.2	28.2	26.6	29.3	181.0	30.15	103.51
9月	30.5	29.9	27.0	27.5	31.7	32.7	179.3	29.88	102.59
10月	26.6	25.9	22.4	25.4	24.8	31.1	156.2	26.03	89.38
11月	28.9	29.2	24.9	26.6	27.0	28.5	165.1	27.52	94.47
12月	37.2	28.2	22.4	23.1	28.1	34.8	173.8	28.97	99.45

(1) 对各月平均列求均值，得到所有年的月平均值29.13，季节指数=各月平均/所有年的月平均值，故1月季节指数为：21.53÷29.13=73.91%，依次算出各月的季节指数。

(2) 假定2023年1月该企业的出口数为22.3吨，利用季节指数，可以对该绿茶企业2023年10月的出口情况做出预测：

2023年10月预测值=22.3÷73.91%×89.38%=26.97(吨)

本章小结

1. 时间序列是指将某种现象某一个统计指标在不同时间上的各个数值，按时间先后顺序排列而形成的数列。时间序列按照排列指标的性质不同，可以分为绝对数时间序列、相对数时间序列和平均数时间序列。其中，绝对数时间序列又可以分为时期数列和时点数列。

2. 发展水平是时间序列与其所属时间相对应的反映某种现象发展变化所达到的规模、程度和水平的指标数值，通常指总量指标。按在数列中的次序地位不同，发展水平又分为最初水平、中间水平和最末水平三种水平。由于掌握的资料不同，平均发展水平的计算也不相同。

3. 增长量是表明某种现象在一段时期内增长的绝对量，它是报告期水平与基期水平之差。增长量可分为逐期增长量与累计增长量。逐期增长量与累计增长量之间存在数量关系，可以利用它们之间的关系进行相互推算。平均增长量是时间序列中逐期增长量的序时平均数。

4. 速度指标包括发展速度和增长速度，平均发展速度和平均增长速度。定基发展速度与环比发展速度的数量关系是：环比发展速度的连乘积等于定基发展速度，相邻两期定基发展速度之商等于相应时期的环比发展速度。平均发展速度有水平法和累计法两种计算方法。增长速度等于发展速度减1，平均增长速度等于平均发展速度减1。

5. 尽管引起时间序列中的经济变量发展水平变化的原因是多种多样的，但根据时间序列统计处理的技术要求，可以把时间序列在形式上的变化分成四种因素来考虑。这四种因素是：长期趋势、季节变动、循环变动及不规则变动。

6. 长期趋势的测定和分析，是时间序列分析中最主要的一项任务。测定长期趋势不仅可以认识现象发展变化的基本趋势和规律性，并作为预测的重要依据，它也是准确地测定其他构成因素的基础。测定长期趋势常用的方法有时距扩大法、移动平均法和最小二乘法。

7. 季节变动具有三个明显的特征：有规律的变动，按一定的周期重复进行，每个周期变化大体相同。由于季节变动的最大周期为一年，所以在以年份为单位的时间数列中不可能有季节变动。测定季节变动的方法较常用的有按月（季）平均法和移动平均趋势剔除法。

复习与思考

1. 简答题
(1) 动态数列的基本构成和编制原则是什么？
(2) 时期数列的基本概念和特点是什么？
(3) 时点数列的基本概念和特点是什么？
(4) 某企业年底商品结存总额的数列是时期数列，为什么？
(5) 序时平均数和一般平均数有何不同？
(6) 由相对数（或平均数）动态数列计算序时平均数的基本原理是什么？

2. 计算与实训题
(1) 某工厂某年职工人数资料如表 9-22 所示。

表 9-22　某工厂某年职工人数　　　　　　　　　　　　单位：人

时间	上年末	2月初	5月初	8月末	10月末	12月末
职工人数	354	387	339	362	383	360

试计算该年月平均人数。（要求写出公式和计算过程，结果保留 2 位小数。）

(2) 某企业 2018—2022 年职工人数资料如表 9-23 所示。

表 9-23　某企业 2018—2022 年职工人数　　　　　　　单位：人

年　　份	全部职工人数	女性职工人数
2018	2 300	980
2019	2 386	1 135
2020	2 473	1 232
2021	2 506	1 150
2022	3 018	1 658

试计算该企业 2018—2022 年女性职工所占的平均比重。（要求写出公式和计算过程，结果保留四位小数。）

（3）已知某商店 2021 年的销售额比 2016 年的销售额增长 64%，2022 年的销售额比 2016 年的销售额增长 86%，问 2022 年的销售额比 2012 年的销售额增长多少？2016—2022 年，平均增长速度是多少？（要求写出公式和计算过程，结果保留两位小数。）

（4）已知农行某支行 2022 年各月贷款增加值完成情况如表 9-24 所示。

表 9-24　农行某支行 2022 年各月贷款增加值　　　　　　　　　单位：人

月　份	增加值/亿元	三项移动平均	五项移动平均
1月	50.5		
2月	45		
3月	52		
4月	51.5		
5月	50.4		
6月	55.5		
7月	53		
8月	58.4		
9月	57		
10月	59.2		
11月	58		
12月	60.5		

试使用 Excel 计算三项移动平均和五项移动平均值，并以此测定该农行贷款增加值的长期趋势。

在线课堂

在线自测

拓展知识：
时间序列模型预测

第10章 统计指数

> **学习目标**
> 1. 理解指数的含义；
> 2. 掌握总指数的计算及编制方法；
> 3. 理解指数体系；
> 4. 掌握利用指数体系进行因素分析；
> 5. 了解几种典型的指数；
> 6. 掌握 Excel 在统计指数计算中的操作程序。

案例导入

2021 年陕西省国民经济运行情况

2021年是陕西发展进程中极不平凡的一年。面对严峻复杂的国内外环境、罕见汛情以及严重疫情的多重冲击，在省委、省政府的正确领导下，全省上下深入贯彻习近平总书记来陕考察重要讲话重要指示精神，扎实做好"六稳"工作，戮力同心、全年经济呈现持续恢复、结构向善、质效提升的良好态势，高质量发展取得新成效，实现了"十四五"良好开局。初步核算，2021年全省实现生产总值 29 800.98 亿元，比 2020 年增长 6.5%。其中，第一产业增加值 2 409.39 亿元，增长 6.3%；第二产业 13 802.52 亿元；增长 5.6%；第三产业 13 589.07 亿元，增长 7.3%。全年非公有制经济增加值 15 326.86 亿元，占生产总值的 51.4%，较 2020 年提高 0.3 个百分点。

……

社会消费品零售总额 10 250.50 亿元，比 2020 年增长 6.7%。按经营地分，城镇消费品零售额 8 997.77 亿元，增长 5.3%；乡村消费品零售额 1 252.72 亿元，增长 17.9%。按消费形态分，商品零售额 9 101.73 亿元，增长 5.5%；餐饮收入 1 148.76 亿元，增长 17.4%。消费市场稳中趋好。

全年房地产开发投资 4 441.00 亿元，比 2020 年增长 0.8%，商品房销售面积 4 260.06 万平方米，比 2020 年下降 4.3%。年末商品房待售面积 579.58 万平方米，比 2020 年年末下降 2.2%。

年末，全省金融机构本外币各项存款余额 54 625.07 亿元，同比增长 10.5%；各项贷款余额 44 379.32 亿元，同比增长 13.3%，比年初增加 5 193.57 亿元。年末境内证券公司 3 家。各类证券营业部 248 家（含外地公司在陕西的营业部），比 2020 年减少 4 家。年末证券开户数 685.24 万户，比 2020 年年末增加 65.04 万户。全年保险业原保险保费收入

1 052.37亿元，比2020年增长4.6%。其中，财产险254.71亿元，增长8.3%；人身险797.67亿元，增长3.5%，累计赔付支出338.55亿元，比2020年增长5.4%。财产险赔付支出169.67亿元，增长14.8%；人身险赔付支出168.88亿元，下降2.6%。

……

2021年，是党和国家历史上具有里程碑意义的一年，也是陕西发展进程中极具挑战性的一年。成绩来之不易，是省委省政府带领全省人民齐心协力、共同奋斗的结果。当前，国内外经济发展形势正在发生深刻而复杂的变化，展望2022年，挑战与机遇并存，压力与动力同在。全省上下要认真贯彻落实十八届三中全会精神，抢抓机遇，改革创新、稳中求进，全力打造陕西经济升级版，巩固全省经济社会发展良好势头。

资料来源：陕西省统计局. 2021年陕西省国民经济和社会发展统计公报[EB/OL]. (2022-03-28)[2023-05-20]. http：//tjj.shaanxi.gov.cn/tjsj/ndsj/tjgb/qs_444/202203/t20220328_2215204.html.

思考：
1. 陕西省2021年生产总值增长率是如何计算的？代表怎样的含义？
2. 商品房销售额的实际增长率是如何剔除价格因素的？

章节导言

商品价格一直是人们普遍关注的问题之一，统计指数的最初概念便是从研究物价变动产生的。1650年，英国人沃汉首创物价指数，用于度量物价的变化状况，那时的物价指数只限于观察单个商品的价格变动。但是在实际中，商品的种类繁多，而且一定时期内有的商品价格上升，有的商品价格下降，要综合反映该时期商品价格的总变动趋势，这就从客观上要求人们寻求某种方法来解决这一问题。因此，在个体价格指数的基础上，指数的应用范围不断扩大，已被广泛推广应用于经济、社会、生活等不同领域的各个方面。含义和内容也发生不断变化与完善，由单纯反映一种现象的相对变动，到反映多种现象的综合变动；由单纯的不同时间的对比分析，到不同空间的比较分析；等等。

本章重点阐述统计指数的概念及种类，并基于统计指数的狭义概念探讨指数的作用、编制方法及其在统计分析中的运用，指数因素的分析与几种典型的统计指数。

课程思政

多指标综合分析，诚信展示真实情况

自改革开放以来，我国居民的收入水平有了很大的提高，为了分析我国居民收入水平的变动情况，需要从多个视角来进行对比分析。如在分析居民的实际收入水平时，还要关注市场价格变化对居民收入的影响，这是因为名义上收入的增加并不一定意味着居民实际收入水平的增加。因此，我们在通过指数分析社会经济情况变化的时候，不能只片面关注一个指标，还要求同学们能够找到多个指标进行综合分析，能够挖掘实际经济的变化情况。同时，作为统计学习或工作人员，理应真实地反映数据，尽可能地展示中立的指标、指数，对数据抱有敬畏之心，不弄虚作假，自觉维护《中华人民共和国统计法》，遵循《统计职业道德规范》，避免出现统计数据"潜规则"现象。

10.1 统计指数的概念、作用及种类

10.1.1 统计指数的概念

▶ 1. 统计指数的含义

统计指数简称指数,是反映研究现象差异或变动的相对指标,其含义有广义和狭义两种理解。广义指数是用于测定某个变量在时间或空间上变动程度和方向的相对数,即凡是任何两个数值对比所形成的相对数,都叫指数。它既包括动态相对指标,也包括比较相对指标和计划完成相对指标等静态相对指标。

例如:陕汽大众汽车的产量 2023 年是 2022 年的 108%,完成计划的 102.5%,是奥迪产量的 111%。上述这些相对数从广义上说都是指数。

狭义指数仅指反映不能直接加总的复杂社会经济现象在数量上综合变动情况的特殊相对数。

例如,西安市某超市 3 种商品的销售情况如表 10-1 所示。

表 10-1 某超市 3 种商品的销售情况

商品名称	计量单位	销售量		销售价格/元	
		基期 q_0	报告期 q_1	基期 p_0	报告期 p_1
面粉	千克	12 000	14 600	3.5	4.0
矿泉水	瓶	13 600	14 520	1.5	1.8
电脑	台	4 800	4 610	3 999	3 499

要了解三种商品价格变动情况,根据表 10-1 提供的资料,我们可以就每种商品分别计算其销售量变动指数和销售价格变动指数来反映其动态规律。

$$\text{面粉销售量变动指数} = \frac{q_1}{q_0} = \frac{14\ 600}{12\ 000} = 121.67\%$$

$$\text{面粉销售价格变动指数} = \frac{p_1}{p_0} = \frac{4.0}{3.5} = 114.29\%$$

根据相同方法依次计算其他两种商品的销售量和销售价格变数。但我们要研究 3 种商品销售量和销售价格的综合变动情况时,由于各种商品的经济用途、规格型号、计量单位等不同,直接将每种商品的销售量和销售价格进行简单加总,然后对比将不具有任何经济意义,这在统计上称为不能同度量。要解决这种复杂现象总体数量综合变动的问题,就要采用狭义的统计指数方法,本章着重从狭义的角度上介绍指数的编制方法及其应用。

▶ 2. 统计指数的性质

为了更好地理解统计指数的含义,我们还应明确指数的性质。概括地讲,指数有以下性质。

(1)综合性。统计指数主要是用来反映和研究由多种因素构成的事物的总体变动。没有综合性,统计指数就不可能发展成为一种独立的理论和方法论体系。

(2) 相对性。统计指数是总体各变量在不同场合下对比形成的相对数，它所表明的事物的变动是相对变动，可以度量一个变量在不同时间或不同空间的相对变化，例如，一种商品的价格指数或数量指数，这种指数称为个体指数；它也可用于反映一组变量的综合变动，例如，消费价格指数反映了一组指定商品和服务的价格变动水平，这种指数称为综合指数；总体变量在不同时间上对比形成的指数称为时间性指数，在不同空间上对比形成的指数称为区域性指数。

(3) 平均性。统计指数是总体水平的一个代表性数值，所表示的变动是多种事物的平均变动。平均性的含义有二：一是指数进行比较的综合数量是作为个别量的一个代表，这本身就具有平均的性质；二是两个综合量对比形成的指数反映了个别量的平均变动水平。

10.1.2 统计指数的作用

统计指数在社会经济活动中作用广泛，主要表现为如下几点。

▶ 1. 综合反映复杂社会经济现象总变动方向及变动幅度

这是指数最基本的作用。在统计实践及经济管理中，我们经常需要反映复杂社会经济现象总体（即全部产品产量、全部产品单位产品成本、全部商品价格等）的变动情况。编制统计指数的首要任务，就是将许多不能同度量的个别现象过渡到可以加总对比的状态，从而综合反映复杂经济现象的总体变动方向及变动幅度。

▶ 2. 对现象数量总变动进行因素分析

任何一个复杂现象都是由多个因子构成的，利用统计指数体系理论可以测定在复杂社会经济现象总变动中，各构成因素的变动对现象总变动的影响情况，并对经济现象变化作综合评价，例如：销售额＝价格×销售量，即影响销售额变动的因素包括销售量和销售价格。因此，运用指数法编制商品零售价格指数和零售量指数，可以分析它们的变动对商品零售总额变动的影响。

▶ 3. 反映同类现象动态变化趋势

将反映同类现象变动情况的一系列指数编制形成指数数列，可以反映被研究现象的变动趋势。例如，根据2010—2023年共14年的零售商品价格资料，编制14个环比价格指数，从而构成价格指数数列。这样，就可以揭示价格的变动趋势，研究物价变动对日常生活水平及经济建设的影响程度。

此外，利用统计指数还可以进行地区经济综合评价、对比，研究计划执行情况。

10.1.3 统计指数的种类

根据研究的目的和作用不同，统计指数可以从不同角度进行分类，现将几种主要的分类说明如下。

▶ 1. 个体指数、组指数和总指数

按研究对象包括的范围不同，统计指数可分为个体指数、组指数和总指数。

(1) 个体指数是表明个别现象数量变化情况的动态相对数。它用来反映个别现象数量在不同时间上的变动程度，属于广义指数。

计算公式为

$$个体指数 = \frac{个体报告期水平}{统一个体基期水平} \tag{10-1}$$

常用的个体指数主要有价格个体指数、销售量（产量）个体指数和成本个体指数，分别用 k_p、k_q、k_z 表示，其中

$$k_p = \frac{p_1}{p_0} \tag{10-2}$$

$$k_q = \frac{q_1}{q_0} \tag{10-3}$$

$$k_z = \frac{z_1}{z_0} \tag{10-4}$$

（2）组（类）指数是表明总体内某一类现象数量变化情况的动态相对数，如食品类、家电类价格指数等。组指数通常被作为编制总指数的中间环节。

（3）总指数是表明复杂经济现象总体数量变化的动态相对数。它用来综合反映多种不同度量的事物动态变化的程度与方向。所谓复杂社会经济现象，是指那些不能直接加总和对比的社会经济现象，例如，工业产品产量总指数、商品零售价格指数、居民消费价格指数等。总指数的特点是多种事物计量单位不同，不能够直接相加。

总指数有两种表现形式：综合指数和平均指数。

▶ 2. 综合指数和平均指数

按指数的编制形式不同，统计指数可分为综合指数和平均数指数。

（1）综合指数是通过两个有联系的综合总量指标的对比计算而得到的总指数。

（2）平均数指数是以个体指数为基础，采用加权平均的方法计算出来的指数。

▶ 3. 数量指标指数和质量指标指数

按研究对象的指数性质不同，可分为数量指标指数和质量指标指数。

（1）数量指标指数（数量指数），是根据数量指标计算而来，用以反映社会经济现象总体的数量、规模等数量指标变动的相对数，如商品销售量指数、职工人数指数等。

（2）质量指标指数（质量指数），是根据质量指标计算而来，用以反映社会经济现象总体单位水平、质量、内涵等质量指标变动情况的相对数，如物价指数、成本指数、平均工资指数、劳动生产率指数等。

▶ 4. 两因素指数和多因素指数

按研究对象所说明的因素多少，可分为两因素指数和多因素指数。

（1）两因素指数是反映由两个因素构成的总体变动情况的指数。

（2）多因素指数是反映由三个或三个以上因素构成的总体变动情况的指数。

▶ 5. 动态指数和静态指数

按指数所反映的时态状况不同，可分为动态指数和静态指数。

（1）动态指数是表明某种事物在不同时间上发展变化的指数，如股票价格指数、商品零售价格指数等。

（2）静态指数是反映某种事物在同时期不同空间对比情况的指数，如计划完成情况指数、地区经济综合评价指数等。

▶ 6. 定基指数和环比指数

动态指数按指数编制时所采用的基期不同，可分为定基指数和环比指数。

（1）定基指数是在一个指数数列中的各个指数都是以某一固定时期作为基期编制的指数数列，用来反映现象的长期趋势和发展变化过程。

（2）环比指数是在一个指数数列中的各个指数都是以前一期作为基期编制的指数数列，用以反映现象的逐期变动情况。

10.2 综合指数

由 10.1 节我们了解到，总指数的编制方法主要有两种：综合指数法和平均数指数法。其中综合指数法是编制总指数的基本形式，平均数指数法是在综合指数的基础上变形得到的。

10.2.1 综合指数的含义

综合指数是总指数的表现形式之一，在研究总量指标时，凡是一个总量指标可以分解为两个或两个以上因素指标的乘积时，为了解某个因素指标的变动情况，可以将其他因素指标固定，仅观察被研究因素指标变化的相对程度，这样的总量指标对比形成的总指数称为综合指数，如商品价格综合指数、商品销售量综合指数、生产成本综合指数等。

10.2.2 综合指数的编制原则

综合指数是通过两个有联系的综合总量指标的对比计算而得到的总指数，用来反映复杂现象总体数量变化的动态相对数。而复杂现象总体中的单位数和标志数不能直接加总，因此，要反映其综合变动，必须解决以下问题。

▶ 1. 解决复杂现象总体中个体不同而不能直接加总对比的问题

由于复杂现象总体中的各个个体的经济用途、规格型号、计量单位等不同，直接将个体指标进行简单加总对比将不具有任何经济意义，这在统计上称为不能同度量。

要解决此问题，首先得引入一个媒介因素，借助这个引入的媒介因素，将所要对比分析的各项不能直接相加对比的指标转化为可以直接相加对比的价值指标，再进行相加，然后对比，再结合比值进行分析。我们通常将所要进行对比分析的指标称为指数化指标，将引入的媒介因素称为同度量因素。同度量因素是指把不能直接相加对比的指数化指标转化为可以直接相加对比的媒介因素。例如，表 10-1 中三种商品的名称、计量单位等不同，它们的商品销售量就不能直接加总对比。但作为社会产品，它们都具有价值，作为商品价值是可以直接相加和对比的。而我们都知道，商品销售量×商品价格＝商品销售额，因此，借助商品价格这个媒介因素将这三种商品销售量分别与其价格相乘并加总，转化为价值量形态：三种商品的销售总额。将不同场合或不同时间的销售总额进行对比，就可以分析这三种商品销售量的总和变动情况，在这里，3 种商品的销售量是指数化指标，而价格就是同度量因素。

根据以上分析，我们可以概括综合指数编制的一般原则：通过引入同度量因素，把不能直接加总的因素转化为同度量的价值量指标，然后通过价值量指标的对比来反映因素的综合变动。

▶ 2. 解决同度量因素变动的影响问题

同度量因素虽然解决了指数化指标不能直接加总的问题，但是，通过转化综合而来的价值总量的变动既包含了指数化因素的变动，也包含了同度量因素的变动。为了研究指数化因素的综合变动，就必须消除价值总量中同度量因素变动的影响，即在编制综合指数时，必须将同度量因素固定在同一时期。例如，当我们研究商品销售量的变动时，以商品价格作为同度量因素，将各种商品的销售量分别乘各自的价格后相加得到销售总额。但是，若用报告期销售量乘报告期价格得到报告期销售额，用基期销售量乘以基期价格得到基期销售额，将这两个销售额对比所得出的指数并不是表明商品销售量的变动，而是反映商品销售额的变动。若要反映商品销售量的综合变动，就必须将商品价格固定不变，即报告期商品销售量和基期销售量乘同一个时期的价格，这样得出的两个销售额对比的指数，所反映的就仅仅是商品销售量的变动了。

例如，在表10-1中，我们很容易算出，面粉的基期销售额为4.2万元，报告期销售额5.84万元，将报告期销售额与基期销售额对比得139.05%。显然，该指数包含了面粉销售量和销售价格的两个变动因素，反映了面粉销售额的变化。若要反映面粉销售量的变动，就必须乘同一价格，如果都乘基期价格，则得到基期销售额4.2万元，报告销售额为5.11万元，将报告销售额与基期销售额对比得121.67%，这与面粉销售量变动的结果一致，反映的仅仅是面粉销售量的变动。同理，若要反映面粉销售价格的变动，就必须将销售量加以固定。

▶ 3. 解决同度量因素固定时期的选择问题

为了测定指数化指标的变动情况，我们采用同一时期的同度量因素。这个同度量因素既可以是报告期，也可以是基期。但是究竟应该选择在哪个时期，也是编制综合指数的重要问题。因为采用的时期不同，得到的计算结果也不同，就有不同的经济意义。这个问题将在10.2.2节内容中详细探讨。

我国最普遍的选择原则是：编制数量指标综合指数时，将质量指标作为同度量因素，并将其固定在基期；在编制质量指标综合指数时，将数量指标作为同度量因素，并将其固定在报告期。

10.2.3 综合指数的编制方法

综合指数编制的基本方法（基本特点）是"先综合、再对比、后分析"。例如，在编制商品价格综合指数反映市场商品价格变动时，先借助同度量因素将商品价格转化为能够直接相加的销售额后，将各种商品销售额指标加以综合，然后进行对比，观察其比值，最后分析价格变动结果。

综合指数有数量指标综合指数和质量指标综合指数之分，其编制基本原理是相同的，只是在处理方法上有所不同，以下分别介绍这两种指数的编制。

▶ 1. 数量指标综合指数

数量指标综合指数（数量指数），根据数量指标计算而来，用以反映社会经济现象总体的数量、规模等数量指标变动的相对数，通常有商品销售量指数、产品产量指数、职工人数指数等。

以下以表10-1中资料为例说明数量指标综合指数的编制原理和方法。要求计算商品销售量总指数,反映三种商品销售量综合变动情况及其销售量变动对销售额的影响。

在计算商品销售量总指数时,根据综合指数编制的原则,需要引入产品价格作为同度量因素,把销售量转化为销售额,并且要将商品价格固定在同一时期,这样就可以加总了,并且排除价格变动的影响,单纯反映销售量的变动。用公式表示:

$$K_q = \frac{\sum q_1 p}{\sum q_0 p} \tag{10-5}$$

其中:K_q 为销售量总指数;q_1 为报告期销售量;q_0 为基期销售量;p 为同一时期的价格。

从式(10-5)可以看出,计算总指数时必须采用一种假定,即假定两个时期的价格相同来测定产品产量变动情况。将同度量因素固定在同一时期可以有不同的选择,选择使用不同时期(基期或报告期或固定在某一特定时期)的价格得到不同的结果,且有不同的经济内容。

(1) 用基期价格作为同度量因素,其公式为

$$L_q = \frac{\sum q_1 p_0}{\sum q_0 p_0} \tag{10-6}$$

式(10-6)是由德国人拉斯贝尔于1846年提出来的,称为拉氏数量指数。计算结果说明在基期价格不变的条件下,三种商品销售量的综合变动方向和程度。该公式的分子、分母相减所得的差额($\sum q_1 p_0 - \sum q_0 p_0$),表示由于商品销售量的变动对销售额影响的绝对程度。以表10-1的资料为例,计算拉氏销售量指数步骤如表10-2所示。

表10-2 商品销售量综合指数计算表

商品名称	计量单位	销售量		基期价格 p_0/元	基期销售额 $q_0 p_0$/元	按基期价格计算的报告期销售额 $p_0 q_1$/元
		基期 q_0	报告期 q_1			
面粉	千克	12 000	14 600	3.5	42 000	51 100
矿泉水	瓶	13 600	14 520	1.5	20 400	21 780
电脑	台	4 800	4 610	3 999	19 195 200	18 435 390
合计	—				19 257 600	18 508 270

$$L_q = \frac{\sum q_1 p_0}{\sum q_0 p_0} = \frac{18\ 508\ 270}{19\ 257\ 600} = 96.11\%$$

$$\left(\sum q_1 p_0 - \sum q_0 p_0\right) = 18\ 508\ 270 - 19\ 257\ 600 = -749\ 330(元)$$

计算结果表明,虽然三种商品的销售量有升有降,变动程度也不相同,但是将三种商品销售价格固定在基期,将销售量综合起来看,报告期销售量比基期下降了3.89%,分子分母的差额表明在维持基期商品价格的条件下,因商品销售量下降而减少了销售额749 330元。

(2) 用报告期价格作为同度量因素,其公式为

$$P_q = \frac{\sum q_1 p_1}{\sum q_0 p_1}$$ (10-7)

式(10-7)是德国人帕舍于 1874 年提出的,称为帕氏指数。其计算结果说明在报告期价格条件下的三种商品销售量的综合变动方向和程度。该公式的分子、分母相减所得的差额($\sum q_1 p_1 - \sum q_0 p_1$),表明由于商品销售量的变动对销售额影响的绝对程度。以表 10-1 的资料为例,计算帕氏销售量指数步骤如表 10-3 所示。

表 10-3　商品销售量综合指数计算表

商品名称	计量单位	销售量		报告期价格 p_1/元	报告期销售额 $q_0 p_1$/元	按报告期价格计算的报告期销售额 $p_0 q_1$/元
		基期 q_0	报告期 q_1			
面粉	千克	12 000	14 600	4.0	48 000	58 400
矿泉水	瓶	13 600	14 520	1.8	24 480	26 136
电脑	台	4 800	4 610	3 499	16 795 200	16 130 390
合计	—			—	16 867 680	16 214 926

$$K_q = \frac{\sum q_1 p_1}{\sum q_0 p_1} = \frac{16\ 214\ 926}{16\ 867\ 680} = 96.13\%$$

$$(\sum q_1 p_1 - \sum q_0 p_1) = 16\ 214\ 920 - 16\ 867\ 680 = -652\ 754(元)$$

计算结果说明,虽然三种商品的销售量有升有降,变动程度也不相同,但是将三种商品销售价格固定在报告期,将销售量综合起来看,报告其销售量比基期下降了 3.87%,分子分母的差额表明在维持基期商品价格的条件下,因商品销售量下降而减少了销售额 652 754 元。

(3) 其他综合指数。

① 杨格指数,由英国学者杨格提出。

② 马-埃指数,由英国经济学家马歇尔和埃奇沃思两人于 1887—1890 年提出。

③ 费雪指数,由美国统计学家费雪于 1911 年提出。

显然,上述每个数量指标综合指数公式的计算结果是不同的,究竟用哪一个公式来计算数量指标综合指数较为合理,即同度量因素究竟选择在哪一个时期? 这应该由指数的经济含义和指数体系的要求来决定。

就商品销售量指数来看,计算商品销售量综合指数的目的在于研究各种商品销售量的综合变动方向和程度,因此,在计算商品销售量综合指数时,应该尽可能地排除商品价格变动的影响。如果用拉氏数量指数公式计算商品销售量综合指数,即将同度量因素固定在基期,这样得到的销售额指标的变动中仅包含了商品销售量因素的变动,也就是在原有的价格水平基础上测定商品销售量的综合变动,这与编制商品销售量综合指数的目的相吻合。若用帕氏数量指数公式计算商品销售量综合指数,即将同度量因素固定在报告期,这时商品价格虽然固定不变,但是商品销售额指标是按照报告期价格计算的,这在销售额中实际上已经包含了商品价格的结构变动。这也就意味着用帕氏数量指数公式计算的商品销售量综合指数不仅包含了商品销售量的综合变动,而且包含了商品价格的结构变动,这就与编制商品销售量综合指数的目的不一致。

因此,我们得出结论,编制数量指标综合指数时,应将同度量因素(质量指标)固定在基期,这也是编制数量指标综合指数时选择同度量因素的一般原则。

▶ 2. 质量指标综合指数

质量指标综合指数(质量指数),根据质量指标计算而来,用以反映社会经济现象总体单位水平、质量、内涵等质量指标变动情况的相对数,通常有物价指数、单位成品成本指数、平均工资指数、劳动生产率指数等,是说明社会经济现象总体性质综合变动的比较相对指标。

以下以表10-1为例,说明质量指标综合指数的编制原理和方法。要求计算商品价格综合指数,反映三种商品销售价格综合变动情况及其销售价格变动对销售额的影响。

在计算商品销售价格总指数时,根据综合指数编制的原则,需要引入产品销售量作为同度量因素,把销售价格转化为销售额,并且要将商品销售量固定在同一时期,这样就可以加总了,并且排除销售量变动的影响,单纯反映销售价格的变动。用公式表示

$$K_p = \frac{\sum p_1 q}{\sum p_0 q} \tag{10-8}$$

其中:K_p 为销售价格总指数;p_1 为报告期销售价格;p_0 为基期销售价格;q 为同一时期的销售量。

从式(10-8)可以看出,计算总指数时必须采用一种假定,即假定两个时期的销售量相同来测定商品销售价格变动情况。与编制数量指标综合指数一样,将同度量因素固定在同一时期可以有不同的选择,选择使用不同时期(基期或报告期或固定在某一时期)的销售量得到不同的结果,同样也具有不同的经济内容。

按照数量指标综合指数编制方法,以下给出相应的质量指标综合指数的编制公式。

(1) 用基期销售量作为同度量因素,其公式为

$$L_p = \frac{\sum p_1 q_0}{\sum p_0 q_0} \tag{10-9}$$

以表10-1的资料为例,利用式(10-9),计算拉氏销售价格综合指数,步骤如表10-4所示。

表10-4 商品拉氏销售价格综合指数计算表

商品名称	计量单位	销售价格		基期销售量 q_0	基期销售额 $p_0 q_0$/元	按基期销售量计算的报告期销售额 $p_1 q_0$/元
		基期 p_0	报告期 p_1			
面粉	千克	3.5	4.0	12 000	42 000	48 000
矿泉水	瓶	1.5	1.8	13 600	20 400	36 720
电脑	台	3 999	3 499	4 800	19 195 200	16 795 200
合计	—	—	—	—	19 257 600	16 879 920

$$L_p = \frac{\sum p_1 q_0}{\sum p_0 q_0} = \frac{16\ 879\ 920}{19\ 257\ 600} = 87.65\%$$

$$(\sum p_1 q_0 - \sum p_0 q_0) = 16\ 879\ 920 - 19\ 257\ 600 = -2\ 377\ 680(元)$$

计算结果表明，虽然 3 种商品的销售价格有升有降，变动程度也不相同，但是将三种商品销售量固定在基期，将销售价格综合起来看，报告期销售价格比基期下降了 12.35%，分子分母的差额表明在维持基期商品销售量的条件下，因商品销售价格下降而减少了销售额 237 760 元。

(2) 用报告期销售量作为同度量因素，其公式为

$$P_p = \frac{\sum p_1 q_1}{\sum p_0 q_1} \tag{10-10}$$

以表 10-1 的资料为例，利用式(10-10)，计算帕氏销售价格综合指数，步骤如表 10-5 所示。

表 10-5　商品帕氏销售价格综合指数计算表

商品名称	计量单位	销售价格 基期 p_0	销售价格 报告期 p_1	报告期销售量 q_1	基期价格计算的销售额 $p_0 q_1$/元	按报告期销售量计算的报告期销售额 $p_1 q_1$/元
面粉	千克	3.5	4.0	14 600	51 100	58 400
矿泉水	瓶	1.5	1.8	14 520	21 780	26 136
电脑	台	3 999	3 499	4 610	18 435 390	16 130 390
合计	—	—	—	—	18 508 270	16 214 926

$$P_p = \frac{\sum p_1 q_1}{\sum p_0 q_1} = \frac{16\ 214\ 926}{18\ 508\ 270} = 87.61\%$$

$$(\sum p_1 q_1 - \sum p_0 q_1) = 16\ 214\ 926 - 18\ 508\ 270 = -2\ 293\ 344(元)$$

计算结果表明，虽然三种商品的销售价格有升有降，变动程度也不相同，但是将三种商品销售量固定在报告期，将销售价格综合起来看，报告期销售价格比基期下降了 12.39%，分子分母的差额表明在维持基期商品销售量的条件下，因商品销售价格下降而减少了销售额 2 293 344 元。

同理，上述每个质量指标综合指数公式的计算结果是不同的，究竟用哪一个公式来计算质量指标综合指数更合理，即质量指数的同度量因素应该固定在哪一个时期，这应该由指数的经济含义和指数体系的要求来决定。编制商品价格综合指数的目的在于测定商品价格的综合变动方向和程度，并以此说明市场价格变化对居民生活水平的影响程度。

在编制商品价格综合指数时，如果用拉氏质量指数公式计算，即将同度量因素固定在基期，该公式的计算结果表明：在基期商品销售量及商品结构条件下，商品价格水平的变动方向和程度。分子分母相减所得的差额说明由于商品价格水平变动，居民按照基期商品销售量及商品结构买这三种商品所支出的金额变动情况，这显然是没有经济意义的。若用帕氏质量指数公式计算商品价格综合指数，即将同度量因素固定在报告期，该公式的计算

结果表明,在报告期商品销售量及商品结构条件下,商品价格水平的变动方向和程度。分子分母相减所得的差额说明由于商品价格水平变动,居民按照报告期商品销售量及商品结构买这三种商品所支出的金额变动情况,这虽然包含了商品销售量的结构变动,但是它更符合编制商品价格综合指数的意义。

我们由此得出结论,编制质量指标综合指数时,应将同度量因素(数量指标)固定在报告期,这也是编制质量指标综合指数时选择同度量因素的一般原则。通过上述综合指数的编制方法、过程及结果,我们可以得出以下两种重要结论。

① 在编制综合指数时选择同度量因素的一般原则为:编制数量指标综合指数时,将质量指标作为同度量因素,并将其固定在基期,即采用拉氏指数公式;在编制质量指标综合指数时,将数量指标作为同度量因素,并将其固定在报告期,即采用帕氏指数公式。

② 引入同度量因素的作用主要是使在复杂现象总体中性质不同的个体指标值能够相加,然后再将其进行对比,计算总体指数;除此之外,同度量因素还能体现指数化指标在经济现象或过程中的份额和比重。从这点看,同度量因素又称为权数,综合计算过程也可以称为加权。

10.3 平均数指数的编制

通过上节内容的学习,我们已经掌握了综合指数的编制方法,也知道运用综合指数法计算总指数时,要求拥有全面的统计资料,而全面的统计资料在很多实际情况下却难以取得。就物价指数而言,计算它不仅要有全部商品的价格和销售量资料,而且还要有不同时期的系统记录。在统计工作中,要收集全部商品不同时期的价格和销售量资料,显然存在一定困难。因此,除了在较小范围内,且商品品种较少的情况下,直接采用综合指数法编制总指数外,在一般情况下多采用平均指数法来计算总指数。

10.3.1 平均数指数法的概念

▶ 1. 平均数指数定义

平均数指数,也称平均指标指数、平均指数,是以在复杂现象中各个项目的个体指数为基础,利用各个项目在基期或报告期的总值(p_0q_0 或 p_1q_1)为权数,采用加权平均的形式计算出来的总指数。它用来反映复杂现象总量的变动情况。

平均指数法是在综合指数的基础上推导得出的另一种计算和编制总指数的方法,其基本方法是"先对比,再平均,后分析",因此也可以认为是综合指数的变形。

▶ 2. 平均指数和综合指数的区别

(1) 编制的基本方法不同,表现的性质也不同。综合指数编制的基本方法是"先综合、再对比、后分析",其直接反映了复杂现象的综合变动情况;而平均指数的基本编制方法是"先对比、再平均、后分析",它不仅反映了复杂现象的综合变动情况,还反映了个体指数对总指数的影响。

(2) 使用的权数不同。综合指数是以同度量因素作为权数的,同度量因素可以选择基期或报告期相应的数量指标(或质量指标);而平均数指数以价值量作为权数。

(3) 对统计资料的要求不同。编制综合指数需要具有基期和报告期的指数化指标与同度量因素的全面资料;而编制平均数指数只需要各个项目个体指数和相应的权数资料就可以了。

综合指数和平均指数之间也有联系。两者均为编制总指数的方法,均反映了复杂现象的综合变动情况;除此之外,在特定的权数条件下,两者之间具有变形关系。

▶ 3. 平均指数的形式

根据选用的权数不同,从综合指数公式推导出的平均数指数有加权算术平均指数和加权调和平均指数两种基本形式。

10.3.2 加权算术平均指数

加权算术平均指数,是以在复杂现象中各个项目的个体指数(k_p,k_q)为变量,以各个项目基期的价值量指标(质量指标与数量指标之积 p_0q_0)为权数,对个体指数加权算术平均而计算和编制的总指数。

如果获得了各个项目的基期价值量指标 p_0q_0,就可以通过拉氏综合指数变形,以基期价值量指标 p_0q_0 为权数,运用加权算术平均的方式来编制总指数了。编制过程如下:

$$L_q = \frac{\sum q_1 p_0}{\sum q_0 p_0} = \frac{\sum (\frac{q_1}{q_0} \cdot p_0 q_0)}{\sum q_0 p_0} = \frac{\sum (k_q \cdot p_0 q_0)}{\sum q_0 p_0}$$

$$L_p = \frac{\sum p_1 q_0}{\sum p_0 q_0} = \frac{\sum (\frac{p_1}{p_0} \cdot p_0 q_0)}{\sum q_0 p_0} = \frac{\sum (k_p \cdot p_0 q_0)}{\sum q_0 p_0}$$

根据上节内容"编制综合指数时选择同度量因素的一般原则"可知,在通常情况下,加权算术平均数指数主要用于编制数量指标综合指数。

一般用 $\bar{k}_q$ 表示加权算术平均指数,则利用加权算术平均数计算编制的数量指标公式可以表示为:

$$\bar{k}_q = \frac{\sum q_1 p_0}{\sum q_0 p_0} = \frac{\sum k_q q_0 p_0}{\sum q_0 p_0} \tag{10-11}$$

将拉氏数量指数变换成加权算术平均数指数形式来编制总指数,是因为在编制数量指标综合指数时,必须掌握以基期质量指标(价格)计算的假定报告期总值指标(销售额)($\sum q_1 p_0$),而这一资料的计算在实际工作中往往是比较困难的,即使可以计算,工作量也很大。但是基期实际总值指标(销售额)($\sum q_0 p_0$)和数量指标(销售量)个体指数(k_q)却较为容易取得,因此采用加权算术平均数指数来编制总指数是比较合理和现实的。现仍以表10-1的资料,利用式(10-11),说明商品销售量的加权算术平均数指数的编制过程,如表10-6所示。

表 10-6 加权算术平均数指数计算表

商品名称	计量单位	销售量 基期 q_0	销售量 报告期 q_1	个体指数/% k_q	基期销售额/元 q_0p_0	个体指数与基期销售额的乘积 $k_q p_0 q_0$
面粉	千克	12 000	14 600	122	42 000	51 240
矿泉水	瓶	13 600	14 520	107	20 400	21 828
电脑	台	4 800	4 610	96.04	19 195 200	18 435 202
合计	—				19 257 600	18 508 270

$$\overline{k}_q = \frac{\sum k_q q_0 p_0}{\sum q_0 p_0} = \frac{18\ 508\ 270}{19\ 257\ 600} = 96.11\%$$

$$\left(\sum k_q p_0 q_0 - \sum p_0 q_0\right) = 18\ 508\ 270 - 19\ 257\ 600 = -749\ 330(元)$$

计算结果表明，三种商品销售量报告期比基期平均下降了 3.89%，使商品销售额报告期比基期减少了 749 330 元。这一计算结果与拉氏数量指数公式计算结果是一致的。

【例 10-1】

设某商店 2022 年及 2021 年 4 种商品相关销售额资料如表 10-7 所示，计算平均指数，并加以分析。

表 10-7 某商店 2022 年及 2021 年 4 种商品销售资料

商 品 名 称	2021 年销售额/万元	2022 年销售量和 2021 年销售量相比百分比/%
甲	270	−0.2
乙	300	3.6
丙	240	2
丁	220	−1.6

分析过程：根据表 10-7，可以计算下列相关数据，如 10-8 所示。

表 10-8 计算平均指数相关数据表

商 品 名 称	2012 年销售额/万元 p_0q_0	个体指数/% $k_q = q_1 q_0$	$k_q p_0 q_0$
甲	270	99.8	269.46
乙	300	103.6	310.80
丙	240	102	244.80
丁	220	98.4	216.48
合计	1 030	—	1 041.54

根据表 10-8，计算结果及式 (10-11)，可以编制该商店销售量平均指数

$$\overline{k}_q = \frac{\sum k_q q_0 p_0}{\sum q_0 p_0} = \frac{1\ 041.51}{1\ 030} \approx 101.12\%$$

$$\left(\sum k_q p_0 q_0 - \sum p_0 q_0\right) = 1\,041.54 - 1\,030 = 11.54(万元)$$

计算结果显示,该商店四种商品的销售量报告期比基期平均提高了 1.12%,使商品销售额报告期比基期增加了 11.54 万元。

10.3.3 加权调和平均指数

加权调和平均指数,是以在复杂现象中各个项目的个体指数(k_p,k_q)为变量,以各个项目报告期的价值量指标(质量指标与数量指标之积 $p_1 q_1$)为权数,对个体指数进行调和平均而计算和编制的总指数。

如果获得了各个项目的基期价值量指标 $p_1 q_1$,就可以通过对帕氏综合指数变形,以报告期价值量指标 $p_1 q_1$ 为权数,运用加权调和平均的方式来编制总指数了。

$$P_p = \frac{\sum p_1 q_1}{\sum p_0 q_1} = \frac{\sum p_1 q_1}{\sum \left(\frac{p_0}{p_1} \cdot p_1 q_1\right)} = \frac{\sum p_1 q_1}{\sum \left(\frac{1}{k_p} p_1 q_1\right)} \tag{10-12}$$

$$P_q = \frac{\sum q_1 p_1}{\sum q_0 p_1} = \frac{\sum q_1 p_1}{\sum \left(\frac{q_0}{q_1} \cdot q_1 p_1\right)} = \frac{\sum q_1 p_1}{\sum \left(\frac{1}{k_q} q_1 p_1\right)} \tag{10-13}$$

根据上节内容"编制综合指数时选择同度量因素的一般原则"可知,在通常情况下,加权调和平均指数主要用于编制质量指标综合指数。

一般用 $\overline{k}_p$ 表示加权调和平均指数,则利用加权调和平均数计算编制的质量指标公式可以表示为:

$$\overline{k}_p = \frac{\sum p_1 q_1}{\sum p_0 q_1} = \frac{\sum p_1 q_1}{\sum \frac{1}{k_p} p_1 q_1} \tag{10-14}$$

通过式(10-14)可以看出,将帕氏质量指数变换成加权调和平均指数形式来编制总指数,是因为在编制质量指标综合指数时,必须掌握以报告期数量指标(销售量)计算的假定基期总值指标(销售额)($\sum q_1 p_0$),而这一资料的计算在实际工作中往往是比较困难的,即使可以计算,工作量也很大。但报告期实际总值指标(销售额)($\sum p_1 q_1$)和质量指标(销售价格)个体指数(k_p)却较为容易取得,因此采用加权调和平均指数来编制总指数是比较合理和现实的。

10.3.4 固定权数形式的平均数指数

通过以上学习我们知道,编制平均数指数时,根据选用的权数不同,平均数指数的基本形式有两种:加权算术平均指数和加权调和平均指数。除此之外,我们还可以选择固定权数形式的平均数指数。

平均数指数用实际总量指数作为权数对个体指数进行加权平均所得的结果。与用综合指数计算的结果之所以一致,是因为所采用的权数和个体指数的范围是一致的,即都是采用全面统计资料进行计算的。但是,全面统计资料在实际统计工作中是难以取得的,有时甚至是不可能得到的。在上述领域中,固定权数形式的平均数指数具有无以比拟的优势。

因为在固定权数形式的平均数指数编制中,采用权数与采用个体指数所包括的范围并不要求一致,也就没有必要采用全面统计资料来进行计算,而可以采用部分资料进行计算。当然,固定权数形式的平均数指数与用综合指数变形的平均数指数一样,也有加权算术平均数指数形式和加权调和平均数指数形式两种。但是,由于在实际统计工作中,加权调和平均数指数公式是极少采用的,因此,在这里我们只介绍加权算术平均数指数的编制。其计算公式如下:

$$\bar{k} = \frac{\sum kw}{\sum w} \tag{10-15}$$

其中:$\bar{k}$ 为总指数;k 为个体指数;w 为用相对数表现的固定权数。

式(10-15)的计算结果表明:社会经济现象总体变动的平均程度,由于在总指数的编制过程中个体指数与权数所包括的范围不一致,因此,用固定权数形式平均数指数研究社会经济现象总体变动时,无法进行绝对值分析。同时,固定权数形式平均数指数的编制不分质量指标指数公式和数量指标指数公式。以下以表10-9的资料,说明总指数的计算过程。

表 10-9 某地区零售商品类及固定权数

商品类别	类指数 K_p/%	固定权数(w)	$K_p w$/%
一、食品类	100.0	49	4 900.0
二、衣着类	138.8	25	3 470.0
三、日用品类	120.0	10	1 200.0
四、医药类	150.0	3	450.0
五、文化用品类	113.2	7	792.4
六、燃料类	125.0	6	750.0
合计	—	100	11 562.4

表10-9的资料表明了该地区零售商品价格的类指数及其相应的固定权数,将这些资料代入式(10-15),即可计算该地区零售商品价格的总指数:

$$\bar{k}_p = \frac{\sum kw}{\sum w} = \frac{11\ 562.4}{100\%} = 115.62\%$$

10.4 指数体系和因素分析

编制统计指数的目的不仅在于反映复杂社会经济现象的总变动情况,还在于分析总变动中各个因素的变动对总变动的影响作用。而在经济分析中,一个指数通常只能解释现象的某一方面的问题,而在实际中复杂的经济现象往往需要综合运用多个指数,为此,这就要求运用综合指数原理,从质量指标和数量指标的相互联系中建立相应的统计指数体系并进行因素分析。

10.4.1 指数体系的意义

▶ 1. 指数体系的概念

复杂的社会经济现象之间必然存在相互联系、相互影响的关系。广义的指数体系泛指在内容上由具有内在联系的若干个统计指数构成的有机整体。根据实际需要构成这种体系的指数个数可任意选择。而有些社会经济现象之间的联系可以用经济方程式表现出来，如：

$$商品销售额 = 商品销售量 \times 商品销售价格$$
$$生产总成本 = 产品产量 \times 单位产品成本$$

上述的这种关系，按指数形式表现时，同样也存在这种对等关系，即

$$商品销售额指数 = 商品销售量指数 \times 商品销售价格指数$$
$$生产总成本指数 = 产品产量指数 \times 单位产品成本指数$$

由此可以看出，狭义的指数体系仅指在经济上有联系，在数量上存在由对等关系的 3 个或 3 个以上的指数结成的较严密的数量关系式。其最典型的形式是：一个总值指数等于两个或两个以上因素指数的乘积。本节主要讨论的是狭义的指数体系。

▶ 2. 指数体系的作用

指数体系主要有以下三方面的作用。

(1) 指数体系是进行因素分析的基础。利用指数体系可以分析复杂经济现象总变动中各因素变动的影响方向和程度。

(2) 利用各指数之间的联系进行统计推断。例如，我国商品销售量总指数往往就是根据商品销售额总指数和价格总指数进行推算的，即商品的销售量指数＝销售额指数÷价格指数。

(3) 用综合指数法编制总指数时，指数体系可以为同度量因素时期的确定提供依据。如果编制数量指标指数时用基期的质量指标作为同度量因素，那么编制质量指标指数时就必须用报告期的数量指标作为同度量因素。

10.4.2 指数体系因素分析

▶ 1. 因素分析的含义

指数体系是进行因素分析的基本依据。利用指数体系，可以对复杂现象总变动中的影响因素进行定量分析，测定各因素变动对总体变动在程度、方向和绝对量上的影响。这种分析方法，被称为指数因素分析法。例如，用指数体系分析价格、销售量的变动对销售额的影响，分析工资水平、工人结构、工人总数的变动对工资总额的影响等。

上述指数体系，按编制综合指数的一般原则，可以用以下公式表示：

$$\frac{\sum q_1 p_1}{\sum q_0 p_0} = \frac{\sum q_1 p_0}{\sum q_0 p_0} \times \frac{\sum q_1 p_1}{\sum q_1 p_0} \tag{10-16}$$

$$\sum q_1 p_1 - \sum q_0 p_0 = \left(\sum q_1 p_0 - \sum q_0 p_0\right) + \left(\sum q_1 p_1 - \sum q_1 p_0\right) \tag{10-17}$$

▶ 2. 指数体系因素分析的分类

在指数因素分析法中，按照被研究对象包含的因素多少可分为两类：两因素分析和多

因素分析。按照被研究对象的指数形式不同可分为两类：总量指标的因素分析和平均指标的因素分析。前者分析在绝对指标的总变动中各因素变动的影响，如销售额的变动中价格水平、销售量的影响情况；后者分析在加权平均指标的变动中变量值水平和总体结构的影响，如在平均工资的变动中工资水平和工人结构的影响情况等。将以上两种分类结合起来，利用指数体系进行因素分析可以归纳为以下4种。

(1) 总量指标的两因素分析。

(2) 总量指标的多因素分析。

(3) 平均指标的两因素分析。

(4) 平均指标的多因素分析。

10.4.3 三总量指标体系的因素分析

▶ 1. 两因素分析

总量指标指数＝数量指标指数×质量指标指数

$$\frac{\sum q_1 p_1}{\sum q_0 p_0} = \frac{\sum q_1 p_0}{\sum q_0 p_0} \times \frac{\sum q_1 p_1}{\sum q_1 p_0} \tag{10-18}$$

总量指标的变动＝由于数量指标的变动对总量指标变动的影响＋
由于质量指标的变动对总量指标变动的影响

$$\sum q_1 p_1 - \sum q_0 p_0 = \left(\sum q_1 p_0 - \sum q_0 p_0\right) + \left(\sum q_1 p_1 - \sum q_1 p_0\right) \tag{10-19}$$

现仍以表 10-10 为例，说明指数体系的建立及因素分析的步骤。

表 10-10 指数体系计算表

商品名称	计量单位	销售量		价格/元		销售额/元		
		基期 q_0	报告期 q_1	基期 p_0	报告期 p_1	基期 $q_0 p_0$	报告期 $q_1 p_1$	假定报告期销售额 $q_1 p_0$
面粉	千克	12 000	14 600	3.5	4.0	42 000	58 400	51 100
矿泉水	瓶	13 600	14 520	1.5	1.8	20 400	26 136	21 780
电脑	台	4 800	4 610	3 999	3 499	19 195 200	16 130 390	18 435 390
合计	—	—	—	—	—	19 257 600	16 214 926	18 508 270

根据表 10-10 的资料计算如下：

$$销售额总指数 = K_{pq} = \frac{\sum q_1 p_1}{\sum q_0 p_0} = \frac{16\ 214\ 926}{19\ 257\ 600} = 84.20\%$$

销售额实际总变动额＝16 214 926－19 257 600＝－3 042 674(元)

销售额报告期比基期下降了 15.80%，使实际销售额减少了 3 042 674 元。

$$销售量总指数 = K_q = \frac{\sum q_1 p_0}{\sum q_0 p_0} = \frac{18\ 508\ 270}{19\ 257\ 600} = 96.11\%$$

销售量变动对销售额的影响＝18 508 270－19 257 600＝－749 330(元)

销售额报告期比基期下降了 0.389%，使实际销售额减少了 749 330 元。

$$价格总指数 = K_p = \frac{\sum p_1 q_1}{\sum p_0 q_1} = \frac{16\ 214\ 926}{18\ 508\ 270} = 87.62\%$$

价格变动对销售额影响的绝对数 = 16 214 926 - 18 508 270 = -2 293 344(元)

价格报告期比基期下降了 12.39%，使实际销售额减少了 2 293 344 元。

建立指数体系（即 3 个指数之间的关系）如下：

$$\frac{\sum q_1 p_1}{\sum q_0 p_0} = \frac{\sum q_1 p_0}{\sum q_0 p_0} \times \frac{\sum q_1 p_1}{\sum q_1 p_0}$$

$$84.20\% = 96.11\% \times 87.62\%$$

3 个差额之间的关系：

$$\sum q_1 p_1 - \sum q_0 p_0 = (\sum q_1 p_0 - \sum q_0 p_0) + (\sum q_1 p_1 - \sum q_1 p_0) - 3\ 042\ 674(元)$$
$$= -749\ 330(元) + (-2\ 293\ 344)(元)$$

计算结果表明：商品销售额报告期比基期下降了 15.80%，使实际销售额报告期比基期减少了 3 042 674 元，是由于商品销售量报告期比基期下降了 0.389%，使实际销售额报告期比基期减少了 749 330 元；商品价格报告期比基期下降了 12.38%，使实际销售额报告期比基期减少了 2 293 344 元。

▶ 2. 多因素分析

总量指标的多因素分析是指在指数体系上，表现为研究现象的总变动指数等于三个或三个以上因素指数的乘积。同样，要保证三个或三个以上因素指数之积等于被研究现象变动的指数，最关键的是确定同度量因素的时期。在实际分析时必须注意以下几个问题。

（1）多因素分析必须遵循连环代替法的原则，即在分析受多因素影响的事物的发展变化时，要逐项分析，逐项确定同度量因素。当分析第一个因素变动影响后，接着分析第二个因素的影响，然后再分析第三个因素的影响，依此类推。

（2）在多因素分析中，对复杂社会经济现象总体中各个构成因素必须按一定的顺序排列，这个顺序应与各个因素之间的内在联系相一致。各个因素的排列要求是：数量指标因素排列在前，质量指标因素排列在后，从而使每两个相邻的指标因素乘积形成一个新的经济因素。例如，在分析工业产品生产中所消耗的原材料费用时，可以将原材料费用分解为三个因素，并按照产品产量，单位产品原材料消耗量和原材料及原材料价格顺序排列，则产品产量与单位产品原材料消耗量的乘积是产品生产中的原材料总消耗量，而单位产品原材料消耗量与原材料价格的乘积是单位产品消耗的原材料费用。

（3）在多因素分析中，为了测定某一指标因素对复杂社会经济现象总体的影响方向和程度，必须将其他指标因素加以固定，即假定在其他条件不变的情况下，分析某一指标因素变动对现象总体的影响方向和程度。各指标因素必须根据综合指数的一般原理加以固定，即分析数量指标因素变动时，将质量指标固定在基期；分析质量指标因素变动时，将数量指标固定在报告期。这样，对各因素的影响程度的测定，在形式上就相当于依次对各影响因素进行连锁替代和对比。因此，多因素指数分析法也被称为"连锁替代法"，即在基期总量的基础上，依次将其中各因素的基期数替代为报告期数，并将替代后的总量与替代前的总量进行对比，从而得到关于反映该因素的平均变动程度及其对研究现象总量的影响程度的总指数,其分子分母的差额表示该因素变动对研究现象的绝对影响额。

例如所研究的总体 W 可分解为 a、b、c、d 四个因素,其关系式为 $W=a\times b\times c\times d$。则连锁替代法的具体过程如下:

基期总量 $\sum a_0 b_0 c_0 d_0$,第一次替代将 a_0 替换为 a_1 得到 $\sum a_1 b_0 c_0 d_0$,第二次在第一次基础上将 b_0 替换为 b_1 得到 $\sum a_1 b_1 c_0 d_0$,依次类推,最后一次替代后得到报告期总量 $\sum a_1 b_1 c_1 d_1$。将每一次替代后的总量与替代前的总量进行对比,所得指数即为此次替代因素对所研究总量 W 的影响程度,两个总量的差额也就反映了此次替代因素对 W 的绝对影响量。

比如,将第三次替代前后的两个总量对比得 $\dfrac{\sum a_1 b_1 c_1 d_0}{\sum a_1 b_1 c_0 d_0}$,此比率就是因素 c 的综合变动的程度及其对所研究总量 w 影响程度的指数。

而两者差额($\sum a_1 b_1 c_1 d_0 - \sum a_1 b_1 c_0 d_0$)反映了因素 c 的变动使所研究总体 W 增减的绝对数量,以此类推,可分析其余各因素的影响。

【例 10-2】

西安市某超市三种商品的销售资料,如表 10-11 所示,试对该公司 3 种商品的销售利润总额变动进行影响因素分析。

表 10-11 西安市某超市销售 3 种商品的销售资料

商品名称	销售量		销售价格/元		销售利润率/%	
	基期 q_0	报告期 q_1	基期 p_0	报告期 p_1	基期 r_1	报告期
面粉/千克	12 000	14 600	3.5	4.0	10	11
矿泉水/瓶	13 600	14 520	1.5	1.8	12	10
电脑/台	4 800	4 610	3 999	3 499	5	6

解:利润额 = 销售量(q)×商品销售单价(p)×销售利润率(r)

根据上述关系,对利润总额的因素分析应以下列指数体系为依据:

$$\frac{\sum q_1 p_1 r_1}{\sum q_0 p_0 r_0} = \frac{\sum q_1 p_0 r_0}{\sum q_0 p_0 r_0} \times \frac{\sum q_1 p_1 r_0}{\sum q_1 p_0 r_0} \times \frac{\sum q_1 p_1 r_1}{\sum q_1 p_1 r_0}$$

$$\text{利润总额指数} = \frac{\sum q_1 p_1 r_1}{\sum q_0 p_0 r_0} = \frac{97\ 686\ 100}{96\ 640\ 800} = 101.08\%$$

$$\sum q_1 p_1 r_1 - \sum q_0 p_0 r_0 = 97\ 686\ 100 - 96\ 640\ 800 = 1\ 045\ 300(元)$$

$$\text{销售量总指数} = \frac{\sum q_1 p_0 r_0}{\sum q_0 p_0 r_0} = \frac{92\ 949\ 310}{96\ 640\ 800} = 96.18\%$$

$$\sum q_1 p_0 r_0 - \sum q_0 p_0 r_0 = -3\ 691\ 490(元)$$

$$销售价格总指数 = \frac{\sum q_1 p_1 r_0}{\sum q_1 p_0 r_0} = \frac{81\ 549\ 582}{92\ 949\ 310} = 87.74\%$$

$$\sum q_1 p_1 r_0 - \sum q_1 p_0 r_0 = 81\ 549\ 582 - 92\ 949\ 310 = -11\ 399\ 728(元)$$

$$销售利润率总指数 = \frac{\sum q_1 p_1 r_1}{\sum q_1 p_1 r_0} = \frac{97\ 686\ 100}{81\ 549\ 582} = 119.79\%$$

$$\sum q_1 p_1 r_1 - \sum q_1 p_1 r_0 = 16\ 136\ 518(元)$$

以上几个计算结果之间的关系为

$$101.08\% = 96.18\% \times 87.74\% \times 119.79\%$$
$$1\ 045\ 300 = -3\ 691\ 490 + (-11\ 399\ 728) + 16\ 136\ 518$$

计算结果表明：三种商品的利润总额报告期比基期增长了1.08%，使利润总额增加了1 045 300元。其中，由于三种商品的销售量降低而使利润总额降低了3.82%，即降低了3 691 490元；由于商品价格下降而使利润总额降低了12.26%，即降低了11 399 728元；由于销售利润率上升而使利润总额增加了19.79%，即增加了16 136 518元。

以上是关于销售额的多因素指数分析，以产品产量、单耗和原材料单价为例，欲分析原材料支出总额的变动情况及其原因，可以用以下的指标体系关系进行分析。

原材料费用指数＝产品产量指数×单位产品原材料消耗量指数×原材料单价指数

运用综合指数原理建立如下公式：

$$\frac{\sum q_1 m_1 p_1}{\sum q_0 m_0 p_0} = \frac{\sum q_1 m_0 p_0}{\sum q_0 m_0 p_0} \times \frac{\sum q_1 m_0 p_0}{\sum q_1 m_0 p_0} \times \frac{\sum q_1 m_1 p_1}{\sum q_1 m_1 p_0} \tag{10-20}$$

其中：q_1 为报告期的产品产量；q_0 为基期的产品产量；m_1 为报告期的单位产品原材料消耗量；m_0 为基期的单位产品原材料消耗量；p_1 为报告期原材料价格；p_0 为基期原材料价格。

它的绝对值分析为

$$\sum q_1 m_1 p_1 - \sum q_0 m_0 p_0 = (\sum q_1 m_0 p_0 - \sum q_0 m_0 p_0) +$$
$$(\sum q_1 m_1 p_0 - \sum q_1 m_0 p_0) + (\sum q_1 m_1 p_1 - \sum q_1 m_1 p_0)$$

10.4.4 平均指标的因素分析

▶ 1. 平均指标指数及其意义

平均指标指数是两个不同时期的平均指标对比计算的相对数。这种由两个平均指标值对比形成的指数称为平均指标指数。它的一般公式可以表示如下：

$$K = \frac{\overline{x}_1}{\overline{x}_0} \tag{10-21}$$

其中：$\overline{x}_1$ 为报告期的平均指标；$\overline{x}_0$ 为基期的平均指标。

常见的平均指标指数有平均工资指数、平均劳动生产率指数、平均单位成本指数等。

▶ 2. 平均指标指数的分解

加权算术平均数 $\overline{x} = \frac{\sum xf}{\sum f} = \sum x \cdot \frac{f}{\sum f}$ 受两个因素影响：一是变量值 x；二是结构

（权数）$\frac{f}{\sum f}$。用文字表示为：加权算术平均数＝变量值×权数。

平均数的动态变化，$\frac{\overline{x}_1}{\overline{x}_0}$ 显然是 x 和 $\frac{f}{\sum f}$ 变动影响的结果。因此，可以利用指数体系从变量值及结构的变动两个方面对总平均数变动的影响情况进行分析。与编制综合指数的原理类似，若要分析变量值 x 和 $\frac{f}{\sum f}$ 结构的变动对总平均数的影响，就须引入同度量因素并将之固定，编制关于 x 的指数和结构 $\frac{f}{\sum f}$ 的指数，从而形成平均指标指数体系如下。

（1）相对数指数体系

可变构成指数＝固定构成指数×结构影响指数

$$\left(\frac{\sum x_1 f_1}{\sum f_1} \bigg/ \frac{\sum x_0 f_0}{\sum f_0}\right) = \left(\frac{\sum x_1 f_1}{\sum f_1} \bigg/ \frac{\sum x_0 f_1}{\sum f_1}\right) \times \left(\frac{\sum x_0 f_1}{\sum f_1} \bigg/ \frac{\sum x_0 f_0}{\sum f_0}\right) \quad (10\text{-}22)$$

（2）绝对数指数体系

$$\left(\frac{\sum x_1 f_1}{\sum f_1} - \frac{\sum x_0 f_0}{\sum f_0}\right) = \left(\frac{\sum x_1 f_1}{\sum f_1} - \frac{\sum x_0 f_1}{\sum f_1}\right) \times \left(\frac{\sum x_0 f_1}{\sum f_1} - \frac{\sum x_0 f_0}{\sum f_0}\right) \quad (10\text{-}23)$$

▶ 3. 平均指标指数体系的因素分析

任何两个不同时期的同一经济内容的平均指标对比都可以形成一个平均指标指数。现以表 10-12 为例说明平均指标指数的分析方法。

表 10-12 某企业新、老员工平均工资指数计算表

员工组别	人数/人		月平均工资/元		工资总额/元			
	f_0	f_0	x_0	x_1	$x_0 f_0$	$x_1 f_1$	$x_0 f_1$	$x_1 f_0$
老员工	70	66	8 000	8 600	560 000	567 600	528 000	602 000
新员工	30	74	5 000	5 500	150 000	407 000	370 000	165 000
合计	100	140	7 100	6 960	710 000	974 600	898 000	767 000

基期平均工资 $\overline{x}_0 = \frac{\sum x_0 f_0}{\sum f_0} = \frac{710\ 000}{100} = 7\ 100$（元）

报告期平均工资 $\overline{x}_1 = \frac{\sum x_1 f_1}{\sum f_1} = \frac{974\ 600}{140} = 6\ 960$（元）

（1）可变构成指数

$$K = \frac{\overline{x}_1}{\overline{x}_0} = \frac{\dfrac{\sum x_1 f_1}{\sum f_1}}{\dfrac{\sum x_0 f_0}{\sum f_0}} = \frac{6\ 960}{7\ 100} = 98.03\%（平均指标的实际变动方向和程度）$$

$$\frac{\sum x_1 f_1}{\sum f_1} - \frac{\sum x_0 f_0}{\sum f_0} = 6\,960 - 7\,100 = -140.571(元)（平均指标的增减绝对量）$$

计算结果说明，总平均工资报告期比基期降低了 1.97%，即降低了 140 元。现在的问题是：在两个总的平均数的动态对比中，究竟受水平变化的影响是多少，受各组工人结构变化的影响又是多少。

既然总的平均工资受工资水平和工人结构（也称组成）两个因素的影响，因此，我们若要测定一个因素的影响程度，就必须将另一个因素的变化固定起来。

(2) 固定构成工资指数

$$K = \frac{\dfrac{\sum x_1 f_1}{\sum f_1}}{\dfrac{\sum x_0 f_1}{\sum f_1}} = \frac{\dfrac{974\,600}{140}}{\dfrac{898\,000}{140}} = \frac{6\,960}{6\,410} = 108.6\%（反映变量 x 的变动方向和程度）$$

$$\frac{\sum x_1 f_1}{\sum f_1} - \frac{\sum x_0 f_1}{\sum f_1} = 6\,960 - 6\,410 = 550(元)（变量 x 对平均指标的影响的绝对量）$$

这个指数说明，假使排除了工人结构变动的影响，则报告期总的工资水平比基期提高了 8.6%，即在绝对值上增加了 550 元。这种将结构变动固定起来的指数在统计中称为固定构成指数（或固定组成指数），而原来那种将构成变动也包括在内的两个平均数相对比的动态指数，则称为可变构成指数（或可变组成指数）。

(3) 结构影响指数

$$K = \frac{\dfrac{\sum x_0 f_1}{\sum f_1}}{\dfrac{\sum x_0 f_0}{\sum f_0}} = \frac{\dfrac{898\,000}{140}}{\dfrac{710\,000}{100}} = \frac{6\,410}{7\,100} = 90.30\%（反映结构 \frac{f}{\sum f} 变化对平均工资的影响方向和程度）$$

$$\frac{\sum x_0 f_1}{\sum f_1} - \frac{\sum x_0 f_0}{\sum f_0} = 6\,410 - 7\,100 = -690(元)（说明结构 \frac{f}{\sum f} 变动对平均指标影响的绝对量）$$

这个指数说明，假使工资水平仍和基期一样没有变动的话，那么由于工人结构变动的影响，将使总的平均工资降低了 9.7%，即在绝对值上减少了 690 元。

(4) 综合影响

$$\left(\frac{\sum x_1 f_1}{\sum f_1} \bigg/ \frac{\sum x_0 f_0}{\sum f_0}\right) = \left(\frac{\sum x_1 f_1}{\sum f_1} \bigg/ \frac{\sum x_0 f_1}{\sum f_1}\right) \times \left(\frac{\sum x_0 f_1}{\sum f_1} \bigg/ \frac{\sum x_0 f_0}{\sum f_0}\right)$$

$$\frac{6\,960}{7\,100} = \frac{6\,960}{6\,410} \times \frac{6\,410}{7\,100}$$

$$98\% = 108.6\% \times 90.7\%$$

$$(6\ 960-7\ 100)=(6\ 960-6\ 410)+(649-7\ 100)-140$$
$$=550+(-690)$$

分析：计算结果说明报告期比基期总平均工资下降了2%，使实际总平均工资减少了140元，是因为工资水平上升了8.6%，总平均工资增加了550元，工人结构下降了9.3%，总平均工资减少了690元，两个因素共同作用的结果。

10.5 常用的统计指数

10.5.1 居民消费价格指数

居民消费价格，是指城乡居民支付生活消费品和服务项目消费的价格，是社会产品和服务项目的最终价格。它同人民生活密切相关，在整个国民经济价格体系中具有极为重要的地位。

▶ *1. 居民消费价格指数的概念*

居民消费价格指数（consumer price index，CPI），是综合反映一定时期内居民家庭购买的各种消费品和服务的价格变动趋势与变动程度的相对数。编制这一指数的目的，在于全面观察居民消费价格变动对居民生活的影响，为党政领导和决策部门掌握消费价格状况、研究和制定居民消费政策、价格政策、工资政策、货币政策以及进行国民经济核算提供科学依据。CPI 的具体应用主要表现在以下三个方面：

（1）用来测定通货膨胀。最常见的方法就是用"居民消费价格指数－100%"作为通货膨胀率的一种测定。如果 CPI 指数升幅过大，表明通货膨胀成为经济不稳定因素。一般定义超过3%为通货膨胀，超过5%就是比较严重的通货膨胀。

（2）反映货币购买力的变动程度。货币购买力是指单位货币能购买的消费品和服务的数量。价格上升意味着货币贬值，货币购买力下降；反之，价格下降意味着货币上升，购买力上升。货币购买力指数＝1/居民消费价格指数。

（3）将价值量指标的名义值减缩为实际值，消除价格变化的影响，如实际工资＝名义工资/居民消费价格指数。

▶ *2. 编制居民消费价格指数的分类*

编制居民消费价格指数的商品和服务项目基本上是根据用途进行分类的，共分为8个大类，即食品，烟酒及用品，衣着，家庭设备用品及服务，医疗保健及个人用品，交通和通信，娱乐教育文化用品及服务，居住。食品类下设6个中类，即粮食、肉禽及其制品、蛋、水产品、鲜菜、在外用餐。其他大类也分别下设中、小类。一般在小类之下选择有代表性的商品和服务项目作为规格品编制指数。

▶ *3. 居民消费价格指数的编制*

居民消费价格指数采用加权算术平均公式编制。年度指数的计算以上年为基期的指数，月度指数分别计算以上年同期和上月为基期的同比和月环比两种指数。其计算公式为

$$\overline{K}=\frac{\sum kw}{\sum w} \tag{10-24}$$

其中：$\overline{K}$ 为居民消费价格总指数；k 为商品（或类）价格指数；w 为权数。现以表 10-13 为例说明居民消费价格指数的编制方法。

表 10-13　某市居民消费价格指数计算表

商品类别和名称	代表规格品的规格等级牌号	计量单位	平均牌价（元）		权数	以上年为基础	
			上年 p_0	本年 p_1		个体指数/%　$k=p_1/p_0$	个体指数乘权数 k_pw/%
总指数					100		101.12
（一）食品类							45.56
1. 粮食中类					46	99.045	17.03
（1）细粮小类					18	94.62	93.52
大米	二等粳米	千克	2.4	2.2	99	94.46	89.46
面粉	标准粉		3.4	6	95	94.17	5.00
（2）粗粮小类				3.4	5	100.00	1.10
2. 肉禽及其制品					1	110.38	36.36
3. 蛋					36	101.00	5.05
4. 水产品					5	101.00	9.812
5. 鲜菜					10	98.12	15.25
6. 在外用餐					16	95.36	15.543
（二）烟酒及用品					15	103.62	8.19
（三）衣着					8	102.34	12.24
（四）家庭设备用品及服务					12	102.00	7.87
					8	98.42	
（五）医疗保健及个人用品							6.26
					6	104.28	
（六）交通和通信							7.04
（七）娱乐教育文化用品及服务					7	100.54	8.87
					8	110.84	
（八）居住					5	101.87	5.09

计算步骤如下：

(1) 计算各个代表规格品的个体零售价格指数。例如，大米的个体价格指数为

$$\overline{K} = \frac{p_1}{p_0} = \frac{2.26}{2.4} = 94.17\%$$

(2) 将各个个体物价指数乘相应权数后再相加，然后计算其算术平均数，即得小类指数。例如，细粮小类指数为

$$\overline{K}_p = \frac{\sum k_p p_0 q_0}{\sum p_0 q_0} = \sum k_p w = 94.17\% \times 0.95 + 100\% \times 0.05 = 94.46\%$$

(3) 将各个小类指数分别乘相应的权数后，再计算其算术平均数，即得中类指数。例如粮食中类指数为：

$$\overline{K}_p = \sum k_p w = 94.46\% \times 0.99 + 110.38\% \times 0.01 = 94.62\%$$

(4) 将各中类的指数乘相应的权数后，再计算其算术平均数，即得大类指数。例如，食品类指数为

$$\overline{K}_p = \sum k_p w$$
$$= 94.62\% \times 0.18 + 101\% \times 0.36 + 100\% \times 0.05 + 98.12\% \times 0.1 + 95.36\% \times 0.16 + 103.62\% \times 0.15$$
$$= 99.045\%$$

(5) 将各大类指数乘相应的权数后，再计算其算术平均数即得总消费价格指数

$$\overline{K}_p = \sum k_p w$$
$$= 99.045\% \times 0.46 + 102.34\% \times 0.08 + 102\% \times 0.12 + 98.42\% \times 0.08 + 104.28\% \times 0.06 + 100.54\% \times 0.07 + 110.84\% \times 0.08 + 101.87\% \times 0.05$$
$$= 101.12\%$$

目前，我国的居民消费价格指数主要反映居民消费价格的变动，在分类上也包含了居民居住类价格的变动，包括房租、自有住房以及水、电、燃气等项目。对租房者来说，其居住价格变动是通过实际租金来体现的。对拥有住房者来说，其居住价格变动是通过虚拟租金，即一定时期居民住房可能要付出的租金来体现。按国际惯例，商品房价格不直接计入居民消费价格指数。

10.5.2 生产者物价指数

生产者物价指数（producer price index，PPI），也叫工业品出厂价格指数，是衡量工业企业产品出厂价格变动趋势和变动程度的指数。它是反映某一时期生产领域价格变动情况的重要经济指标，也是制定有关经济政策和国民经济核算的重要依据。如果生产物价指数比预期数值高，表明有通货膨胀的风险。如果生产物价指数比预期数值低，则表明有通货紧缩的风险。

PPI 主要的目的在于衡量各种商品在不同的生产阶段的价格变化情形。一般而言，商品的生产分为三个阶段。

① 原始阶段：商品尚未做任何的加工。
② 中间阶段：商品尚须做进一步的加工。
③ 完成阶段：商品至此不再做任何加工。

根据价格传导规律，PPI 对 CPI 有一定的影响。PPI 反映生产环节价格水平，CPI 反映消费环节的价格水平。整体价格水平的波动一般首先出现在生产领域，然后通过产业链向下游产业扩散，最后波及消费品。

由于 CPI 不仅包括消费品价格，还包括服务价格，CPI 与 PPI 在统计口径上并非严格的对应关系，因此 CPI 与 PPI 的变化出现不一致的情况是可能的。CPI 与 PPI 持续处于背离状态，这不符合价格传导规律。价格传导出现断裂的主要原因在于，工业品市场处于买方市场以及政府对公共产品价格的人为控制。

PPI 通常作为观察通货膨胀水平的重要指标。上升不是好事，如果生产者转移成本，则终端消费品价格上扬，通胀上涨。如果不转移，则企业利润下降，经济有下行风险。

10.5.3 农副产品收购价格指数

农副产品收购价格是农副产品进入流通领域的最初价格,同社会生产和人民生活关系极为密切。农副产品收购价格指数是反映各种经济类型的商业、企业及其他单位,以各种不同价格形式收购农副产品的价格平均变动的相对数。

为使指数的编制准确、及时,并与其体现的经济内容及其编制目的相符合,农副产品收购价格指数以报告期实际收购额为权数,按综合公式的变形加权调和平均公式计算指数。其计算公式为

$$\overline{K}_p = \frac{\sum p_1 q_1}{\sum \frac{1}{k} p_1 q_1} \qquad (10\text{-}25)$$

10.5.4 股票价格指数

股票是由股份公司发给投资者作为入股的凭证,持有者有权分享公司的利益,同时也要承担公司的责任和风险。股票具有"价值",并可作为"商品"转让。股票"价值"决定了股票价格,但是股票价格会受多种因素的影响而围绕股票"价值"上下波动,有时这种波动幅度相当大。如股票的供求状况,当市场上可供投资的金融工具很少,股票发行量又很小时,供不应求的局面必然使股票成为抢手货,股票价格也就会大大高于其"价值"。相反,如果股票发行过多,则其价格必然会低于其"价值"。除了供求关系外,股票发行者经营业绩、政治经济形势的变化以及某些机构对股市的控制或操纵等,也都对股票价格产生一定影响。正因为如此,股票价格的变动,已成为反映一个国家和地区的政治、经济形势变动的晴雨表。以下介绍几种影响较大、计算方法有代表性的股价指数。

▶ 1. 道·琼斯股价指数

道·琼斯股价指数(Dow Jone's stock price index)是由美国新闻出版商道·琼斯公司计算并发布的,是历史最悠久的股票价格指数。最初组成道·琼斯股票价格平均数的股票只有 11 种,采用简单算术平均法计算。后来几经变动,选择的股票种类不断增加,从 1938 年至今增加到 65 种,其中包括 30 种工业股票、20 种交通运输业股票及 15 种公用事业股票,编制方法也从简单算术平均改为平均修正法。由于各种股份公司经常有股数增加和股票拆细的情况发生,这样,作为分母的股票总股数必然增加,促使单位股份降低,难以体现股票价格变动的真实情况,因此,需要对分母做适当处理,以免平均数受到影响。道·琼斯股票价格平均数以 1928 年 10 月 1 日为基期,即以该日的股份平均数为基数,以后各期股票价格同基期相比计算出来的百分数就成为各期的股票价格指数。

由于道·琼斯指数的采样股票数目较少,且多是热门股,缺乏广泛的代表性,并且没有考虑权数,导致少数几种流动性较小的股票价格的大幅度涨落对平均数产生很大影响。

▶ 2. 标准-普尔混合指数

标准-普尔混合指数(Standard and Poor's composite index)是在 1923 年由美国最大的证券研究组织标准-普尔公司编制发布的。该指数最初包括 233 种上市的工业、铁路、公用事业的普通股票,以后逐步调整为 500 种。其中工业股票 400 种,公用事业股票 40 种,金融机构股票 40 种,交通运输业股票 20 种。

标准-普尔公司每半小时计算并报道该公司编制的指数,发表在该公司主办的《展望》刊物上。许多报纸每天登载它的最高、最低及收盘价指数。美国著名的《商业周刊》杂志每期公布标准-普尔混合指数。

标准-普尔混合指数包括的500种普通股票总价值很大,其成分股有90%在纽约证券交易所上市,其中也包括一些在别的交易所和店头市场交易的股票,所以它的代表性比道·琼斯平均指数要广泛很多,故更能真实地反映股票市价变动的实际情况。比较起来,道·琼斯工业股票指数对股价的短期走势具有一定的敏感性,而标准-普尔混合指数用于分析股价的长期走势,则较可靠。从对股票市场价格分析研究的角度来看,一些银行的证券专家和经济学家偏向采用标准-普尔混合指数,而从实用的角度来看,大多数证券公司和投资者则喜欢采用道·琼斯工业股票指数。

▶ 3. 纳斯达克指数

纳斯达克市场的英文直译名为"全美证券交易商协会自动报价系统"(The National Association of Securities Dealers Automated Quotations),它是全球第一个电子化的股票市场。纳斯达克指数由纳斯达克证券市场编制发布。纳斯达克证券市场有限公司隶属于美国国家证券交易委员会(The National Association of Securities Dealers,NASD),该协会是一个自律性的管理机构,几乎所有的美国证券经纪和交易商都是它的会员。纳斯达克证券市场创立于1971年,这一年的2月8日,纳斯达克股市开始正式交易。美国设立纳斯达克证券交易所的主要目的是在电脑软、硬件及生物工程等高科技领域,为一些崭露头角而又无法在纽约证券交易所和美国证券交易所上市的小型公司提供风险资本的支持,以推动高科技产业的迅速发展。

纳斯达克指数的编制始于1985年1月,对在纳斯达克股市上市的公司股票价格,以资本量的大小为权数加权平均计算得出。纳斯达克指数主要有两个:NASDAQ综合指数(Nasdaq composite index)和Nasdaq-100指数(Nasdaq-100 index)。NASDAQ综合指数包括在纳斯达克上市的所有美国公司和非美国公司,每一家公司的股票通过其市值在综合指数中的比例来影响NASDAQ综合指数。现在NASDAQ综合指数包括5 000多家公司,超过了其他证券市场指数,具有广泛的基础,已成为最有影响力的证券市场指数之一。Nasdaq-100指数,是由在纳斯达克全国市场上市的、最大的100家非金融性国内公司的4个指数综合而成,反映纳斯达克成长最快的主要非金融性公司的情况,每一家公司的股票通过其市值在综合指数中的比例来影响Nasdaq-100指数。

▶ 4. 上证指数体系

作为国内外普遍采用的衡量中国证券市场表现的权威统计指标,由上海证券交易所编制并发布的上证指数系列是一个包括上证180指数、上证50指数、上证综合指数、A股指数、B股指数、分类指数、债券指数、基金指数等的指数系列,其中最早编制的为上证综合指数。为推动长远的证券市场基础建立和规范化进程,2002年6月,上海证券交易所对原上证30指数进行了调整并更名为上证成份指数(简称上证180指数)。上证成份指数的编制方案,是结合中国证券市场的发展现状,借鉴国际经验,在原上证30指数编制方案的基础上进一步完善后形成的,目的在于通过科学客观的方法挑选最具代表性的样本股票,建立一个反映上海证券市场的概貌和运行状况,能够作为投资评价尺度及金融衍生产品基础的基准指数。上证50指数是根据科学客观的方法,挑选上海证券市场规模大、流动性好的最具代表性的50只股票组成样本股，以便综合反映上海证券市场最具市场影响力的一批龙头企业的整体状况。上证红利指数挑选在上证所上市的现金股息率高、分红比较稳定、具有一定规模及流动性的50只股票作为样本，以反映上海证券市场高红利股票的整体状况和走势。

上证指数系列从总体上和各个不同侧面反映了上海证券交易所上市证券品种价格的变动情况，可以反映不同行业的景气状况及其价格整体变动状况，从而给投资者提供不同的投资组合分析参照系，随着证券市场在国民经济中的地位日渐重要，上证指数也将逐步成为观察中国经济运行的"晴雨表"。

▶ 5. 香港恒生指数

香港恒生指数（Hang Seng index，HSI），是香港股票市场上历史最悠久、影响最大的股票价格指数，由香港恒生银行于1969年11月24日开始发行。恒生股票价格指数包括从香港500多家上市公司中挑选出来的33家有代表性且经济实力雄厚的大公司股票作为成份股，分为4大类——4种金融业股票、6种公用事业股票、9种房地产业股票和14种其他工商业（包括航空和酒店）股票。这些股票占香港股票市值的63.8%，因该股票指数涉及香港的各个行业，具有较强的代表性。

恒生股票价格指数的编制以1964年7月31日为基期，因为这一天香港股市运行正常，成交值均匀，可反映整个香港股市的基本情况，基点确定为100点。其计算方法是，将33种股票按每天的收盘价乘各自的发行股数为计算日的市值，再与基期的市值相比较，乘100就得出当天的股票价格指数。

10.5.5 房地产价格指数

房地产价格指数是反映房屋销售、租赁和土地交易过程中房地产价格水平变动趋势和变动程度的相对数。它是房屋销售价格指数、房屋租赁价格指数和土地交易价格指数的统称。

▶ 1. 房屋销售价格指数

房屋销售价格指数反映商品房、公有房屋和私有房屋各大类房屋的销售价格的变动情况。其中，商品房细分为经济适用房、普通住房、高档公寓等各类住宅，以及商业用房、写字楼等非住宅。在房屋销售价格指数的计算中，小类指数是以报告期的销售收入作为计算权数，大类指数和总指数是以上一年全市各类房屋的销售额作为权数，采用加权算术平均的方法计算出来的。

▶ 2. 房屋租赁价格指数

房屋租赁价格指数反映住宅、办公用房、商业用房、厂房、仓库的租赁价格变动情况。房屋租赁价格指数的计算与房屋销售价格指数的计算相同，小类指数是以报告期的租赁收入作为计算权数，大类和总指数是以上一年全市各类房屋的租赁额作为权数，采用加权算术平均的方法计算出来的。

▶ 3. 土地交易价格指数

土地交易价格指数反映房地产开发商或其他建设单位，为取得土地使用权而实际支付价格的变动情况。土地交易价格指数主要分类为住宅用地、工业用地、商业、旅游用地等，它是以上一年各类用地的成交额作为权数，采用加权算术平均的方法计算出来的。

10.5.6　宏观经济景气指数

景气统计分析是一种经济周期统计分析方法，它主要是从短期国民经济运行过程出发，测定经济波动的高峰、扩张、收缩、谷底的过程，分析经济运行中的各种问题，提出经济运行调控的政策、措施。

经济景气研究源于西方，已经有100多年的历史，经济景气监测的时间在这100多年中虽然几度兴衰，但方法日臻完善，监测结果也逐渐成为各国政府制定经济政策的重要依据。经济景气指数就像晴雨表一样，指示着经济的上升和下降、繁荣和萧条。在我国随着市场经济改革的不断深入，经济景气理论与方法的研究也逐渐兴起，从20世纪80年代中期到现在也已经开展了40多年的时间。

宏观经济景气分析方法，是指在大量的统计指标的基础上，选出具有代表性的指标，建立一个经济监测指标体系，并以此建立各种指数或模型来描述宏观经济的运行状况和预测未来走势。利用景气指数进行分析，即用经济变量之间的时差关系指示景气动向。首先，确定时差关系的参照系，即基准循环，编制景气循环年表；其次，根据基准循环选择超前、同步、滞后指标；最后，编制扩散指数和合成指数，描述总体经济运行状况、预测转折点。

▶ 1. 扩散指数

扩散指数(diffusion index, DI)又称扩张率，它是在对各个经济指标循环波动进行测定的基础上，得到的扩张变量在一定时点上的加权百分比，将每一个时点上的扩张百分比都计算出来就得到一个扩散指数的动态数列。

通过扩散指数的含义可以看出，扩散指数是由许多数列组成的一组数列，主要反映在一定时间内经济情况的变动趋势和范围。从内容上来看，扩散指数可以分为综合的扩散指数和单项指标的扩散指数。综合的扩散指数一般是根据敏感性指标体系计算的，即领先的扩散指数、同步的扩散指数、滞后的扩散指数。因为敏感性指标体系反映国民经济整体运行，所以据此计算的扩散指数也是综合反映国民经济运行变化趋势和范围特征的。单项指标扩散指数是根据单项指标计算的，如工业生产扩散指数、500种股票价格的扩散指数、就业人数扩散指数等。显然单项指标扩散指数仅反映该指标方面内容的变化趋势和范围。

现举例说明扩散指数的计算。

如陕西省2022年主要工业产品产量与2021年相比，123种产品产量指数超过100.5%，可称为产量上升的产品，4种产品产量基本持平，33种产品产量指数低于100%，可称为产量下降的产品，据此可以计算我国2022年工业生产指数的扩散指数，即将上升的产品赋值为1，持平的产品赋值为0.5，下降的产品赋值为0，则计算公式为

$$\text{工业生产指数的扩散指数} = \frac{\text{上升的产品数目} \times 1 + \text{持平的产品数目} \times 0.5}{\text{全部工业产品数目}} \times 100\%$$

$$= \frac{123 \times 1 + 4 \times 0.5}{123 + 4 + 33} \times 100\%$$

$$= \frac{125}{160} \times 100\% = 78.13\%$$

这说明2022年该省工业生产呈扩张状态，范围是78.13%。

综合的扩散指数一般根据敏感性指标数列计算，即将敏感性指标呈上升的产品赋值为 1，持平的赋值为 0.5，下降的赋值为 0，则计算公式为

$$\frac{\text{综合的扩散}}{\text{指数}(DI_t)} = \frac{\text{上升的敏感性指标数目} \times 1 + \text{持平的敏感性指标数目} \times 0.5}{\text{敏感性指标总数}} \times 100\%$$

(10-26)

DI_t 表示 t 时刻上综合的扩散指数。在实际计算中，计算扩散指数的间隔时间有 1 个月、6 个月、9 个月不等，较长的间隔时间，有利于突出短期波动的趋势。通常扩散指数是分别就领先指标组、同步指标组、滞后指标组计算的，即领先扩散指数、同步扩散指数、滞后扩散指数，依据扩散指数数列可以对经济景气状况，也就是经济波动状况进行分析。

▶ **2. 合成指数**

扩散指数虽然能有效地分析和预测经济波动的转折点，但它不能说明经济波动的程度，因而在许多欧美国家发展并运用了合成指数的方法。合成指数（composite index，CI）是将敏感性指标各自的波动幅度或变化率综合起来的指数。它不仅考虑各指标的波动状况，而且考虑它们的波动程度（各时点的波动值）。合成指数除了能预测经济波动的转折点以外，还能在某种意义上反映经济循环变动的强弱。合成指数也按领先、同步、滞后三类指标分别编制，即用领先指标编制领先指数，用同步指标编制同步指数，用滞后指标编制滞后指数。

综合指数与扩散指数相比，计算比较复杂，它是以对称变化率为变量，通过领先指标组和滞后指标组的序时平均水平和同步指标组序时平均水平两次标准化处理，经过趋势调整计算的。由于这部分只是给做一简单介绍，大家初步了解一下即可，因此，具体的计算方法就不再做介绍了。

总之，编制景气指数的最主要的目的就是预测经济周期波动的转折点，如果领先指数走出谷底，出现回升，则预示着同步指数在若干个月后也会回升，也就是整体经济将出现复苏，而滞后指标是对同步指数的确认，也就是在过几个月以后滞后指标也会出现回升。

10.6 Excel 在统计指数中的应用

利用 Excel 进行各种指数以及有关计算，主要用到公式和公式填充功能。在此还是以表 10-1 中西安市某超市 3 种商品的销售资料为例，介绍在 Excel 中实现综合指数及其相关数值的计算。利用 Excel 计算销售总额指数、销售量指数和销售价格指数。

解：
操作步骤如下。
第一步，输入原始数据。将表 10-1 中的原始数据输入 Excel 工作表"A1：F6"区域中，并增加一列"销售额"，如图 10-1 所示。
第二步，计算 3 种商品的基期销售额 p_0q_0 及销售总额 $\sum p_0q_0$。单击单元格"G4"中输入公式"=C4*E4"，按下 Enter 键，并用鼠标拖曳将公式填充至单元格"G4：G6"区域

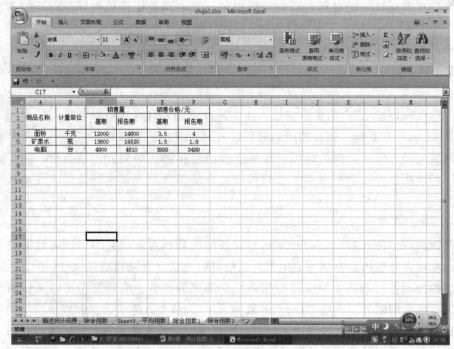

图 10-1 输入原始数据

中；选定"G4：G6"区域，单击工具栏上的求和符号"$\sum$"，在单元格"G7"中出现该列求和值，即$\sum p_0 q_0$。

第三步，计算3种商品的报告期销售额$p_1 q_1$及销售总额$\sum p_1 q_1$。单击单元格"H4"中输入公式"＝D4＊F4"，按下 Enter 键，并用鼠标拖曳将公式填充至单元格"H4：H6"区域中；选定"H4：H6"区域，单击工具栏上的求和符号"$\sum$"，在单元格"H7"中出现该列求和值，即$\sum p_1 q_1$。

第四步，计算3种商品的假定销售额$p_0 q_1$及销售总额$\sum p_0 q_1$。单击单元格"I4"中输入公式"＝E4＊D4"，按下 Enter 键，并用鼠标拖曳将公式填充至单元格"I4：I6"区域中；选定"I4：I6"区域，单击工具栏上的求和符号"$\sum$"，在单元格"I7"中出现该列求和值，即$\sum p_0 q_1$。以上计算过程如图 10-2 所示。

第五步，计算销售额指数。在单元格"B10"中输入公式"＝H7/G7"，按下 Enter 键，即可得到销售额指数。

第六步，计算销售量指数。在单元格"B10"中输入公式"＝I7/G7"，按下 Enter 键，即可得到销售量指数。

第七步，计算销售价格指数。在单元格"B10"中输入公式"＝H7/I7"，按下 Enter 键，即可得到销售价格指数。

相关综合指数如图 10-3 所示。

第10章 统计指数

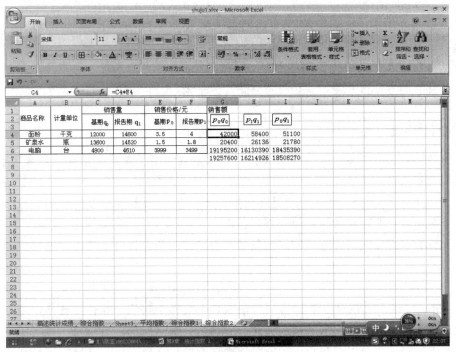

图 10-2 相关销售额计算结果

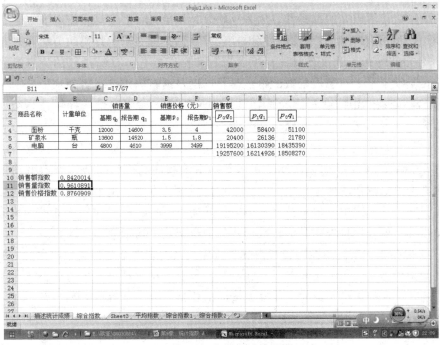

图 10-3 相关指数计算结果

导入案例分析

在本章开始的案例导入中提出的两个问题，通过本章的学习，我们就可以给出明确解答了!

根据指数的计算,陕西省2021年生产总值增长率为2016年生产总值减去2021年生产总值的差与2016年生产总值的相对比值(商)。

而根据指数编制中同度量因素的选择原则,可以很容易地知道,要剔除价格因素计算商品房销售额的实际增长率,我们将价格固定在基期(即用2016年的商品房价格计算)。

本章小结

本章我们主要介绍了指数的含义及种类,总指数的编制方式,指数体系和因素分析,几种典型的指数。

1. 广义指数是用于测定某个变量在时间或空间上变动程度和方向的相对数,即凡是任何两个数值对比所形成的相对数,都叫指数。

狭义指数仅指反映不能直接加总的复杂社会经济现象在数量上综合变动情况的特殊相对数。

2. 总指数按编制方式不同,分为综合指数和平均指数,其中综合指数法是编制总指数的基本形式,平均指数法是在综合指数的基础上变形得到的。综合指数是由两个总量指标对比而形成的指数,其编制的基本方法(基本特点)是"先综合、再对比、后分析",编制的关键在于选择同度量因素和固定同度量因素的时期。平均指数,是以在复杂现象中各个项目的个体指数为基础,利用各个项目在基期或报告期的总值 p_0q_0 或 p_1q_1 为权数,采用加权平均的形式计算出来的总指数,用来反映复杂现象总量的变动情况。其编制的基本方法(基本特点)是"先对比,再平均,后分析",编制的关键在于选择平均方法和确定权数。

3. 综合指数的基本形式有两种:拉氏指数和帕氏指数。拉氏指数的特点是将同度量因素固定在基期水平上;帕氏指数的特点是将同度量因素固定在报告期水平上。

4. 综合指数编制中同度量因素选择的一般原则为:编制数量指标综合指数时,将质量指标作为同度量因素,并将其固定在基期,即采用拉氏指数公式;在编制质量指标综合指数时,将数量指标作为同度量因素,并将其固定在报告期,即采用帕氏指数公式。

5. 平均指数的主要形式有两种:算术平均指数和调和平均指数。算术平均指数的特点是采用基期总值权数或固定权数,调和平均指数的特点是采用报告期总值为权数或固定权数。在我国统计实践中,数量指标一般采用基期总值权数形式的加权算术平均数公式计算,质量指标一般采用报告期总值权数形式的加权调和平均指数公式计算。

6. 广义的指数体系泛指在内容上由具有内在联系的若干个统计指数构成的有机整体。

狭义的指数体系仅指由在经济上有联系,在数量上存在对等关系的3个或3个以上的指数结成的较严密的数量关系式。其最典型的形式是:一个总值指数等于两个或两个以上因素指数的乘积。

7. 指数体系是进行因素分析的基本依据。利用指数体系,可以对复杂现象总变动中的影响因素进行定量分析,测定各因素变动对总体变动在程度、方向和绝对量上的影响。这种分析方法,被称为指数因素分析法。

8. 消费者价格指数、股票价格指数等都是重要的经济指数,了解它们的意义及编制方法,对于研究经济问题大有裨益。

| 复习与思考 |

1. 简答题
(1) 什么是指数？它有哪些分类？
(2) 综合指数和平均指数有什么关系？
(3) 什么是指数因素分析？它包括哪几个方面的内容？
(4) 上网查找有关指数。

2. 计算题
(1) 某农贸市场 3 种商品的价格和销售量资料如表 10-14 所示。

表 10-14　某农贸市场 3 种商品的价格和销售量

商品	基　　期		报　告　期	
	零售价/元	零售量/斤	零售价/元	零售量/斤
A	2	200	2.5	300
B	5	400	6	300
C	10	100	12	120

计算零售价格总指数和销售量总指数。

(2) 某商场对两类商品的收购价格和收购额资料如表 10-15 所示。

表 10-15　某商场商品的收购资料

商品种类	价格/元		报告期收购额/元
	基　期	报　告　期	
A	10	12	10 000
B	15	13	15 000
C	22	25	25 000

试求价格总指数和价格变动引起的收购额变动的绝对数。

(3) 某集团公司销售的 3 种商品的销售额及价格提高幅度资料如表 10-16 所示。

表 10-16　某公司销售 3 种商品资料

商品种类	单　位	商品销售额/万元		价格提高/%
		基　期	报　告　期	
甲	条	10	11	2
乙	件	15	13	5
丙	块	20	22	0

试求价格总指数和销售额总指数。

(4) 某企业生产某产品的总成本和产量资料如表 10-17 所示。

表 10-17　某企业产品的资料

产品种类	产量/千克		基期总成本/万元
	基　期	报　告　期	
A	1 000	1 500	50
B	2 000	2 800	80

试求产量总指数以及由于产量增长而增加的总成本绝对值。

(5) 某企业产品总成本和产量资料如表 10-18 所示。

表 10-18　某企业产品总成本和产量

产品名称	总成本/万元		产量增加(+)或减少(-)/%
	基　期	报　告　期	
A	50	60	+10
B	30	45	+20
C	10	12	-1

试计算总成本指数、产量指数及产品单位成本总指数。

(6) 某企业生产 3 种产品的有关资料如表 10-19 所示。

表 10-19　某企业生产产品的资料

产品名称	产量/500 克		单位成本/元	
	基　期	报　告　期	基　期	报　告　期
A	200	300	10	12
B	1 500	2 000	20	21

试计算两种产品的产量总指数和单位成本总指数。

在线课堂

在线自测

拓展知识：
"翘尾因素"或"翘尾影响"

参 考 文 献

[1] 朱钰,杨殿学. 统计学[M]. 北京：国防工业出版社,2014.
[2] 中国统计年鉴2021[Z]. 北京：中国统计出版社.
[3] 韦博成. 漫画信息时代的统计学[M]. 北京：中国统计出版社,2011.
[4] 贾俊平. 统计学[M]. 5版. 北京：中国人民大学出版社,2012.
[5] 中国人口统计年鉴2021[Z]. 北京：中国统计出版社.
[6] 袁岳. 民意调查的方法和经验[M]. 福州：福建人民出版社,2005.
[7] 戴维·R. 安德森,丹尼斯·J. 斯威尼,托马斯·A. 威廉斯. 商务与经济统计[M]. 11版. 张建华,王健,冯燕奇,译. 北京：机械工业出版社,2011.
[8] 孙炎. 应用统计学[M]. 北京：机械工业出版社,2007.
[9] 贾俊平. 统计学[M]. 2版. 北京：清华大学出版社,2006.

附录与附表

附表一：标准正态分布表

$$\Phi(x) = \int_{-\infty}^{x} \frac{1}{\sqrt{2\pi}} e^{-\frac{x^2}{2}} dx$$

x	0.00	0.01	0.02	0.03	0.04	0.05	0.06	0.07	0.08	0.09
0.00	0.500 0	0.504 0	0.508 0	0.512 0	0.516 0	0.519 9	0.523 9	0.527 9	0.531 9	0.535 9
0.10	0.539 8	0.543 8	0.547 8	0.551 7	0.555 7	0.559 6	0.563 6	0.567 5	0.571 4	0.575 3
0.20	0.579 3	0.583 2	0.587 1	0.591 0	0.594 8	0.598 7	0.602 6	0.606 4	0.610 3	0.614 1
0.30	0.617 9	0.621 7	0.625 5	0.629 3	0.633 1	0.636 8	0.640 4	0.644 3	0.648 0	0.651 7
0.40	0.655 4	0.659 1	0.662 8	0.666 4	0.670 0	0.673 6	0.677 2	0.680 8	0.684 4	0.687 9
0.50	0.691 5	0.695 0	0.698 5	0.701 9	0.705 4	0.708 8	0.712 3	0.715 7	0.719 0	0.722 4
0.60	0.725 7	0.729 1	0.732 4	0.735 7	0.738 9	0.742 2	0.745 4	0.748 6	0.751 7	0.754 9
0.70	0.758 0	0.761 1	0.764 2	0.767 3	0.770 3	0.773 4	0.776 4	0.779 4	0.782 3	0.785 2
0.80	0.788 1	0.791 0	0.793 9	0.796 7	0.799 5	0.802 3	0.805 1	0.807 8	0.810 6	0.813 3
0.90	0.815 9	0.818 6	0.821 2	0.823 8	0.826 4	0.828 9	0.835 5	0.834 0	0.836 5	0.838 9
1.00	0.841 3	0.843 8	0.846 1	0.848 5	0.850 8	0.853 1	0.855 4	0.857 7	0.859 9	0.862 1
1.10	0.864 3	0.866 5	0.868 6	0.870 8	0.872 9	0.874 9	0.877 0	0.879 0	0.881 0	0.883
1.20	0.884 9	0.886 9	0.888 8	0.890 7	0.892 5	0.894 4	0.896 2	0.898 0	0.899 7	0.901 5
1.30	0.903 2	0.904 9	0.906 6	0.908 2	0.909 9	0.911 5	0.913 1	0.914 7	0.916 2	0.917 7
1.40	0.919 2	0.920 7	0.922 2	0.923 6	0.925 1	0.926 5	0.927 9	0.929 2	0.930 6	0.931 9
1.50	0.933 2	0.934 5	0.935 7	0.937 0	0.938 2	0.939 4	0.940 6	0.941 8	0.943 0	0.944 1
1.60	0.945 2	0.946 3	0.947 4	0.948 4	0.949 5	0.950 5	0.951 5	0.952 5	0.953 0	0.953 5
1.70	0.955 4	0.956 4	0.957 3	0.958 2	0.959 1	0.959 9	0.960 8	0.961 6	0.962 5	0.963 3
1.80	0.964 1	0.964 8	0.965 6	0.966 4	0.967 2	0.967 8	0.968 6	0.969 3	0.970 0	0.970 6
1.90	0.971 3	0.971 9	0.972 6	0.973 2	0.973 8	0.974 4	0.975 0	0.975 6	0.976 2	0.976 7
2.00	0.977 2	0.977 8	0.978 3	0.978 8	0.979 3	0.979 8	0.980 3	0.980 8	0.981 2	0.981 7
2.10	0.982 1	0.982 6	0.983 0	0.983 4	0.983 8	0.984 2	0.984 6	0.985 0	0.985 4	0.985 7
2.20	0.986 1	0.986 4	0.986 8	0.987 1	0.987 4	0.987 8	0.988 1	0.988 4	0.988 7	0.989 0

续表

x	0.00	0.01	0.02	0.03	0.04	0.05	0.06	0.07	0.08	0.09
2.30	0.989 3	0.989 6	0.989 8	0.990 1	0.990 4	0.990 6	0.990 9	0.991 1	0.991 3	0.991 6
2.40	0.991 8	0.992 0	0.992 2	0.992 5	0.992 7	0.992 9	0.993 1	0.993 2	0.993 4	0.993 6
2.50	0.993 8	0.994 0	0.994 1	0.994 3	0.994 5	0.994 6	0.994 8	0.994 9	0.995 1	0.995 2
2.60	0.995 3	0.995 5	0.995 6	0.995 7	0.995 0	0.996 0	0.996 1	0.996 2	0.996 3	0.996 4
2.70	0.996 5	0.996 6	0.996 7	0.996 8	0.996 9	0.997 0	0.997 1	0.997 2	0.997 3	0.997 4
2.80	0.997 4	0.997 5	0.997 6	0.997 7	0.997 7	0.997 8	0.997 9	0.997 9	0.998 0	0.998 1
2.90	0.998 1	0.998 2	0.998 2	0.998 3	0.998 4	0.998 4	0.998 5	0.998 5	0.998 6	0.998 6
3.00	0.998 7	0.999 0	0.999 3	0.999 5	0.999 7	0.999 8	0.999 8	0.999 9	0.999 9	1.000 0

附表二：t 分布表

$$P\{t(n) > t_\alpha(n)\} = \alpha$$

自由度 n	0.5 0.25	0.3 0.15	0.2 0.1	0.1 0.05	0.05 0.025	0.02 0.010	0.01 0.005
1	1	1.963	3.078	6.314	12.706	31.821	63.657
2	0.816	1.386	1.886	2.92	4.303	6.965	9.925
3	0.765	1.25	1.638	2.353	3.182	4.541	5.841
4	0.741	1.19	1.533	2.132	2.776	3.747	4.604
5	0.727	1.156	1.476	2.015	2.571	3.365	4.032
6	0.718	1.134	1.44	1.943	2.447	3.143	3.707
7	0.711	1.119	1.415	1.895	2.365	2.998	3.499
8	0.706	1.108	1.397	1.86	2.306	2.896	3.355
9	0.703	1.1	1.383	1.833	2.262	2.821	3.25
10	0.7	1.093	1.372	1.812	2.228	2.764	3.169
11	0.697	1.088	1.363	1.796	2.201	2.718	3.106
12	0.695	1.083	1.356	1.782	2.179	2.681	3.055
13	0.694	1.079	1.35	1.771	2.16	2.65	3.012
14	0.692	1.076	1.345	1.761	2.145	2.624	2.977
15	0.691	1.074	1.341	1.753	2.131	2.602	2.947
16	0.69	1.071	1.337	1.746	2.12	2.583	2.921
17	0.689	1.069	1.333	1.74	2.11	2.567	2.898
18	0.688	1.067	1.33	1.734	2.101	2.552	2.878
19	0.688	1.066	1.328	1.729	2.093	2.539	2.861

续表

自由度 n	0.5 / 0.25	0.3 / 0.15	0.2 / 0.1	0.1 / 0.05	0.05 / 0.025	0.02 / 0.010	0.01 / 0.005
20	0.687	1.064	1.325	1.725	2.086	2.528	2.845
21	0.686	1.063	1.323	1.721	2.08	2.518	2.831
22	0.686	1.061	1.321	1.717	2.074	2.508	2.819
23	0.685	1.06	1.319	1.714	2.069	2.5	2.807
24	0.685	1.059	1.318	1.711	2.064	2.492	2.797
25	0.684	1.058	1.316	1.708	2.06	2.485	2.787
26	0.684	1.058	1.315	1.706	2.056	2.479	2.779
27	0.684	1.057	1.314	1.703	2.052	2.473	2.771
28	0.683	1.056	1.313	1.701	2.048	2.467	2.763
29	0.683	1.055	1.311	1.699	2.045	2.462	2.756
30	0.683	1.055	1.31	1.697	2.042	2.457	2.75
31	0.682	1.054	1.309	1.696	2.04	2.453	2.744
32	0.682	1.054	1.309	1.694	2.037	2.449	2.738
33	0.682	1.053	1.308	1.692	2.035	2.445	2.733
34	0.682	1.052	1.307	1.691	2.032	2.441	2.728
35	0.682	1.052	1.306	1.69	2.03	2.438	2.724
36	0.681	1.052	1.306	1.688	2.028	2.434	2.719

附表三：卡方(χ^2)分布

$$p\{\chi^2(n) > \chi^2_\alpha(n)\} = \alpha$$

n	$\alpha=0.995$	0.990	0.975	0.95	0.90	0.75	0.25	0.10
1	—	—	0.001	0.004	0.016	0.102	1.323	2.706
2	0.010	0.020	0.051	0.103	0.211	0.575	2.773	4.605
3	0.072	0.115	0.216	0.352	0.584	1.213	4.108	6.251
4	0.207	0.297	0.484	0.711	1.064	1.923	5.385	7.779
5	0.412	0.554	0.831	1.145	1.610	2.675	6.626	9.236
6	0.676	0.872	1.237	1.635	2.204	3.455	7.841	10.645
7	0.989	1.239	1.690	2.167	2.833	4.255	9.037	12.017
8	1.344	1.646	2.180	2.733	3.490	5.071	10.219	13.362
9	1.735	2.088	2.700	3.325	4.168	5.899	11.389	14.684
10	2.156	2.588	3.247	3.940	4.865	6.737	12.549	15.987

续表

n	α=0.995	0.990	0.975	0.95	0.90	0.75	0.25	0.10
11	2.603	3.053	3.816	4.575	5.578	7.584	13.701	17.275
12	3.074	3.571	4.404	5.226	6.304	8.438	14.845	18.549
13	3.565	4.107	5.009	5.892	7.042	9.299	15.984	19.812
14	4.075	4.660	5.629	6.571	7.790	10.165	17.117	21.064
15	4.601	5.229	6.262	7.261	8.547	11.037	18.245	22.307
16	5.142	5.812	6.908	7.962	9.312	11.912	19.369	23.542
17	5.697	6.408	7.564	8.672	10.085	12.792	20.489	24.769
18	6.265	7.015	8.231	9.390	10.865	13.675	21.605	25.989
19	6.844	7.633	8.907	10.117	11.651	14.562	22.718	27.204
20	7.434	8.260	9.591	10.851	12.443	15.452	23.828	28.412
21	8.034	8.897	10.283	11.591	13.240	16.344	24.935	29.615
22	8.643	9.542	10.982	12.338	14.041	17.240	26.039	30.813
23	9.260	10.196	11.689	13.091	14.848	18.137	27.141	32.007
24	9.886	10.856	12.401	13.848	15.659	19.037	28.241	33.196
25	10.520	11.524	13.120	14.611	16.473	19.939	29.339	34.382
26	11.160	12.198	13.844	15.397	17.292	20.843	30.435	35.563
27	11.808	12.879	14.573	16.151	18.114	21.794	31.528	36.741
28	12.461	13.565	15.308	16.928	18.939	22.657	32.620	37.916
29	13.121	14.256	16.047	17.708	19.768	23.567	33.711	39.087
30	13.787	14.953	16.791	18.493	20.599	24.478	34.800	40.256
31	14.458	15.655	17.539	19.281	21.434	25.390	35.887	41.422
32	15.134	16.362	18.291	20.072	22.272	26.304	36.973	42.585
33	15.815	17.074	19.047	20.867	23.110	27.219	38.058	43.745
34	16.501	17.789	19.806	21.664	23.952	28.136	39.141	44.903
35	17.192	18.509	20.569	22.465	24.797	29.054	40.223	46.059
36	17.887	19.233	21.336	23.269	25.643	29.973	41.304	47.212
37	18.586	19.960	22.106	24.057	26.492	30.893	42.383	48.363
38	19.289	20.691	22.878	24.884	27.343	31.815	43.462	49.513
39	19.996	21.426	23.654	25.695	28.196	32.737	44.539	50.660
40	20.707	22.164	24.433	26.509	29.051	33.660	45.612	51.805
41	21.421	22.906	25.215	27.326	29.907	34.585	47.692	52.949
42	22.138	23.650	25.999	28.144	30.765	35.510	47.766	54.090
43	22.859	24.398	26.785	28.965	31.625	34.436	48.840	55.230

教师服务

感谢您选用清华大学出版社的教材！为了更好地服务教学，我们为授课教师提供本书的教学辅助资源，以及本学科重点教材信息。请您扫码获取。

» 教辅获取

本书教辅资源，授课教师扫码获取

» 样书赠送

统计学类重点教材，教师扫码获取样书

 清华大学出版社

E-mail: tupfuwu@163.com
电话: 010-83470332 / 83470142
地址: 北京市海淀区双清路学研大厦B座509

网址: http://www.tup.com.cn/
传真: 8610-83470107
邮编: 100084